# A gramática:
## história, teoria e análise, ensino

FUNDAÇÃO EDITORA DA UNESP

*Presidente do Conselho Curador*
Marcos Macari

*Diretor-Presidente*
José Castilho Marques Neto

*Editor-Executivo*
Jézio Hernani Bomfim Gutierre

*Conselho Editorial Acadêmico*
Antonio Celso Ferreira
Cláudio Antonio Rabello Coelho
José Roberto Ernandes
Luiz Gonzaga Marchezan
Maria do Rosário Longo Mortatti
Maria Encarnação Beltrão Sposito
Mario Fernando Bolognesi
Paulo César Corrêa Borges
Roberto André Kraenkel
Sérgio Vicente Motta

*Editores-Assistentes*
Anderson Nobara
Dida Bessana

Maria Helena de Moura Neves

# A gramática:
# história, teoria e análise, ensino

2ª reimpressão

© 2001 Editora UNESP
Direitos de publicação reservados à:
Fundação Editora da UNESP (FEU)
Praça da Sé, 108
01001-900 – São Paulo – SP
Tel.: (0xx11) 3242-7171
Fax: (0xx11) 3242-7172
Home page: www.editora.unesp.br
E-mail: feu@editora.unesp.br


Dados Internacionais de Catalogação na Publicação (CIP)
(Câmara Brasileira do Livro, SP, Brasil)

Neves, Maria Helena de Moura
   A gramática: história, teoria e análise, ensino / Maria Helena de Moura Neves – São Paulo: Editora UNESP, 2002.

   Bibliografia.
   ISBN 85-7139-383-4
   1. Gramática comparada e geral – Estudo e ensino   2. Gramática comparada e geral – História   3. Gramática comparada e geral – Teoria   4. Lingüística   5. Português – Gramática   I. Título.

01-6523                                                                                         CDD-415

Índice para catálogo sistemático:

1. Gramática: Lingüística   415


Editora afiliada:

Asociación de Editoriales Universitarias
de América Latina y el Caribe

Associação Brasileira de
Editoras Universitárias

Meus agradecimentos à Fapesp por diversos auxílios outorgados, e ao CNPq pelas bolsas de pesquisa concedidas especificamente para muitas das investigações que aqui se apresentam.

# Sumário

Apresentação · 9

**Parte I – História**
**A história do surgimento da disciplina gramatical no Ocidente**

A gramática e o usuário:
uma incursão pela história da gramática · 17

Um estudo sobre a língua na sua história:
a língua como fim ou como meio? · 25

Fundamentos gregos da organização gramatical
tradicional: da universalidade à particularidade · 35

A gramática dos gregos – Dionísio o Trácio · 49

A contribuição de Apolônio Díscolo
à história da gramática ocidental · 61

Apolônio Díscolo e o estudo da sintaxe · 69

## Parte II – Teoria e análise
### A teoria lingüística e a prática das investigações gramaticais segundo uma determinada base teórica

| | |
|---|---|
| Reflexões sobre a investigação gramatical | 79 |
| Teorias sintáticas e análises gramaticais | 91 |
| Valência: bases teóricas | 103 |
| Palavras lexicais e palavras gramaticais | 119 |
| A tarefa de investigação das ocorrências de nomes comuns | 129 |
| Um tratamento funcionalista da articulação de orações | 141 |
| Construções encaixadas: considerações básicas | 151 |
| Discurso e gramática no funcionalismo | 163 |
| Aspectos da gramaticalização em português | 175 |
| A delimitação das unidades lexicais: o caso das construções com verbo-suporte | 189 |
| A prática lexicográfica: onde ciência e arte se encontram | 207 |

## Parte III – Ensino
### O ensino da disciplina gramatical

| | |
|---|---|
| Questões ligadas ao ensino da gramática | 225 |
| O ensino da gramática | 237 |
| Reflexões sobre o estudo da gramática nas escolas de primeiro e de segundo graus | 255 |
| Examinando os caminhos da disciplina lingüística nos cursos de Letras: por onde se perdem suas lições na formação dos professores de português | 265 |
| Referências bibliográficas | 273 |

# Apresentação

Este livro busca conciliar reflexões empreendidas pela autora em vários anos de atividades de investigação sobre a língua, especialmente voltadas ao tema **GRAMÁTICA**. Um retrospecto das questões que constituíram centro de interesse permitiu uma organização em três tópicos principais, que compõem as três partes do livro:

I – A história do surgimento da disciplina gramatical no Ocidente.
II – A teoria lingüística e a prática das investigações gramaticais segundo uma determinada base teórica.
III – O ensino da disciplina gramatical.

Para cada uma dessas partes foi selecionada uma série de artigos, buscando-se configurar certa unidade temática em cada bloco.

## Parte I

O que é a gramática? Arte? Técnica? Ciência? Funcionamento ou descrição? Conhecimento ou explicitação? Todos os que falam do *uso* lingüístico hão de se surpreender fazendo esse questionamento. Dele trata o primeiro artigo da coletânea, que opta por ir buscar na própria *história* da gramática ocidental o rumo dos conceitos: na filosofia grega, **grammatiké** como sistema regulador da interdependência dos elementos lingüísticos; na cultura helenística, **grammatiké** como regulamentação de um determinado uso da língua, num dado momento de sua história; na ciência lingüística, *gramática* como explicitação das regras que regem a lingüística.

Mas a história do pensamento lingüístico não se invoca, nesta coletânea, apenas para tentar equacionar a relação entre a gramática e o uso da língua. Um percurso muito sedutor – trilhado no segundo artigo – é o que busca ligar as manifestações das idéias gramaticais à finalidade a que serviam. Com que finalidade os estudiosos empreenderam a busca da relação entre som e significado, entre expressão e conteúdo? Os sofistas estudavam a língua como um fim, os filósofos gregos a viam apenas como uma pista concreta para desvendamento da atividade da linguagem, e os filólogos helenistas, a seu modo, também estudavam a língua como um meio, buscando chegar à disciplinação de seu uso.

A história da organização gramatical tradicional registra outro encaminhamento bastante revelador, que é o que se examina no terceiro artigo: ele vai da universalidade dos filósofos à particularização dos gramáticos, do pensamento teórico ao conhecimento empírico, das regras abstratas à análise superficial.

E, afinal, no quarto artigo, se chega à "gramática", à disciplina prática que, na época helenística, se organizou para transmitir o patrimônio literário grego. Merece exame o Manual de Dionísio o Trácio, obra representativa do procedimento gramatical que surgiu na época alexandrina, e modelo sobre o qual se apoiou toda a tradição da gramática ocidental.

Cerca de dois séculos depois, Apolônio Díscolo produz sua extensa obra, cujo peso se avalia nos dois artigos seguintes, que encerram a Parte I deste livro. Praticamente, nenhum fato de língua fica ausente dos inúmeros livros de Apolônio, dos quais apenas quatro sobreviveram. São tratadas a diacronia, a estilística, a ortografia, a prosódia, a dialetologia, e afinal, a sintaxe, questão absolutamente ausente nas obras dos gramáticos alexandrinos, e que é colocada por Apolônio no centro da análise lingüística, a partir da afirmação da regularidade existente na união dos elementos.

# Parte II

Organizada a ciência lingüística, passa a língua a ser verdadeiro *objeto* de estudo, constituindo-se um método próprio de investigação lingüística. Diferentes correntes, então, se sucedem, assentadas em diferentes concepções de linguagem e governadas por diferentes finalidades. Centradas nas estruturas, ou centradas em princípios gerais, centradas no conhecimento lingüístico do falante, ou centradas no uso, as diversas correntes explicitam seus princípios e oferecem suas análises, seguindo tais princípios.

Neste livro, teoria e análise se vinculam a princípios funcionalistas, que colocam como objeto de investigação a competência comunicativa do falante, e que estudam essencialmente a língua em uso. Movendo-se mais no terreno das escolhas que no das restrições, uma investigação desse tipo envolve a busca da produção de sentido determinada pelo jogo que equilibra regularidades e peculiaridades, sistema e uso. Reflexões sobre tais diretrizes de investigação se encontram nos dois primeiros artigos da Parte II deste livro, nos quais se oferecem alguns exemplos de análise de enunciados, empreendida segundo a direção indicada.

Merece ainda um lugar na coletânea – no terceiro artigo – o modelo teórico da teoria das valências, que constitui um marco na investigação lingüística, pela proposição da centralidade do verbo, em oposição à clássica dicotomização da frase em sujeito e predicado.

A prática da análise volta a ser ilustrada nos artigos seguintes. O quarto artigo trata das bases de uma organização das classes de palavras que considere seu comportamento na unidade maior, que é o texto, ficando implicada a consideração das funções da linguagem. Segue-se um artigo que estuda o comportamento dos nomes comuns, visto em diferentes níveis de análise.

Os três artigos seguintes refletem sobre enunciados complexos. O sexto trabalho da Parte II trata da articulação de orações do tipo "satélite" com orações do tipo "núcleo", segundo o aparato teórico funcionalista, que, no seu modelo, vê a interação verbal como forma de atividade cooperativa e estruturada, e que, a partir daí, abriga incursões em domínios tradicionalmente alijados da gramática, tais como: relações temático-remáticas, distribuição de informação, proeminência significativa, relevo comunicativo. No sétimo artigo, com base na visão funcionalista que considera a construção do enunciado em camadas e a estreita relação entre discurso e gramática, as orações do tipo satélite são confrontadas com as orações que se encaixam em uma oração matriz, verificando-se os diferentes graus de integração dos diferentes tipos de orações encaixadas e chegando-se a uma proposta de relacionamento entre graus de integração e graus de gramaticalização. Também examina as relações entre discurso e gramática e reflete sobre o processo de gramaticalização, com base no exame de enunciados complexos, o oitavo trabalho, que conclui ressaltando que o falante tem uma margem muito ampla de liberdade organizacional, suscetível a pressões ligadas à necessidade e ao desejo de sucesso na interação, o que se contrabalança com as restrições internas do sistema.

De gramaticalização, especificamente, trata o nono artigo, que acentua a gradualidade que se verifica na fixação das categorias, ligada à sensibilidade do sistema lingüístico às pressões de diversas ordens, que comandam a constante – embora imperceptível ao usuário – acomodação da gramática.

Ligam gramática e lexicografia os dois últimos artigos da Parte II. No primeiro deles, estão em questão a importância e a dificuldade da delimitação das unidades lexicais no estabelecimento das entradas de um dicionário, e, para discutir esse tema, parte-se da análise de enunciados construídos com verbos-suporte. Segue-se um artigo sobre a moderna prática lexicográfica, no qual se defende uma apresentação que não ofereça apenas um rol de acepções potenciais, mas que revele um mapeamento do léxico feito segundo as possibilidades construcionais da língua, mantendo, portanto, em sua base, a gramática, ou seja, o sistema de regras que responde pela relação som–sentido.

## Parte III

E essa disciplina "gramática", ensina-se? Qual o tratamento adequado para ser levado às escolas? Qual o registro a ser escolhido? Quais os complicadores, na relação gramática–uso? Essas e outras questões são discutidas na Parte III, especialmente no primeiro artigo, que se estrutura exatamente em tópicos considerados polêmicos, já que resulta de uma entrevista com a autora, empreendida por uma revista especializada. A natureza da gramática que se tem ensinado, ou que pode vir a ser ensinada, é o principal foco de exame do artigo seguinte. O terceiro artigo da Parte III reflete sobre o estudo da gramática nas escolas de ensino fundamental e médio, enfatizando, em primeiro lugar, a necessidade de uma boa formação lingüística dos professores – um conhecimento da teoria lingüística, da prática de investigação e, até mesmo, da história – que sirva de base para o adequado estabelecimento das diretrizes do ensino. Enfatiza-se, ainda, a importância da observação da língua em função, bem como a validade de se colocar como ponto de partida da investigação, em sala de aula, o uso real, diretamente observável.

Encerra a Parte III, e o livro, um texto que também revela preocupação com a formação dos professores de Língua Portuguesa, defendendo que haja, nas Faculdades de Letras, um esforço de integração entre as aulas de Lingüística e as reflexões sobre o uso da língua, para que se formem professores que tenham as mínimas condições de tirar dos seus estudos da teoria da linguagem orientação e conteúdo para o trabalho com a linguagem de seus alunos.

* * * * *

Deve-se acrescentar a esta Introdução a menção ao trabalho da bolsista de Auxílio Técnico (CNPq), Mara Lúcia Fabrício de Andrade, que prestou a colaboração técnica necessária à realização deste estudo.

# Parte I
## História

A história do surgimento da disciplina gramatical no Ocidente

# A gramática e o usuário: uma incursão pela história da gramática[1]

O tema, aqui, é a gramática. E o tema é o usuário. O tema é, afinal, o homem. Porque, afinal, se o homem fala de linguagem, ele fala do homem.

Tome-se, então, a definição clássica de homem: "O homem é um animal racional". Aí, também o homem fala do homem. Mas, seguramente, não é falando dele que o faz o que ele é. Já nos disse Locke que os homens pensaram racionalmente antes que Aristóteles estabelecesse as chamadas *Leis do pensamento*. Diz Locke (1951, p.3) que Deus não foi tão avaro com os homens a ponto de fazê-los apenas criaturas bípedes e deixar para Aristóteles fazê-los racionais. Assim também como não foi Aristóteles, com as definições que elaborou, que fez o homem um animal político ou um ser dotado de linguagem, como está no Livro I da *Política* (I, 2, 1253).

Por natureza racional, dotado de linguagem, o animal homem estrutura seu pensamento em cadeias faladas. Codifica-as e decodifica-as porque, independentemente de alguém que anuncie isso, ele é senhor das regras que regem a combinação dos elementos das cadeias que tem a faculdade de pro-

---

[1] Uma primeira versão deste trabalho constituiu a conferência de abertura do XLI Seminário do GEL, realizado em Ribeirão Preto – SP, em 1993 (ver Neves, 1994b).

duzir. A partir dessa faculdade que lhe dá sua natureza, o homem cumpre sua vocação de animal político (**zôon politikón**) comunicando-se com voz articulada que produz sentido e, assim, criando uma sociedade política.

Aí, então, estaria na hora de dizer: no ser que fala, no que chamamos de *usuário* da língua, está, então, a gramática. E, agora, cabe observar: seguramente Deus não foi tão avaro com os homens a ponto de dotá-los de voz articulável e deixar para Chomsky o fazê-los possuidores de uma gramática implícita. No que se disse até aqui, seguramente, a imagem do usuário – que é o homem que fala – precedeu a da gramática. Ela *está* nele: na sua fala *há* uma gramática, que ele possui.

O homem, porém, não falou sempre só das outras coisas, ele também falou de sua própria fala; a linguagem, como coisa entre as coisas, também é objeto natural da linguagem. E o que move essa linguagem da linguagem? Diríamos que, em primeiro lugar, é exatamente a racionalidade do homem. Nessa ponta inicial, o homem fala da linguagem porque reflete, e reflete sobre suas próprias faculdades e atividades, sobre seus dons e seu desempenho. E, refletindo, ele fala, porque sua racionalidade inclui a capacidade de organização lingüística de *toda* a massa do significado.

Mas sabemos que essa é, na verdade, uma definição tradicional (é a definição firthiana) de gramática: "linguagem sobre a linguagem" (Firth, 1948, p.394), linguagem de segunda instância. E aí se chega, então, à consideração da gramática como construto que coloca a linguagem como objeto teórico. E para quê? Agora já não estamos no campo das faculdades inatas que definem o homem: a espécie homem não é vocacionada (como espécie) para explicitar o sistema e o funcionamento da língua. Isso é de alguns (por acaso, alguns de nossos leitores).

Para que, então, alguns a isso se dedicam? Qual a finalidade da explicitação do conhecimento da língua, ou de como esse conhecimento é posto em prática? Há de haver sempre móveis para essa atividade, que já não é aquela simples utilização da faculdade humana da fala, nem mesmo da fala sobre a fala. Se uns são movidos pela própria busca do conhecimento, outros procuram passar o conhecimento do objeto língua que explicitam; esses seguramente se aplicam a um determinado comportamento verbal, que é o que querem transmitir ao usuário da obra que produzem. Na verdade, nesse domínio há graus; desde a construção teórico-especulativa que pretende apenas explicitar as regras – e que, desse modo, não tem em vista, propriamente, um usuário da obra então produzida –, até o produto prático-prescritivo que só se compõe com vistas ao usuário e que é absolutamente dominado por ele, desde a motivação até as finalidades.

Se formos à gênese da questão, veremos que, na história do pensamento grego, a gramática, como busca do mecanismo interno à língua, como busca do sistema de regras responsável pelo cálculo das condições de produção de sentido, precedeu a gramática como descrição, com vistas à prescrição, de determinados usos da língua (ver Neves, 1987a, p.104-5). Naquela ponta pensaram os filósofos, nesta outra, deram lições os propriamente chamados *gramáticos*. A imagem do usuário da língua está na obra de todos, a imagem do usuário da obra "gramatical" está apenas na obra dos últimos: eles oferecem *ao usuário* uma descrição que lhe permita conhecer o padrão a ser seguido no uso da língua.

Em ambos os casos, a gramática se ligou à filologia. Filologia é, etimologicamente, "amor ao **lógos**", "amor ao discurso". Com efeito, em Platão (no *Teeteto*), fala-se do que Henri Joly (1974, p.153) chama a *filologia* de Sócrates. Que filologia é essa? Uma paixão pelo **lógos**, uma paixão que faz falar e que faz, também, comentar e interpretar. Nesse diálogo (152b), Sócrates está interessado em "acompanhar" o que os sábios dizem, e conduz Teeteto a interessar-se por desvelar o sentido verdadeiro e oculto do pensamento desses sábios. Cada uma das definições de conhecimento que se sucedem, nessa obra, é comentada para se tentar buscar o que realmente quer dizer aquilo que é dito. Afinal, se a essência da filosofia está nos **lógoi**, a *filologia* ("amor ao **lógos**") nada mais é do que *filosofia* (Steinthal, 1863).

Entretanto, sabe-se muito bem que a linguagem não é o fim último da investigação platônica. Pelo contrário, na filosofia platônica a linguagem é considerada apenas um fraco auxiliar para se chegar ao **autó**, isto é, à própria "coisa", ao objeto verdadeiramente real e cognoscível. Entre os cinco elementos que tornam possível o conhecimento (está na *Carta VII*, 342a-343d), o nome ocupa o degrau inferior, e o **lógos** (que é a definição, a proposição), o degrau imediatamente seguinte. Por eles (isto é, pela linguagem) se chega à imagem (o **eídolon**), terceiro degrau, e só então se sobe à ciência (**epistéme**), à inteligência (**noûs**) e à opinião verdadeira (**alethés dóxa**), que estão na alma, não possuem modo sensível de existência e, por isso, escapam ao mutável (que está no nome, que está no **lógos**, que está na imagem); aí beiram a essência imutável, verdadeira, estável, sempre idêntica a si mesma, que é a própria coisa (o **autó**). Isso quer dizer que a linguagem já supõe a existência das coisas, e nem nome, nem **lógos**, nem imagem tem nenhuma fixidez. Nada impede que chamemos *circular* ao que é chamado *reto*, e vice-versa. A própria imagem da coisa pode ser traçada e apagada à vontade, pode ser modelada e ser quebrada. Ela está sempre repleta do elemento contrário à coisa em si, e só esta, só o **autó**, nada tem de seu contrário. Por isso o conhecimento verdadeiro leva em conta o original, não a cópia. E a linguagem é, pois, algo inferior (Neves, 1987a).

Mas Platão nos diz no *Sofista* que sem discurso não há filosofia. E, como apontei há pouco, no *Teeteto* se patenteia a "filologia", o "amor ao **lógos**" de Sócrates.

Passando para o período helenístico, veremos que a *filologia*, o "amor ao **lógos**", tem diferente motivação e diferente expressão, mesmo porque **lógos** não significa o mesmo numa e noutra época. No período helenístico, a cultura está apoiada em ensino e aprendizagem, e **philólogos** é, então, o estudioso, o bom leitor, já que, nesse momento, cultura já não se cria, só se recria, e isso se faz pela leitura. Em contraste com a época helênica, época de criação, em que floresceram a filosofia e a literatura, o que se busca, agora, é preservar. Atividade menor? Não cabe julgar, e, aliás, o ofício de julgamento, o ofício do **kritikós** – do "crítico" – veio no bojo dessa mudança. O que se pode dizer é que, nessa época helenística, a cultura a preservar está na literatura arte (poetas e mestres da retórica), a que tem brilho de expressão, aquela cuja leitura conduz ao belo falar. Filólogo é, pois, aquele que sente a correção e a beleza, e as estuda em obras exemplares. Assim, o filólogo não representa uma classe especial de doutos; ele é simplesmente o que se interessa pela literatura, o que lê muito. Filólogo é o que ama – e, porque ama, trabalha por preservar – a cultura que o espírito helênico soube construir e que a linguagem fixou. Impera, sobretudo, aí, a imagem do usuário. O móvel é a educação, que, sabemos, toma sua forma clássica exatamente nessa época (ver Marrou, 1971). Com vistas à educação se selecionam e se põem em exame as grandes obras da criação helênica, padrão a cultivar e a preservar. É assim que o "filólogo" exerce o seu "amor ao **lógos**" debruçado sobre o passado, cultuando não mais o **lógos** filosófico da verdade das coisas, da definição e da proposição, mas a bela linguagem das criações geniais do espírito grego, linguagem erigida, então, em modelo de pureza e correção. Na verdade, contrastando com a língua "corrompida" que já então se falava nos centros helenísticos, essa língua modelar constituía outro código, que cabia a todos aprender para seguir.

Essa imagem do usuário como aprendiz é a que dirige, especialmente, as atividades do **gramatikós**. Ele é que, como **kritikós**, julga as obras do passado, procura suas virtudes e seus possíveis vícios e os aponta aos usuários com a finalidade maior de expor e oferecer modelos. Essa exposição dos modelos necessariamente desce à explicitação do sistema; metodicamente se estudam, um a um, seus elementos; metodicamente se descrevem as estruturas. Aquela metalinguagem que conduzira todo um processo filosófico (e, desde antes, ainda, poético) de reflexão sobre a linguagem encontra registro acabado num edifício fechado de organização metalingüística.

Que nome se dá à obra assim obtida? *Grammatiké*, arte da gramática, arte dos **grámmata** (letras e sons). Mas a arte dos **grámmata**, essa **grammatiké**, só agora aparece?

Temos, então, de voltar aos filósofos, e lá encontrar, ao lado daquela sua **philología**, daquele amor dedicado ao **lógos** pelo que ele pudesse refletir do mundo das essências, uma **grammatiké** que representava o mecanismo geral de regulamentação da interdependência dos elementos. Com efeito, é pela *gramática* (como está no *Filebo* de Platão, 16c e 18d) que se pode ver a interdependência dos elementos da linguagem, que são os **grámmata** (Platão, 1966), a interdependência dos elementos como uma organização que chega à unidade.[2] A gramática tem o estatuto de **téchne**, como está no *Crátilo* (431e): é a arte que regula a organização dos **grámmata**. A gramática é o sistema regulador da combinação dos elementos lingüísticos, constituindo o modelo da combinação dos gêneros, como está no *Sofista* (253a). Tanto na combinação dos elementos lingüísticos como na dos gêneros do ser, chega-se, de elementos finitos, a múltiplas combinações regradas.

Essa **grammatiké** faz metalinguagem em função *epilingüística*. Desvenda o mistério da linguagem e fala ao homem como ser dotado de lin-

---

[2] Esses elementos, na repartição platônica, são: as vogais (com som), as mudas (sem som) e, na contrapartida, as consoantes (que se definem negativamente: não são nem vogais nem mudas).

guagem, não como falante de grego clássico ou (na face contrária) de língua corrompida. Fala dos **grámmata** (de letras e de sons) gregos, faz até uma análise acústica dos elementos, mas o que lhe interessa é a visão dos princípios reguladores da unidade que se obtém na linguagem, como está no *Filebo*.

Por outro lado, a **téchne grammatiké** (*arte da gramática*), que é obra do período de confronto de culturas (do período helenístico), faz metalinguagem em função sociocultural. Dirige-se ao homem como cidadão que tem de falar a língua do modo mais belo possível, isto é, nos moldes consagrados pelas obras modelares de uma literatura que, então, se examina como algo terminado, algo que cabe restaurar, por imitação.

Transportemo-nos, porém, ao nosso tempo. O homem é, ainda (porque, seguramente, não foi Aristóteles que o fez assim), o animal que a natureza dotou de linguagem: dotou-o de voz, dotou-o da capacidade de articular sons com significado e de organizá-los como linguagem; dotou-o, pois, dos processos mentais com os quais organiza as regras constitutivas da gramática da língua. Todo homem exercita a linguagem e, com ela, cumpre a sua vocação, instituindo a sociedade política. Instituída essa sociedade, instalam-se outras necessidades relativas ao sistema e ao funcionamento da língua, desde a de explicitar os processos mentais que subjazem ao funcionamento lingüístico, até a de regulamentar esse funcionamento numa dada língua, ou, mesmo, num dado momento da história da língua.

E houve um momento na história do homem em que se constituiu a ciência da linguagem, a chamada *Lingüística*, na qual a linguagem e a língua passaram a ser o fim último de investigação. E foi, então, que a gramática, como construto teórico por alguns operado, veio dar conta explícita das regras que regem a linguagem. Surgiu uma obra gramatical cujo usuário potencial é qualquer usuário da língua que sobre ela se compraza em refletir. Aplicou-se a ciência lingüística sobre o objeto mental *língua* capaz de atualizar-se numa língua particular (é o modelo de gramática formal), ou procurou dar conta do comportamento verbal do falante, da língua que se externaliza, examinada sem ponto de partida nos processos mentais que subjazem ao processamento lingüístico (é o modelo de gramática funcional). No primeiro caso, podem sentir-se completados os filósofos, Platão, como Aristóteles. No segundo, há uma resposta aos retóricos gregos (século V), também **philólogoi**, amantes da língua enquanto elocução perfeita e comunicação eficiente, preocupados mais com o texto do que com a frase, mais com a fala do que com a escrita. Na verdade, poderíamos dizer, em parêntese, que, com Aristóteles, a gramática saiu do paradigmático para o sintagmático, da retórica e da etnografia para a lógica e a filosofia (ver Halliday, 1985, p.xxiii).

E, finalmente, que lugar passou a ocupar aquela *arte da gramática* vista como obra para ensino e aprendizagem de modelos, aquela que nasceu para conduzir comportamentos verbais, aquela cujo usuário é um simples aprendiz de paradigmas (aquela que se fundou no período alexandrino)?

Parece que a *Gramática,* como obra que oferece modelos para pautar determinados comportamentos verbais em línguas particulares, já não tem mais lugar e sentido: não existe mais uma determinada literatura, de um determinado período, que constitua modelo a ser perseguido; já não há um determinado momento em que se pode dizer que a literatura morreu, ou se esgotou; não existem situações culturais de vazio de criação que suscitem clamor por retorno. A criação se desenrola e, nas novas obras, o mecanismo vivo da língua inventa torneios, mescla registros, rompe padrões tradicionalmente assentados e por muitos tidos como imutáveis. Se obras escritas passam a exibir padrões que se podem classificar como de língua falada, por exemplo, a ciência lingüística já nos ensinou a suspeitar da funcionalidade dessas incursões ou incorporações, e já aprendemos todos a incluir esses comportamentos como objeto de investigação lingüística.

Resta o vício e o vezo de alguns, infelizmente a maioria dos professores de Língua Portuguesa (como comprova uma pesquisa que realizei no Estado de São Paulo (Neves, 1990)), de entender e acreditar (mais acreditar que entender) que a leitura, ou estudo, dos manuais de gramática que simplesmente relacionam, "definem" e exemplificam os elementos e os processos da língua é porta e chave para um bom desempenho lingüístico (que se supõe a escola deva prover). E a pergunta é esta: o que se tem feito, nas universidades, para que o professor de português consiga minimamente equacionar a questão da relação básica entre língua e gramática e, decorrentemente, para que ele possa entender qual é o estatuto do usuário da língua? Para que perceba qual o estatuto daquele que tem naturalmente a gramática dessa língua, mas que, inocentemente, sem perceber, vai buscá-la nos manuais, como se ela lhe fosse absolutamente alheia?

É mais um caso, entre tantos, para pensar. É mais um ponto, entre tantos, para repensar.

# Um estudo sobre a língua na sua história: a língua como fim ou como meio?[1]

Uma questão relevante na historiografia lingüística diz respeito às relações entre, de um lado, os textos particulares e específicos encontrados e, de outro, o corpo de doutrinas em que os textos se inserem. É uma relação que governa a própria determinação do real objeto de estudo dentro do campo língua/linguagem. O conjunto de observações que cada obra oferece requer a detecção de um discurso por trás do primeiro código em exame. Por mais técnicas e aparentemente descomprometidas que sejam as exposições sobre linguagem e língua, elas nunca são uma superfície sem contraparte representativa do real sentido de uma doutrina exposta.

Sabemos que o domínio da gramática é o cálculo da produção de sentido, a busca da relação entre a cadeia sonora e o significado, este inserido no seu contexto. É um domínio, então, que, para não ser mera técnica, vai necessariamente ao homem, porque responde, de um lado, pela eficiência dessa produção de sentido e, de outro, pela essência do sentido produzido.

Na história das idéias gramaticais, um percurso muito sedutor é exatamente a visão do transcurso das manifestações registradas, vistas em sua ligação com a verdadeira finalidade a que serviam.

---
[1] Este artigo foi originariamente publicado na revista *Delta* (ver Neves, 1994c).

O exame que aqui se faz vai-se restringir a uma pequena parte do percurso, aliás, uma parte em que esse engajamento é muito sensível: a antiguidade clássica, especificamente a Grécia.

A língua não foi estudada como um fim em si mesmo pelos filósofos, cujas reflexões tornaram possível a própria gramática, mas também não pelos filólogos gregos, aos quais chamamos *gramáticos*. O mesmo não se pode dizer, porém, dos sofistas.

Para os filósofos a língua era apenas a pista concreta para se desvendar a atividade da linguagem, e esta era a contraparte expressa do pensamento.

Na *Carta VII*, Platão (342a-343d), ao tratar do caminho do conhecimento, coloca o nome (**ónoma**) na ponta inferior, e a própria coisa (**autó**) na outra ponta, mediando entre elas, pela ordem, a partir do nome, a definição ou proposição (**lógos**), a imagem (**eídolon**) e, em níveis mais próximos à própria coisa, a ciência (**epistéme**), a inteligência (**noûs**) e a opinião verdadeira (**alethés dóxa**). O nome e a definição não têm fixidez: nada impede que se dê um nome, ou outro diferente, a qualquer coisa. Para se chegar ao objeto verdadeiramente real e cognoscível, que é a própria coisa, os elementos da linguagem constituem apenas um fraco auxiliar.

Tradicionalmente se aponta o *Crátilo* com uma obra em que se questiona a questão do *nome*, sua origem, seu estatuto. E a pergunta primeira a que é tentado o estudioso é a seguinte: a teoria do nome de Platão é naturalista ou convencionalista? Entretanto, é na não-opção entre esses dois pólos que está a essência da teoria platônica sobre a linguagem: a linguagem é natural, sim, mas não porque seja simplesmente não-convencional, quer dizer, não porque – para recorrer a um termo suscitado pela dicotomia saussureana – seja "motivada". Ocorre que o que governa toda investigação platônica da linguagem – e, conseqüentemente, do nome – é o eidetismo, isto é, a conformidade com a idéia (**eîdos**) das coisas. Que é o nome senão o instrumento, o **órganon** (*Crátilo* 388a) da arte (**téchne**) que é a linguagem? E que faz a **téchne** senão operar segundo o **eîdos** de cada coisa e, assim, operar segundo os imperativos da natureza (**phýsis**)? É, pois, no sentido de sua adequação ao **eîdos** das coisas e, conseqüentemente, à **phýsis**, que a linguagem é natural, sendo o nome a imitação (**mímesis**) das idéias. O nome se define, pois, como imagem (**eídolon**), como algo que se distingue da coisa, comportando, portanto, imperfeição. Admite-se, assim, a possibilidade de atribuição inexata do nome à coisa, isto é, admite-se a possibilidade de uma relação falsa no ato de distribuição dos nomes e de sua aplicação às coisas. Na verdade, o que se defende é que o nome pode ser estabelecido segundo um grau mais alto ou mais baixo na escala de semelhança com a coisa, admitindo-se, pois, a existência de nomes nos quais não se encontram todos os traços apropriados ao objeto.[2] E, se se considera possível representar a coisa com elementos não totalmente apropriados a ela, admite-se a existência de um papel da convenção (**synthéke**) e do uso (**éthos**) na atividade da denominação. Ao invés de se excluírem, conjugam-se, pois, a natureza (**phýsis**) e a lei (**nómos**) na atividade do criador de nomes (**onomatourgós**), que é um legislador (**nomothétes**): o nome é natural porque é instrumento de uma arte, mas, sendo apenas imagem da coisa, ele necessariamente pressupõe imperfeição; assim mesmo, entretanto, graças à convenção e ao acordo, ele pode representar a coisa. E como ocorre com os nomes, também os verbos, que têm seu **eîdos**, e a proposição (**lógos**), formada de nomes e verbos, podem ser inexatos, porque não duplicam as coisas, não se confundem com elas; desse modo, as coisas podem, ou não, ser ditas como devem ser ditas. Na verdade, como imagem, a linguagem é posterior e inferior ao conhecimento verdadeiro, que se liga ao original, não à cópia, a qual, por definição, não pode estar pela coisa, apenas a representa, o que pode ser feito com maior ou menor exatidão.

Na verdade, quando Platão trata da questão da justeza (**orthótes**) do nome, no *Crátilo*, só ilusoriamente o problema em questão é a linguagem em si. A relação entre convenção e natureza (**nómos/phýsis**) interessa, isso sim, ao domínio mais amplo da relação entre o homem (o que ele faz, **nómos**) e a natureza (**phýsis**), interessa, afinal, à questão da essência do homem. A função da palavra se liga à busca da verdade, e a questão da verdade pressupõe uma dissociação, mas também uma relação, entre a cadeia significante e o conteúdo do que se diz. Essa busca sai, pois, do domínio do *nome,* e tem de

---

[2] Na argumentação apresentada no *Crátilo* (432 ss.), vejo a essência da teoria dos protótipos. O que se diz aí pode resumir-se no trecho seguinte, retomado de Neves, 1987a, p.49: Assim como o retrato, também o nome ou a proposição não podem duplicar as coisas, pois se confundiriam com elas (432d). A imagem tem a propriedade de oscilar numa escala de semelhança que unicamente precisa manter um caráter fundamental (**tópos**, 433a) da coisa, um traço bastante para caracterizá-la no espírito. Quando esse caráter geral da coisa é revelado, ela é nomeada – o nome é o **tópos** desse caráter geral – e isso pode ocorrer em diferentes graus de excelência: nome pode ser bem ou mal estabelecido, mas ele é o nome da coisa se traz o **tópos** dela.

ser verificada no domínio do **lógos**, da proposição, lugar em que um predicado é atribuído a um nome, lugar, portanto, onde se manifesta o verdadeiro ou o falso.

A verificação da relação entre o **lógos** e o ser (**ousía**), que já constitui preocupação no *Crátilo*, é a investigação central do *Sofista*. Aquele problema da falsidade de atribuição – questão que desmonta toda a base da atividade sofística – se alarga do *nome* ao **lógos**, sobre a consideração básica da função mimética da linguagem. Já não se dá atenção à nominação, mas à expressão das relações entre as coisas, obtida pelo acordo dos sinais da linguagem. O entrelaçamento do nome com o verbo constitui o registro lingüístico da associação mútua dos gêneros do ser. Os gêneros são em número finito: o ser, o repouso, o movimento, o mesmo e o outro. Cada um dos gêneros participa do ser, mas entre os gêneros do ser está o não-ser, já que, em cada um dos gêneros, a natureza do outro torna cada um deles outro que não o ser (256e).[3] Assim, cada um dos gêneros, ao mesmo tempo que participa do ser, e pode ser chamado *ser*, pode também ser chamado *não-ser*. Desse modo, tanto o *ser* como o *não-ser* podem enunciar-se, o que significa que há discurso verdadeiro, ligado a opinião verdadeira, e há discurso falso, ligado a opinião falsa. O discurso verdadeiro diz de alguém o que é tal como é, enquanto o falso diz coisa diferente daquela que é (236b). Somente na medida em que é uma articulação que manifesta – mais, ou menos, exatamente – a articulação das essências é que a linguagem tem sentido.

Com efeito, não é no domínio menor do *nome* que se pode buscar a adequação do som que se emite ao que é significado, mas a busca assim posta implica, sobre a dissociação feita, a investigação de uma relação entre os elementos dissociados. Se a relação não é de verdade com falsidade, é, afinal, de *representação*. Está em questão, pois, o problema da significação.

Foi, de fato, na consideração da linguagem como *manifestação*, como *representação*, como *imagem*, embora imperfeita, da coisa (ou, mais precisamente, da *idéia*) que emergiu a questão da significação, questão fundamental na consideração da linguagem. O *Teeteto* de Platão chama a atenção para a relação – e, desse modo, para a separação – entre o pensado e o dito.

---

3 Tudo o que é se resolve entre o ser, o repouso e o movimento; de outro lado, todo o discurso se resolve entre o ser, o mesmo e o outro, pois toda atribuição envolve o mesmo ou o outro em relação ao ser. A associação dos gêneros (que são em número finito) cria o **lógos** (que se diz em múltiplas formas). Essa associação garante ao discurso um engajamento entre os gêneros do ser (260a).

O pensar é a formulação interior de perguntas e respostas, é a emissão de julgamento. É assim que se forma a opinião e se produz o discurso. Entre a simples imagem da coisa e o degrau mais elevado que é a própria coisa, está o pensar, ou a opinião, que é o que se reflete na emissão vocal. O discurso é, pois, a imagem do pensamento (208c), a imagem da opinião (206d).

Aristóteles vai dizer, no *Da Interpretação*, que o que está nos sons emitidos pela voz é símbolo dos estados de alma (**pathémata tês psychês**).[4] Não variam os estados de alma, que são os mesmos para todos os homens, mas variam as palavras ditas e varia a escrita, porque a relação entre a linguagem e as coisas, passando pelos estados de alma, é simbólica. Estabelecem-se, aí, os três pontos do triângulo da significação por convenção, aquela significação que se situa no nível da palavra. O nome possui uma significação convencional (**katà synthéken**, 2, 16a, 19); ele não existe por natureza, mas se torna símbolo na medida em que o espírito lhe impõe um sentido. Há um conteúdo mental que se assemelha à coisa significada, mas o nome, como símbolo, resulta de acordo e convenção. Ele significa, sim, mas não afirma nem nega, não diz que é nem que não é, e, portanto, não diz a natureza das coisas. É só no nível do **lógos**, da proposição, que se sai da significação por convenção, e então a significação é considerada natural. Em si mesmos, nem nomes nem verbos são nem verdadeiros nem falsos, porque também os conceitos em si mesmos não são nem verdadeiros nem falsos. Assim, não há que buscar adequação ou inadequação nos nomes, já que eles são simplesmente simbólicos. É na composição (**sýnthesis**) deles e na separação (**diaíresis**) entre eles que há verdade ou erro, porque aí se manifesta a relação entre as coisas e se faz o julgamento. Desse modo, quando se afirma que algo *é* ou que *não é*, dá-se uma manifestação, uma revelação (**apóphansis**): expressa-se a verdade ou a falsidade. Ou a ligação dos conceitos pela linguagem (o *é*) une os conceitos que na realidade são unidos, e então se tem a verdade, ou ela une os conceitos que na realidade são separados, e então se tem a falsidade. O mesmo ocorre com a separação dos conceitos pela linguagem (o *não é*).

Os estóicos, na sua dialética,[5] completam a explicitação da significação pela linguagem. Há a voz, o significante (**semaînon**), há o referente, o objeto

---

4 As palavras escritas, por sua vez, são símbolos das palavras emitidas pela voz.
5 A dialética é parte da lógica, que é o componente que serve para fazer ver tudo, trate-se da física ou da moral, que são os outros dois componentes.

(**týnchanon**, *o que é*) e há o significado, o conteúdo da representação mental (**lektón**),[6] um conteúdo diferente, no modo de existência, do objeto, mas também da própria representação mental do objeto. **Lektón** significa "o que se diz", constituindo uma "apresentação das coisas por meio da linguagem" (Diogenes Laertii VII, 63). Mas o **lektón** completo (**autotelés**) só existe com a atribuição de um predicado a um sujeito. Ser verdadeiro é uma propriedade do **lektón** nesse nível, é propriedade da proposição (**axíoma**), porque é nesse nível que se podem julgar os valores de verdade (**axioústhai**). É nesse nível, pois, que se pode falar em uma expressão da natureza das coisas. Porque, para os estóicos, a linguagem é natural, tanto na sua origem como na sua natureza. E, se ela obtém expressar a natureza das coisas, ela é justa.

O que os estóicos buscam é a **orthótes** (a justeza) e a verdade, representadas pelo controle do ilógico e irracional, e marcadas pelo grande valor da ética no sistema estóico. Para isso, é fundamental o falar adequadamente. A linguagem tem de ser reta, justa, para ser natural, o que constitui o ideal estóico. E, equacionado o problema das relações entre o dito e o significado (o problema da significação), chega-se a três grandes questões ligadas à investigação da linguagem:

a) A etimologia (questão teórica, do âmbito da dialética): verifica-se a correspondência entre o nome e o objeto denominado, entendendo-se que essa relação é natural, não implica subjetividade arbitrária e é independente de qualquer arte; o **étimo** é a verdade das coisas, pois a linguagem representa a natureza das coisas; e os indivíduos têm a posse da linguagem natural.

b) O helenismo (questão prática): como nem tudo que se diz está, porém, de acordo com a natureza das coisas, é necessário preservar a **orthótes**, isto é, a linguagem que é, realmente, obra da natureza, a linguagem com qualidades, o dizer bem (**hellenízein**); essa constitui a norma constante, regular e regrada.

c) A dicotomia analogia/anomalia (base para a caracterização do helenismo): se a linguagem é natural, existe racionalidade no **lógos**, existe uma regularidade lingüística refletindo a regularidade universal, existe, então, analogia na linguagem; não se trata de uma simples relação natural entre o nome e o objeto, mas de uma relação entre a regularidade que une os objetos

---

6 Dizem os estóicos, "o que há de espiritual no som" (Sexto Empírico, 1957, II, 11-12).

e a que governa a expressão lingüística. O exame da linguagem, porém, revela anomalias: há fatos de linguagem que contrariam as exigências da dialética, discordando som e conceito, deixando de recobrir-se forma lingüística e conteúdo, contradizendo-se realidade sonora e significado abstraído. Para que se examina a linguagem, então? Para buscar-se aquela regularidade lingüística correspondente à regularidade universal. Encontrados, porém, nessa investigação, desvios e irregularidades, eles são tidos por anomalias, e estas devem ser abolidas. A questão é teórica, mas há uma busca concreta das anomalias na expressão. E – fato fundamentalmente significativo – tem de haver uma explicitação prática da analogia, para se chegar a um critério de uniformização que oriente o banimento das anomalias.

Busca-se, na verdade, uma norma lingüística. Há uma atividade, exercida pela crítica filológica, de instituição de padrões, explicitados sobre princípios "analógicos", uma quarta proporcional; e, separadamente da busca de relação entre lógica e gramática, tomam-se os manuscritos para verificação dos desvios, tidos como incorreções. Isso ocorre exatamente no momento político de perda da hegemonia helênica, ocorre numa conjuntura sociocultural de confronto entre a língua considerada pura, regular, regrada (a grega), que está ameaçada, e a língua bárbara (a não-grega). E as características da língua não-anômala – a grega – têm, então, de ser expostas e sistematizadas.

A regularidade, o modelo, onde ser buscado? Obviamente, na linguagem dos escritores maiores, especialmente Homero. Faz-se, então, exegese, mas, ao lado disso, procura-se montar paradigmas, procura-se fornecer a explicitação dos padrões que mostrem em que consiste aquela pureza de língua, aquela regularidade que se quer conservar. Desfilam cânones flexionais a serviço da crítica textual. E pela primeira vez – na obra dos alexandrinos – se encontra uma atividade técnica de trabalho com a língua,[7] distinguida de outra atividade não técnica, a de interpretação e crítica de obras literárias.[8] O Manual de Dionísio o Trácio (Uhlig, 1883), na sua definição de gramática como "o conhecimento do uso dos poetas e prosadores", espelha exatamente o princípio que inspirava os alexandrinos na sua atividade filológica. E, naturalmente, se o objeto de exame é um uso modelar, o exercício prático tem de

---

[7] Dessa atividade fala Apolônio Díscolo na introdução ao *Das conjunções* (Schneider & Uhlig, 1867-1910).
[8] Isso é o que, mais tarde, a gramática latina também vai fazer.

ser o de constituição de modelos, como se faz nesse manual. Afinal, há que transmitir os paradigmas instituídos naquela construção modelar que o espírito helênico empreendeu, há que preservar os padrões ideais que grandes obras oferecem, há que garantir a memória de um passado valioso.

Na verdade, como ocorrera na filosofia, o que se busca, no exame feito pelos alexandrinos, é a adequação da linguagem, afinal, a sua funcionalidade, vista segundo os interesses em causa.

A própria busca de adequação formal servira também à causa da filosofia. Aristóteles se dedicou, sabemos, não apenas às questões da linguagem a serviço da lógica, como o estudo do ser e do **lógos**, que ele fez no *Da interpretação*, mas também às questões do modo de expressão, o estudo da **léxis** – da elocução e do estilo – que ele fez na *Retórica* e na *Poética*. Na verdade, para revelar as coisas (uma preocupação lógica), a linguagem tem de ser eficiente, tem, por exemplo, de ter características apropriadas a seu modo de expressão (prosa ou verso). Não interessa apenas o dizer com verdade, mas também o dizer com arte, o dizer bem. Releva a eficiência da linguagem, embora nunca se desminta o relacionamento da **léxis** com o **lógos**, nunca se deixe de entender a linguagem como uma articulação das modalidades do ser. O objeto de exame são, especialmente, as características da elocução. E Aristóteles, na *Retórica*, verifica questões de propriedade do emprego (dos nomes, dos verbos), questões de utilidade do emprego (dos sinônimos, dos homônimos), questões de eficácia, conveniência e perigo de usos (da metáfora), questões da justa medida do uso (dos diminutivos). Na *Poética*, ele verifica questões do uso das diversas espécies de nomes (o corrente, o estrangeiro, o alterado etc.), o que significa aplicar interesse nas qualidades da elocução, em termos de adequação, isto é, em termos de eficiência a serviço do que se quer que seja dito.

Mas a retórica já bem antes de Aristóteles buscara encontrar os meios que garantissem uma linguagem eficiente, eficiência diferentemente considerada, é verdade. Os sofistas, que buscavam, segundo Platão, "educar os homens" (Platon, 1948, 314e, 315e), ensinavam a arte política, que se exerce, necessariamente, por meio da linguagem eficiente, já que busca persuadir. Outros fins, os mesmos meios. Não se buscava, como na filosofia, uma palavra de verdade, porque não se queria ensinar nenhuma verdade (Neves, 1987a, p.36). Pelo contrário, a eficiência sofística prevê que a linguagem tem de ser capaz de construir a sua verdade, sem nenhuma adequação necessária com a realidade. Conteúdo e elocução não se desvinculam para exame, porque não está em questão a relação entre **léxis** e **lógos**. Sobreleva a importância da arte de falar com eficiência, independentemente da verificação da relação com o sentido do que se diz. O sentido se constrói no dizer, e, por isso, a linguagem é um agente poderoso para o qual se requer beleza e justeza (**orthótes**). É uma **orthótes**, porém, que, diferentemente do que ocorre no pensamento filosófico, diz respeito à boa composição, à eufonia, à correção: estuda-se o ritmo, a harmonia, e estuda-se o emprego adequado dos diferentes recursos (as diferentes modalidades de frases, os quase-sinônimos etc.) (p.39-41).

O que se viu aqui foi, então, na história do pensamento grego sobre a linguagem, a existência de várias direções de investigação, de várias "facetas" de uma mesma busca, que é a busca da relação entre expressão e conteúdo:

- a busca da relação entre o som e o sentido para se obter persuasão, haja ou não verdade no que se diz, como fazem os sofistas;
- a busca da relação entre o som e o sentido para se manifestar a *verdade* das coisas, como quer a filosofia clássica, ou a *natureza* das coisas, como querem os estóicos;
- a busca da relação entre o som e o sentido para, em nome de uma regularidade modelar, montar-se o quadro das entidades que se unem na produção do som com sentido, como fazem aqueles a quem convencionamos denominar *primeiros gramáticos*.

Vimos, portanto, que:

- quem busca dar conta da eficiência de atuação do homem (os sofistas);
- quem busca ver a essência do homem – em última instância, a verdade do homem (os filósofos);
- quem busca preservar e disciplinar o uso linguístico (os "gramáticos");

todos se movem no domínio da "gramática", no domínio da relação entre a *cadeia sonora* que se emite e o *sentido* que se produz.

# Fundamentos gregos da organização gramatical tradicional: da universalidade à particularidade[1]

Percorrendo as obras que os gregos nos legaram, encontramos para ser examinado e avaliado todo um processo de considerações da linguagem que o espírito grego viveu e registrou.

A partir de uma vivência intuitiva refletida inicialmente nos poetas, o pensamento sobre a linguagem passou pelo exame filosófico, desde os pré-socráticos, e adquiriu um rigor teórico que culminou com Platão, Aristóteles e os estóicos. O **lógos** vai-se destacando do ser até constituir-se objeto de exame, como expressão conceitual das coisas. Em conseqüência desse exame específico, isolam-se fatos concretos de língua, e a **léxis**, ligada a uma idéia da função de eficiência da linguagem, destaca-se do **lógos** e se torna objeto à parte. Essa elocução, o dizer-bem helênico, por sua vez, enfrenta uma sistematização daqueles fatos que refletiam a língua "eficientemente composta", o grego. A filosofia constrói toda uma teoria do signo, e isola os elementos da significação. Pelo seu próprio rigor, ela se reserva apenas o domínio do conceito – desde que a linguagem não é a imagem fiel das relações dialéticas – e o exame lingüístico como tal passa a constituir um domínio específico de análise.

---

[1] Uma primeira versão deste trabalho foi publicada em *Cultura Clássica em Debate* (ver Neves, 1987b). O trabalho constitui um resumo de alguns aspectos tratados em Neves, 1987a (em processo de reedição).

Levantam-se quadros de flexão como paradigmas e, paralelamente, levantam-se os desvios e irregularidades que o uso determinou. Nasce, assim, com uma função bem determinada, a gramática "tradicional".

Segundo os métodos de classificação que o exercício do pensamento teórico permitira desenvolver, os fatos de língua se sistematizam. Guardando as marcas da filosofia que, dando-lhe base teórica, lhe dirigiu os primeiros passos, a gramática se erige em disciplina.

Por trás dessa sistematização vê-se o condicionamento daqueles séculos de vivência lingüística e de reflexão filosófica.

Especialmente, buscam-se, na gramática que emerge, uma consideração do material sonoro e uma organização do material lingüístico em unidades.

Quanto à consideração do material sonoro, há um veio que pode ser buscado já muito longe. Embora chamado à discussão a serviço da filosofia, especialmente da dialética, esse material fora de algum modo considerado e analisado. É, na verdade, a primeira manifestação que se encontra de algo gramatical.

Quanto à organização do material lingüístico em unidades, vemos que as categorias da lógica, ao serem estabelecidas, sempre o foram – e só assim podia ocorrer – correlacionadas com o material lingüístico que lhes servia de suporte. Com o surgimento da gramática, inverte-se a relação: estudam-se as classes de palavras e suas flexões, e isso vai significar manipulação do material lingüístico propriamente dito.

Na verdade, a organização gramatical dos gregos pode separar-se sob três aspectos: os elementos, as partes do discurso e as chamadas *categorias gramaticais*.

Em cada um desses aspectos a gramática apresenta uma codificação bastante completa com base na língua grega. Os fatos se definem e se organizam num quadro empírico coerente. Em si eles existiam antes de existir a gramática, pois são os fatos da língua; a consideração deles necessariamente também existia, e gradualmente se depurava. A filosofia construíra todo um edifício teórico na investigação paralela que fizera desses fatos. A arte da gramática, afinal, não apenas os investiga, mas ainda os apresenta com a finalidade de expô-los – e também de impô-los. De qualquer modo, porém, ela os tem como objeto específico de exame, e dá uma natureza particular a esse exame.

Pode-se encontrar, nos textos dos filósofos e dos gramáticos, o percurso das considerações sob esses três aspectos. Entretanto, aqui selecionamos apenas as partes do discurso e as categorias, e, ainda assim, só poderá haver indicações superficiais.

Está em Platão a primeira divisão das partes do discurso, mas, na verdade, o nome e o verbo platônicos não são propriamente elementos lingüísticos, e Platão nem mesmo os define separadamente; apenas os indica como elementos (**prátton** e **práxis**) formadores do **lógos**.

Em Aristóteles já há mais explicitamente o aparecimento dos elementos do discurso como entidades do plano da expressão; todas as definições das partes do discurso partem de um gênero comum, **phoné**, que é o som da linguagem, a voz. Essa indicação basta para registrar a separação da linguagem e sua colocação como objeto de investigação.

A partir de Aristóteles aparece a definição das partes do discurso. Seu procedimento geral de investigação, que se baseia na definição e nas classificações, aplica-se também às formas de expressão e caracteriza, a partir daí, a apresentação das entidades da linguagem. Mais tarde a gramática alexandrina vai estruturar-se sobre o procedimento de classificações e definições, e, do mesmo modo, vai-se ver, pelo tempo afora, assim apresentarem-se também as gramáticas ocidentais. Os alexandrinos vão utilizar, ao trabalhar com entidades da língua, procedimentos que Aristóteles usara ao investigar os elementos da linguagem.

Já fica expresso, em Aristóteles, que são elementos da elocução:

- os sons articuláveis: elemento (**stoicheîon**);
- os sons articuláveis não significativos: sílaba (**syllabé**), conjunção (**sýndesmos**), e, ainda, caso (**ptósis**);
- os sons significativos sem partes significativas (elementos do **lógos**): nome (**ónoma**) e verbo (**rhêma**);
- os sons significativos com partes significativas: o enunciado (o **lógos**).

É muito interessante observar que, a partir de uma análise baseada no significado, Aristóteles chega ao registro de uma primeira articulação e de uma segunda articulação, representada pelo **stoicheîon**.

Tanto no *Da interpretação* como na *Poética* é básico o problema da significação. Quando se aborda o **lógos** (*Da interpretação*), esse problema domina totalmente, pois nada existe fora da significação proposicional.

Quando o universo é a **léxis** (*Poética*), o domínio se amplia, pois passam a ser considerados também elementos autônomos não-significativos. Há, assim, uma extensão de campo no que concerne ao exame das entidades da linguagem; entretanto, não há lugar em Aristóteles para uma autonomia dos estudos lingüísticos, e a **léxis** continua sempre a ser expressão do pensamento, com os elementos de sua estrutura situando-se e definindo-se a partir do parâmetro da significação. Embora a **léxis** represente aparentemente uma extensão, ela continua sempre subordinada ao **lógos**, que, para Aristóteles, preenche o universo da linguagem. Os elementos da enunciação se marcam, então, positiva ou negativamente em relação à significação proposicional, e assim, mesmo na forma negativa ("voz não-significativa"), é o problema da significação que intervém.

Ao avaliar as definições de entidades do plano da expressão em Aristóteles, é básico levar em conta que pela primeira vez se apresenta num mesmo autor uma diversidade de tratamento que oferece diferentes quadros, conforme se examine o **lógos** ou a **léxis**. Há diferença no próprio estabelecimento de campo: na *Poética* e na *Retórica* encontram abrigo elementos não-essenciais para a formação da proposição, elementos "desprovidos de significado" (**ásemos**). Além disso, a *Poética* enfileira as chamadas *partes da elocução*, que são partes da cadeia falada, e, por isso, vai-se do elemento lingüístico mais simples, passa-se pelas sílabas e pelas palavras (com significado no **lógos** ou não), antes de se chegar ao próprio **lógos**. Está em questão o elemento sonoro visto como significante, isto é, como portador, ou não, de significado. A definição das unidades coloca cada uma, de início, como voz que tem uma contraparte de conteúdo caracterizada em termos de presença ou ausência de significado na proposição.

A lógica estóica, de outro lado, era uma lógica de enunciados, não de termos, e, por isso, o modo de união dos fatos é fundamental. A relação entre um fato que é objeto de percepção e um que não o é expressa-se, nas proposições não-simples, pelas conjunções. A grande carga de valor lógico atribuída a estas, a sua posição preeminente na lógica estóica, como expressões lingüísticas das articulações dos juízos, implica a consideração de um quarto grupo, o dos artigos (**árthra**), palavras de força articuladora, que, entretanto, não contêm o valor de definição das implicações entre os eventos. Ficam estabelecidas, assim, no sistema estóico, quatro partes do discurso.

O que aparece organizado nesse plano é o universo do **lógos**. Há um primeiro grupo cujos elementos são **lektá** incompletos, sujeito e predicado, constituintes de um **lektón** completo (**autotelés**). Há um segundo grupo de elementos que não são as partes essenciais de um **lektón** completo. Os elementos do primeiro grupo têm valor na composição direta da proposição (**axíoma**): são a qualidade (nome e nome comum, **prosegoría**) e o evento que se predica à qualidade (verbo). Os elementos do segundo grupo não compõem um **lógos**, mas têm valor lógico na medida em que funcionam na ligação e articulação dos eventos (conjunção e artigo).

A atenção dada à função é perfeitamente compreensível dentro da atitude estóica na consideração da linguagem. Entendendo-se esta como articulação que reflete as coisas, tinha de ser importante o problema das relações, e, daí, tinham de ser examinadas as funções. Há um realce da função conectiva, e a significação das conjunções, ligada ao modo de articulação dos eventos, vai ficar evidente no nível de uma subclassificação.

Muitas das noções subjacentes à classificação e, especialmente, à subclassificação estóica dos conectivos vão ser transpostas para a gramática, onde, é claro, aparecem governadas por outra orientação.

As especificações das partes do discurso pelas quais os gramáticos são responsáveis, isto é, as especificações subseqüentes à partição quádrupla de nome, verbo, conjunção e artigo – deixada de lado a separação marginal estóica nome/nome comum – correspondem a uma formalização de estudos. Configura-se uma disciplina autônoma, com objeto próprio e campo delimitado. Conseqüentemente, os elementos que se classificam são entidades de língua, e assim se definem.

A interferência de um critério nocional que ainda aparece no estabelecimento e na definição das partes do discurso é, agora, em Dionísio o Trácio, ocasional. Tomaremos Dionísio o Trácio (*Arte da gramática*) como ponto de referência, porque sua sistematização é representativa do procedimento que surgiu na época alexandrina e porque é o modelo sobre o qual se apoiaram, em geral, os gramáticos ocidentais. Em Dionísio o Trácio é mais importante o critério de flexão (**klísis**), especificamente o de caso, embora esse critério não presida organicamente ao estabelecimento de oposições em um quadro, como mais tarde ocorreria em Varrão.

Quanto às categorias gramaticais, podemos dizer que elas já tinham sido pensadas pelos filósofos; mas é com a gramática que elas se incorporam em um paradigma.

Já Protágoras distinguira os três gêneros nos nomes. A eles também se refere Aristóteles. E os estóicos compreenderam a operação de concordância em gênero, e perceberam a falta de correspondência entre gênero e sexo, apontando como função do artigo indicar o gênero e o número do nome.

Na gramática, os gêneros são observados tanto nos nomes como nos pronomes.

## Categoria de número

O número já é reconhecido no *Sofista* de Platão, embora não se faça, de modo algum, uma distinção gramatical.

Os estóicos referiram-se à operação de concordância entre o verbo e o nome na função de sujeito, e isso, de algum modo, significa compreender o número como uma categoria lingüística. Assim como eles perceberam a falta de correspondência entre gênero e sexo real, também compreenderam que número real e categoria gramatical de número não correspondem rigidamente.

Já na gramática, vê-se que Dionísio o Trácio faz intervir a categoria de número na definição de verbo e indica, a seguir, que os números são três: singular (**henikós**), dual (**dyïkós**) e plural (**pletyntikós**) (§ 13). Aponta incongruência de forma e significado quando fala de nomes que, no singular, designam muitas coisas (ex.: **dêmos** e **chorós**) e de nomes que, no plural, designam uma coisa (ex.: **Athênai, Thêbai**) ou duas (ex.: **amphóteroi**).

## Categoria de caso

Já Aristóteles usa o termo **ptôsis**, não apenas para o que a gramática tradicional chama *caso*, mas para outras flexões, inclusive para derivados e para as flexões verbais.

Quando Aristóteles examina o **lógos** (no *Organon*), o conceito de **ptôsis** é mais amplo: quando examina a **léxis** (na *Poética* e na *Retórica*), esse conceito é mais restrito, referindo-se mais especificamente à flexão nominal e verbal.

Na Poética, **ptôsis** pertence ao nome e ao verbo e indica: no nome, as relações de casos, ou ainda o singular e o plural; no verbo, os modos de expressão, como a interrogação e a ordem (**ar' ebádisen** e **bádize** são *casos* do verbo).

**Ptôsis** se opõe a **klésis**, "nome", "denominação", que é o caso nominativo. Assim, só o nominativo é o nome propriamente dito. A partir do nominativo, o nome "cai", "declina" para várias outras posições.

Com os estóicos o termo **ptôsis** se limita. Pela própria definição de verbo, vemos que eles já não chamam **ptôsis** à flexão verbal, reservando esse nome para o caso, como o entendemos hoje. *Caso* é o modo como algo "cai", ocorre, acontece, chega a uma situação; isso significa a realização de algo geral sob circunstâncias especiais, temporais e causais particulares, o que corresponde, na verdade, ao sentido de **ptôsis** em Aristóteles. Nos estóicos, porém, o significado se aprofunda. Os nomes são designações das qualidades, e a **ptôsis** é a qualidade que aparece num caso real, particular. Por isso, os verbos não têm casos, já que eles não designam as qualidades. A restrição da categoria de caso aos nomes e aos artigos e pronomes (**árthra**) tornou possível aos estóicos separar a classe das conjunções, palavras sem caso, assim como lhes permitiu colocar o adjetivo na classe dos nomes. Podemos dizer que foram os estóicos que estabeleceram propriamente a categoria de caso, fixando o uso desse termo como o temos hoje: eles opuseram o caso reto (**orthé** ou **euthêia ptôsis**) aos casos oblíquos (**plagíai ptôseis**), denominados **geniké**, **dotiké**, **aitiatiké**, termos que os latinos, mais tarde, traduziram, interpretando erroneamente **aitiatiké**.

Passando à gramática, vemos que Dionísio o Trácio (§ 12) indica os cinco casos do nome, não usando o termo "oblíquo":

1. **orthé** ou **euthêia** "reto"; ou **onomastiké** "nominativo";
2. **geniké** "genitivo"; ou **ktatiké** "possessivo", ou **patriké** "pátrico";
3. **dotiké** "dativo" ou **epistaltiké** "destinativo";
4. **aitiatiké** "causativo";
5. **kletiké** "vocativo"; ou **prosagoreutiké** "de saudação".

## Categoria de tempo

Quando trata dos nomes e dos verbos como elementos formadores do discurso, no *Sofista,* Platão já se refere à indicação do tempo no discurso.

Aristóteles foi o primeiro a tratar da categoria do tempo no verbo, observando distinções na forma verbal em correspondência com distinções na relação temporal com a elocução. Na própria definição de verbo, diz ele que essa parte do discurso também indica tempo. Entretanto, ainda insiste no verbo como predicado lógico, o que mantém o adjetivo na classe dos **rhémata** (*Da interpretação*, 1, 10). Na *Poética* (1487a), Aristóteles reconhece o tempo presente (**páron**) e o passado (**parelelythós**). De algum modo, pois, ele já busca critérios lingüísticos, mas na base deles mantém o significado, não as características formais.

Para os estóicos, o tempo é algo incorporal (**asómaton**). É uma divisão do movimento do mundo, e nele se distinguem o passado (**paroichekós**) e o futuro (**méllon**) de um lado, e o presente (**enestós**), de outro. Na verdade, é obscuro o tratamento exato dado por eles aos tempos, pois, embora encontremos referências a passado, presente e futuro como três fases do tempo, e embora o grego possuísse desinências de futuro e de passado, não aparece essa distinção na teoria estóica dos tempos, o que demonstra a preocupação maior com um critério nocional; tanto ao futuro como ao aoristo eles apenas se referiam como formas indeterminadas (**aórista**) do verbo, fora da noção de tempo, propriamente.

Os estóicos reconhecem o valor aspectual das formas verbais gregas. Sua doutrina dos tempos estabelece quatro tempos verbais no pleno sentido, com dois valores temporais e dois valores aspectuais. A combinação dos dois critérios – tempo e aspecto – e a bipartição segundo cada um dos critérios (tempo: presente e passado; aspecto: durativo e completado) leva a uma divisão em quatro, atribuindo-se a cada um dos quatro tipos um nome duplo:

- *presente durativo* – (ou imperfeito) **enestós paratatikós** (ou **atelés**); é o presente;
- *presente completado* – **enestós syntelikós** (ou **téleios**); é o perfeito;
- *passado durativo* (ou imperfeito) – **paroicheménos paratatikós** (ou **atelés**); é o imperfeito;
- *passado completado* – **paroicheménos syntelikós** (ou **téleios**); é o mais-que-perfeito.

No tratamento estóico da categoria do tempo, é muito pouca a atenção dada às distinções de base formal. A própria definição estóica de verbo não inclui, como a de Aristóteles, referência a tempo como acidente verbal.

Na gramática, vemos que Dionísio o Trácio (§ 13) apresenta os três tempos verbais, indicando quatro variedades aspectuais do passado. Aparece, assim, modificada a classificação dos estóicos. No tempo passado (**parelelythós**), indicam-se quatro aspectos: o durativo (**paratatikón**), que é o imperfeito; o completado (**paracheímenon**), que é o perfeito; o completado no passado (**hypersyntelikón**), que é o mais-que-perfeito; o indeterminado (**aoríston**), que é o aoristo. Na classificação temporal, contam-se, ainda, o presente (**enestós**) e o futuro (**méllon**).

## Categoria de modo

Protágoras já apresentou os diferentes tipos de frases e, portanto, sugeriu o emprego de diferentes modos, quando dividiu a composição retórica em modalidades de frase, como a imprecação (**eucholé**), interrogação (**erótesis**), resposta (**apókrisis**) e ordem (**entolé**).

Aristóteles também distingue tipos (**schémata**, "figuras") de elocução, como a ordem (**entolé**), o pedido (**euché**), a narração (**diégesis**), a ameaça (**apeilé**), a interrogação (**erotésis**) e a resposta (**apókrísis**).

Nem os estóicos trabalham ainda com o conceito gramatical de modo. Sendo, porém, muito importante o exame das formas da linguagem na dialética, são muito estudados os tipos de frase. O tipo básico é a proposição, que é o fundamento da consideração, porque é a afirmação de alguma coisa da qual se demonstra a verdade ou a falsidade. Dela se distinguem as frases que não são bem nem verdadeiras nem falsas, como as seguintes: a questão, a interrogação, o imperativo, o juramento, a imprecação, a sugestão, o vocativo e o que é semelhante à proposição.

Os gramáticos, por sua vez, buscaram sua indicação dos modos na existência de formas externas particulares, isto é, de formas gramaticais próprias. Assim, eles atentaram especificamente para os modos de verbo, não para os tipos de frases, as modalidades do **lógos**.

Dionísio o Trácio usa o termo **énklisis** para o modo verbal e indica cinco modos: indicativo (**horistiké**, "definitório"), imperativo (**prostaktiké**), optativo (**euktiké**), subjuntivo (**hypotaktiké**) e infinitivo (**aparémphatos**), (§ 13).

## Categoria de voz

A indicação da existência das vozes já se encontra em uma passagem do *Sofista* de Platão (219b).

Os estóicos classificaram os predicados (**kategorémata**) em ativos (**orthá**, "retos"), passivos (**hýptia**, "supinos") e neutros (**oudétera**, "nem um nem outro").

Sendo de predicados, essas definições pertencem, portanto, à lógica, mas não se fazem sobre base nocional. A base também não é a forma – pois vemos **dialégetai** (com a desinência médio-passiva **-etai**) como exemplo de verbo ativo – mas é, principalmente, o modo de construção.

Já na gramática, Dionísio o Trácio indica três vozes verbais (**diathéseis**): ativa (**enérgeia**), passiva (**páthos**) e média (**mesótes**) (§ 13).

## Categoria de pessoa

Dionísio o Trácio é o primeiro que fala das pessoas do discurso. Ele se refere a elas na definição de verbo (§ 13) e, a seguir, indica que as pessoas são três, definindo-se a partir do discurso:

- 1ª – a que fala ("de quem parte o discurso");
- 2ª – aquela a quem se fala ("a quem se dirige o discurso");
- 3ª – aquela de quem se fala ("sobre quem é o discurso").

O que vemos é que, quando utiliza os esquemas lógicos, a gramática retira dados dos filósofos, aproveitando-os em um quadro de natureza diversa; por exemplo, retira dos esquemas da proposição as partes do discurso e as classifica e subclassifica num quadro coerente todo seu. As partes do discurso tinham sido o dado mais significativo das investigações filosóficas concernentes aos problemas da linguagem. Nem a consideração dos elementos nem a das categorias gramaticais são típicas do tratamento filosófico, surgindo, na maior parte das vezes, apenas como ilustração, na representação de um conhecimento técnico especial utilizado pela filosofia para confronto com outros setores do pensamento. O exame das partes do discurso, porém, é característico do tratamento ontológico e lógico, e, assim, é a grande construção da filosofia, no que concerne à linguagem. A gramática, procurando examinar fatos de língua, empreende uma marca histórica: trata as partes do discurso como classes de palavras. E é assim que a sintaxe é a grande ausente do quadro gramatical inicial. Valendo-se especialmente dos termos que os filósofos haviam cunhado, a gramática os coloca, porém, em outro universo de relações, como é o caso das conjunções, cujos nomes foram aproveitados da teoria estóica do relacionamento dos eventos, mas que são examinadas simplesmente como uma classe que tem subclasses.

É ao examinar as indicações de gênero, número, caso, tempo, modo, voz e pessoa (**tà parepómena**, "os acessórios") que a gramática instala, propriamente, o tratamento dos fatos mais especificamente gramaticais. Os filósofos naturalmente notaram esses fatos e teorizaram sobre eles, vinculando-os sempre, porém, a um sistema filosófico. Notaram, ocasionalmente, o geral, focalizando aquilo que era evidente no exercício da linguagem, e sem um interesse específico. Os gramáticos, por sua vez, tiveram a atenção despertada particularmente para esses fatos, já que neles o criticismo encontrava as discrepâncias de uso em relação à linguagem dos poetas, acrescendo-se o fato de que eles facilmente se poderiam organizar em uma codificação empírica. A consideração dessas indicações leva forçosamente a uma caracterização e a uma sistematização de formas. Assim, foi esse exame que mais diretamente instituiu paradigmas, o ponto básico da organização gramatical, nos moldes em que ela surgiu. Como nos outros aspectos, porém, o que a gramática pôs em um quadro prático, concreto e manipulável se apoiou na pesquisa espontânea e ocasional que estava disponível no material da filosofia.

Verifica-se, nas definições de Dionísio o Trácio das partes do discurso, que:

1 prevalecem os critérios formais, interferindo flexões e posições;
2 na própria definição prenunciam-se classificações;
3 distingue-se entre inventários abertos (em que há exemplos) e fechados (em que se apresenta lista exaustiva).

As definições apresentadas configuram uma consideração morfológica, ou, mais especificamente, morfossintática. A consideração fica no nível da palavra: nem, morfologicamente, desce ao exame dos elementos constitutivos vocabulares nem, sintaticamente, vai a relações intervocabulares. Acima de tudo, o que se encontra são os elementos de flexão (morfossintaxe) e de distribuição (sintaxe de colocação). Isso já é gramática e, a partir daí, podem-se rotular certas indicações nocionais esporádicas como extragramaticais. Com o emprego deliberado desse termo queremos registrar aqui a existência de um inegável domínio específico da gramática.

Em Dionísio o Trácio, por exemplo, caso já é um termo de valor gramatical. Consideram-se as estruturas formais e caso já não é "queda", como entendia Aristóteles, que só ao nominativo dos nomes conferia a qualidade de designação verdadeira. Anula-se aquele juízo de valor que denunciava, acima de tudo, que se privilegiavam as relações entre a linguagem e o pensamento, e, mais ainda, entre este e a verdade ontológica.

Em relação aos filósofos, Dionísio o Trácio oferece um aumento do número das partes do discurso, o que representa uma divisão mais abrangente. Ele traz, na verdade, um quadro que assegura um lugar em uma classe para qualquer forma lingüística grega. Por outro lado, apresentando o feixe completo das categorias gramaticais aplicáveis à língua grega, ele permite organizar todas as formas em um sistema de flexão, e fornece o padrão para as gramáticas tradicionais, cujo assento está predominantemente no estabelecimento de paradigmas. Organiza, pois, um verdadeiro quadro, em que as implicações filosóficas aparecem, como não podia deixar de ser, mas que é um quadro que tem como objeto a língua, não o pensamento.

|  |  | INDICAÇÕES GRAMATICAIS |  |  |  |  |  |  | INDICAÇÕES EXTRAGRA-MATICAIS |
|---|---|---|---|---|---|---|---|---|---|
|  |  | DE FLEXÃO |  |  |  | DE DISTRIBUIÇÃO | DE MORFOLOGIA | DE SINTAXE |  |
|  |  | caso | tempo | pessoa | número | voz |  |  |  |
| NOME | parte do discurso | com casos |  |  |  |  |  |  | que, de modo comum ou próprio, indica objeto ou ação |
| VERBO | palavra | sem casos | que indica tempos | que indica pessoas | que indica números | representando ação praticada ou recebida |  |  |  |
| PARTICÍPIO | palavra | que participa da propriedade dos verbos e dos nomes |  |  |  |  |  |  |  |
| ARTIGO | parte do discurso | com casos |  |  |  |  | que se coloca antes ou depois dos nomes |  |  |
| PRONOME | palavra |  | indicativa de referência |  |  |  | usada no lugar de nome |  |  |
| PREPOSIÇÃO | palavra |  |  |  |  |  | que se coloca antes de todas as partes do discurso | em composição | em construção |  |
| ADVÉRBIO | parte do discurso | sem flexões | sem flexões | sem flexões | sem flexões | sem flexões | colocada antes ou depois do verbo |  |  |
| CONJUNÇÃO | palavra |  |  |  |  |  |  |  |  | que liga com ordenação o pensamento e revela os vazios da expressão |

O que o manual oferece é um sistema de unidades relacionadas. Há uma estrutura aparente, com recortes sucessivos que pretendem dar abrigo a todas as unidades da língua. Podemos, por exemplo, formar quadros organizados de valor morfológico como este:

| | primitivos | – |
|---|---|---|
| Nomes (quanto à forma) | derivados | patronímico<br>possessivo<br>comparativo<br>superlativo<br>hipocorístico<br>parônimo<br>verbal |

Facilmente se mostra uma organização coerente, de que pode ser exemplo a existência de duas ordens de classificação no estudo dos nomes. São apontadas espécies que já eram registradas pelos filósofos, mas agora é evidente a busca de sistematização. Por exemplo: há uma primeira ordem que examina a existência física das palavras e uma segunda ordem que examina a sua essência; entre as duas ordens quase se obtém um paralelismo total; na primeira, o grupo sem subdivisões (os primitivos) precede o grupo que apresenta subespécies (os derivados); na segunda, o grupo que não possui subespécies exclusivamente suas (os nomes próprios) precede o grupo ao qual podem reduzir-se, sem exceção, todas as espécies seguintes.

São freqüentes, ainda, apresentações expressas das classificações e subclassificações, de que são exemplos:

- "as espécies são duas..." (nomes, § 14; verbos, § 15);
- "as espécies dos derivados são sete..." (nomes, § 14);
- "as figuras dos nomes são três..." (§ 14);
- "dos advérbios, uns são simples, outros são compostos..." (§ 21)

Com essas indicações se conjugam indicações expressas das categorias gramaticais atribuíveis às diversas classes de palavras, como:

- "os gêneros são três..." (nomes, §14; artigos, § 20);
- "os números são três..." (nomes, § 14; verbos, § 15; artigos, § 20);
- "os casos são cinco..." (nomes, § 14);
- "os modos são cinco..." (verbos, § 15);

- "as vozes são três..." (verbos, § 15);
- "os tempos são três..." (verbos, § 15);
- "o passado tem quatro variedades...." (verbos, § 15).

Se todas essas indicações forem cruzadas e colocadas em um quadro gráfico, teremos uma apresentação em muitos pontos semelhante a quadros da atual *Nomenclatura Gramatical Brasileira*.

Concluindo, podemos dizer que é com o cuidado do aspecto exterior que nasce a gramática e, na verdade, só assim ela poderia ter nascido. A universalidade dos filósofos é substituída pela particularidade. Cai sob análise a estrutura superficial, concreta e particular de uma língua, como própria decorrência do tipo de atividade que dá origem à disciplina gramatical – filologia e crítica de textos. Daí nasceu a gramática que chegou até nós.

# A gramática dos gregos
## – Dionísio o Trácio[1]

A disciplina gramatical aparece na época helenística, que se diferencia da época helênica tanto na organização política e social, como no modo de vida e na cultura. Nessa época o que se procura é, acima de tudo, transmitir o patrimônio literário grego, privilegiando-se, como atividade cultural, o exame das grandes obras do passado.

O objetivo de tal atividade é oferecer os padrões da linguagem dessas obras consideradas excelentes, padrões que contrastam com os da linguagem corrente, contaminada de barbarismos. Tal esforço de divulgação do helenismo impulsiona o desenvolvimento dos conhecimentos lingüísticos, já que implica o levantamento de fatos que, nos textos não corrompidos, caracterizam a língua modelar que deve ser preservada. É, pois, para servir à interpretação e à crítica que se compõe o que se vai qualificar como *gramática*. Trata-se de um estudo que, pelas condições de seu surgimento, se limita à língua escrita, especialmente à do passado, mais especificamente à língua literária e, mais especificamente, ainda, à grega. O próprio termo **grammatiké** – a arte de ler e escrever –, usado para dar nome ao estudo da língua,

---

[1] Uma primeira versão deste trabalho foi publicada em Neves, 1989. O trabalho resume pontos da obra de Neves, 1987a (em processo de reedição).

tem sido invocado para evidenciar a atenção precípua dada à forma escrita da língua.

Dionísio o Trácio dá uma lúcida definição da natureza da disciplina gramatical: ela é prática, não-especulativa. Não é uma disciplina filosófica porque nasce exatamente como conseqüência da fixação de domínios autônomos do domínio lingüístico, fora do âmbito filosófico.

Toda uma teoria de conhecimento fora construída pela filosofia, dentro de seus objetivos teóricos, com questionamento dos problemas da relação entre a linguagem e o pensamento. Por outro lado, na direção prática, a poesia e a retórica tinham estabelecido um veio inicial de educação clássica que, agora, na época helenística, tomava sua forma mais acabada e característica, com a crítica literária e a filologia.

Há, pois, duas forças que se conjugam: uma de ordem conceitual, vinda da tradição como grande construção do espírito helênico, e outra de ordem histórica, determinada pelas necessidades do momento. Surge, então, a gramática, como parte do estudo literário e lingüístico característico da época helenística, embora a sua instituição só seja possível sobre o edifício teórico da filosofia.

A exigência de instalação da disciplina gramatical está, realmente, nas condições peculiares da época helenística, marcada pelo confronto de culturas e de língua, e pela exacerbação do zelo pelo que se considerava a cultura e a língua mais puras e elevadas. O helenismo tem de ser divulgado, a língua grega, modelo da analogia lingüística, tem de ser ensinada para ser preservada. E, embora na retórica esteja o germe da consideração prática da linguagem, já não se trata do ensino retórico empírico da época clássica; agora é necessária a exposição de padrões que devem ser seguidos, o que leva ao estabelecimento dos quadros da gramática.

A gramática surge, pois, como exposição e imposição de analogias. Assim é que *analogia* e, na sua contraparte, *anomalia*, presidem ao nascimento dos estudos gramaticais, e caracterizam os dois centros da cultura helenística, Alexandria e Pérgamo, respectivamente.

Os gramáticos alexandrinos representam a consolidação da passagem para um terreno gramatical, específico e determinado, das considerações sobre a linguagem, que se vinham fazendo, através dos tempos, no terreno da filosofia. O simples reconhecimento da existência da analogia lingüística constitui, ainda, procedimento filosófico, mas a busca da analogia de formas representa a passagem para o terreno da fenomenologia. E foi assim que os gramáticos alexandrinos, buscando, nas formas sonoras, analogias que permitissem o estabelecimento de paradigmas, codificaram a gramática grega e lançaram o que seria o modelo da gramática ocidental tradicional.

Condicionada por sua finalidade prática, a gramática elege para exame, especialmente, a fonética e a morfologia, fixando-se nos fatos de manifestação depreensível, passíveis de organização em quadros concretos. Se considerada nesse estágio, a sintaxe teria fatalmente compromisso com a lógica, constituindo uma deriva das considerações filosóficas. Ela é, portanto, praticamente ignorada, não tendo lugar nessa nova disciplina, que, pelas condições de surgimento, só tem sentido se empírica.

O estudo dos elementos sonoros é o que mais próximo fica do tratamento já dado pela filosofia, uma vez que os dados fonéticos, de qualquer modo, têm de representar um estudo concreto. Mas a motivação do exame é outra, o que dá como resultado que na gramática se estabeleça um quadro explícito e organizado.

No estudo dos esquemas lógicos, a gramática trata diferentemente os dados que retira da grande construção teórica que a filosofia estabelecera. As partes do discurso tinham sido o objeto privilegiado das investigações filosóficas concernentes aos problemas da linguagem. Agora, procurando examinar *fatos de língua*, a gramática instaura como *classes de palavras* as *partes do discurso*.

No estudo dos chamados *acessórios*, que são as indicações de gênero, número, caso, tempo, modo, voz e pessoa, encontra-se um terreno particularmente propício ao tratamento gramatical. Nesses fatos, especialmente, o criticismo encontrava discrepâncias dos poetas. Além disso, esses são fatos facilmente codificáveis e formalmente sistematizáveis, favorecendo a instituição de paradigmas.

Considera-se como representativa da gramática alexandrina a (*Téchne*) *Grammatiké* (Uhlig, 1883) de Dionísio o Trácio, uma pequena obra de doutrina gramatical, que foi editada pela primeira vez em 1715.

Dionísio, de origem trácia, nasceu em Alexandria e viveu entre 170 e 90 a.C., aproximadamente. Ele deu à gramática uma forma que, por muito tempo, foi definitiva, e cujos traços fundamentais ainda hoje podem ser reconhecidos em muitas obras gramaticais do Ocidente. Por essa razão, esta apresentação de noções gerais sobre a organização gramatical dos gregos tem base no Manual de Dionísio.

Diz um escoliasta que a gramática de Dionísio é uma **téchne** (arte) porque tem certo grau de infalibilidade e generalidade, menor que o da **epistéme** (que seria a ciência exata, de que são exemplos a astronomia e a geometria) e maior que o da **empeiría** (que seria simples exercício e memória) (Bekker, 1965, p.726, 727-30).

Dionísio indica como prática da gramática: leitura praticada segundo as regras da prosódia; explicação dos poetas segundo os tropos que neles aparecem; explicação natural dos fatos lingüísticos e históricos; investigação etimológica; exposição da analogia; julgamento das obras.

A *Arte da gramática* de Dionísio, na edição de Uhlig (1883), consta de vinte parágrafos: 1. Da gramática; 2. Da leitura; 3. Do acento; 4. Da pontuação; 5. Da rapsódia; 6. Do elemento; 7. Da sílaba; 8. Da sílaba longa; 9. Da sílaba breve; 10. Da sílaba comum; 11. Da palavra; 12. Do nome; 13. Do verbo; 14. Da conjugação; 15. Do particípio; 16. Do artigo; 17. Do pronome; 18. Da preposição; 19. Do advérbio; 20. Da conjugação. Na edição de Bekker (1965), alguns desses tópicos vêm subdivididos, e registram-se 25 parágrafos.

A obra abriga, pois, apenas a fonética e a morfologia, desconhecendo a sintaxe, e só tem vistas para a língua grega. A filologia, anunciada como uma das seis partes da gramática, também não é, propriamente, contemplada.

Daremos rápida informação sobre o tratamento que recebem na obra os três domínios contemplados: I – os elementos (**tà stoicheîa**); II – as partes do discurso (**tà mére lógou**); III – os acessórios (**tà parepómena**).

I – A doutrina dos sons é, na **grammatiké**, essencialmente um estudo dos **grámmata**, especificamente considerados como caracteres da escrita. Os *elementos* já não são, pois, como no estudo filosófico, modelos para os elementos físicos ou para a análise e a síntese dialéticas. Eles são, por si, objeto de exame, embora tudo o que se codifica arrebanhe a pesquisa disponível no material dos filósofos.

No seu Manual (§ 6), Dionísio o Trácio indica 24 letras (**grámmata**), sete vogais e dezessete consoantes. Identifica **grámmata** e **stoicheîa**, e explica a razão desses nomes: **grámmata** porque se moldam com caracteres, e **stoicheîa**, porque têm uma ordem e um lugar. Também é dada a razão dos nomes: *vogais* (**phonéenta**), porque soam por si; *consoantes* (**sýmphona**), porque não têm som próprio, só soando quando combinadas com as vogais. As vogais são classificadas, segundo a quantidade, em longas, breves e longas ou breves; segundo a posição, são classificadas em protáticas e hipotáticas. Dionísio arrola seis ditongos, todos com os elementos hipotáticos *i* e *u*, portanto ditongos decrescentes. Das dezessete consoantes, oito são consideradas semivogais (**hemíphona**): *l, m, n, r, s, dz, ks, ps*; nove são chamadas *mudas*, "sem som" (**áphona**): *p, t, k, b, d, g, ph, th, kh*. Apresentam-se, ainda, subclassificações, de que não trataremos aqui.

II – A classificação de Dionísio o Trácio das partes do discurso representa a tradição da escola de Aristarco, a escola de Alexandria. É um esquema bastante semelhante ao das nossas gramáticas, separando, porém, o particípio da classe dos verbos, o que não ocorria na classificação dos estóicos. Ainda em contraposição aos estóicos, a classe das conjunções vem desdobrada em conjunções e preposições, e a classe dos artigos e pronomes, embora os pronomes relativos se mantenham na classe dos artigos.

São apontados como partes do discurso: 1. o *nome*; 2. o *verbo*; 3. o *particípio*; 4. o *artigo*; 5. o *pronome*; 6. a *preposição*; 7. o *advérbio*; 8. a *conjunção*.

1 O nome é definido como a parte do discurso flexionável em casos que, de modo comum ou próprio, indica objeto (**sôma**, literalmente, "corpo") ou ação (**prâgma**) (§ 12), distinção que constitui a base da distinção entre *concreto* e *abstrato*.

Os nomes classificam-se em duas espécies principais: *primitivo* (**protótypon**, o que é uma forma primeira) e *derivado* (**parágogon**, o que tem origem em outro).

Os derivados são de sete espécies:

1) patronímico; ex.: **Peleídes**, "filho de Peleu";
2) possessivo; ex.: **Platonikón**, "de Platão";
3) comparativo; ex.: **andreióteros**, "mais corajoso";
4) superlativo; ex.: **oxytátos**, "agudíssimo";
5) hipocorístico; ex.: **anthropískos**, "homenzinho";
6) parônimo (formado a partir de um nome); ex.: **théon**;
7) verbal (derivado de verbo); ex.: **Filémon**.

Indicam-se, ainda, três figuras (**schémata**):

1) simples; ex.: **Mémnon**;
2) composto; ex.: **Agamémnon**;
3) parassintético, ou derivado de composto; ex.: **Agamemnonídes**, "descendente de Agamenão".

Depois dessas classificações, Dionísio inicia outra apresentação de espécies em que os substantivos se distribuem. São 24 espécies bastante diversas, as quais correspondem, nas classificações atuais, a substantivos, adjetivos, pronomes e numerais. São elas:

1) próprio; ex.: *Homero*;
2) comum; ex.: *homem*;
3) epíteto ou adjetivo (**epítheton**); ex.: *sábio, rápido, rico*;
4) de relação, ex.: *pai, filho* (membros que se implicam);
5) "como se relativo"; ex.: *noite, dia* (membros que se anulam);
6) homônimo; ex.: **mýs**, "rato" (da terra e do mar), **Ajax** (filho de Telemão e filho de Oileu);
7) sinônimo; ex.: **áor, xífos, máchaira** e **spáthe**, "espada";
8) ferônimo, o que se forma a partir de uma qualidade não-essencial; ex.: **Megapénthes**, "de grande dor";
9) diônimo, dois nomes, cada um deles estabelecido como nome próprio de um mesmo indivíduo, sem implicação mútua; ex.: *Alexandre* e *Páris*;
10) epônimo, que também é um diônimo, mas cada um dos nomes é dito juntamente com outro nome próprio; ex.: *Apolo* **Febo**, "brilhante";
11) étnico; ex.: *frígio*;
12) interrogativo; ex.: *que...? qual...?*;
13) indefinido; ex.: *qualquer, que*;
14) relativo (**anaphorikón**) também chamado *de semelhança* (**homoiomatikón**), *demonstrativo* (**deiktikón**) e *de correspondência* (**antapodotikón**); ex.: *tal; tanto*;
15) coletivo; ex.: *povo*;
16) distributivo; ex.: *cada*;
17) compreensivo, o que em si próprio representa o que está abrangido; ex.: **parthenôn**, "aposento de donzelas";
18) onomatopaico, o que é formado por imitação da natureza particular dos sons;

19) genérico, o que pode ser dividido em muitas espécies; ex.: *animal*;
20) específico, o que se distingue a partir do gênero; ex.: *boi, cavalo*;
21) ordinal; ex.: *primeiro, segundo*;
22) numeral; ex.: *dois, três*;
23) absoluto, o que por si próprio é mentalmente representado; ex.: *deus*, **lógos**;
24) partitivo, o que participa de uma essência; ex.: **pýrinos**, "de trigo".

Deslocada da primeira classificação em espécies, a qual se fizera segundo a forma, esta nova classificação se baseia em critérios nocionais. As duas ordens de classificação são paralelas, e uma não interfere na outra. A autenticidade dessa última série de espécies tem sido posta em dúvida. Steinthal (1891) não acredita que ela seja de Dionísio o Trácio e diz que seus sucessores, mais filósofos do que ele, introduziram essa classificação lógica. Lersch (1838), porém, aduz razões para provar a autenticidade dessa classificação.

2 O verbo é definido como a palavra indeclinável que indica tempos, pessoas, números, representando, ainda, ação praticada ou recebida (§ 13).

Steinthal (1891) lembra que a autenticidade dessa definição de verbo que o Manual apresenta já foi posta em dúvida; a verdadeira definição de Dionísio consideraria verbo a palavra (indeclinável) que indica um predicado, capaz de exprimir tempos, pessoas e números.

3 O particípio não é considerado nem uma espécie de nome nem uma espécie de verbo; é uma classe à parte. Várias razões dificultavam a aceitação do particípio como uma espécie de nome: a existência de formas ativas e passivas, a regência e a própria distribuição. Por outro lado, a existência de gênero e casos impedia a sua filiação entre os verbos.

Em Dionísio o particípio é definido como a palavra que participa da propriedade dos verbos e dos nomes (§ 15).

4 O artigo vem definido como a parte declinável do discurso que se coloca antes (*artigo protático*) e depois (*artigo hipotático*) da declinação dos nomes (§ 16).

Entre os artigos, Dionísio coloca tanto o que hoje chamamos *artigo definido* quanto o que denominamos *pronome relativo*. Na própria definição já estabelece, porém, uma diferença, quando diz que o primeiro se coloca antes (é protático) e o segundo se coloca depois do nome (é hipotático).

5 O pronome é definido como a palavra usada no lugar do nome, indicativa de referência pessoal definida (§ 17).

A separação da classe dos pronomes, que foi obra dos gramáticos, baseou-se no reconhecimento, registrado em Aristarco, da possibilidade de seu agrupamento segundo as pessoas (Apolônio – *Do pronome*, p.1). Por isso mesmo, em Dionísio a classificação dos pronomes abrange apenas os pessoais e possessivos.

Na definição de Dionísio, além de ser realçada a indicação pessoal, está abrigada a idéia de que o pronome se usa no lugar do nome. Essa idéia, aliás, está no próprio termo grego **antonymía**, mantendo-se no nosso pronome, que veio pela tradução latina do grego. Egger (1854, p.92-3) registra outras denominações dadas pelos gramáticos ao pronome, segundo o depoimento de Apolônio Díscolo no *Do pronome*: **paronomasía**, "nome derivado" (Dionisodoro de Trezênia); **semeíosis**, "designação", "indicação" (Tiranião); **antonomasía**, que é outra forma de **antonymía** (Comano).

Dionísio classifica os pronomes em duas espécies: os *primitivos* e os *derivados*; os primeiros são os pessoais e os últimos, os possessivos. Também lhes chama bipessoais porque encerram a idéia de possuidor e de possuído.

As figuras são duas: *simples* e *composto* e apenas se referem aos pronomes primitivos. Registra-se, ainda, o fato de os pronomes primitivos se empregarem sem artigo, e os derivados, com artigo.

6 A preposição é definida por Dionísio como a palavra que se coloca antes de todas as partes do discurso, em composição ou em construção (§ 18).

Diz ele que são dezoito as preposições, seis monossilábicas e doze dissilábicas, e as relaciona.

7 O advérbio é definido como a parte não-flexionável do discurso colocada antes ou depois do verbo (§ 19). Define-se, pois, por referência ao verbo, o que significa que só é considerado como associado a essa parte do discurso.

Entre os advérbios, Dionísio distingue os *simples* e os *compostos*. São apresentadas 26 classes de advérbios, que são denotativas:

1) de tempo; ex.: *agora*; como subespécie são trazidos os que indicam momento determinado, dos quais são exemplos *hoje* e *amanhã*;

2) de posição intermédia (que são os correspondentes aos nossos advérbios em *-mente* (grego: *-ôs*);

3) de qualidade; ex.: **láx**, "com o pé", **pýx**, "com o punho", **botrydón**, "em cachos";

4) de quantidade; ex.: **pollákis**, "muitas vezes";
5) de número; ex.: **dís**, "duas vezes";
6) de lugar; ex.: **áno**, "de cima para baixo"; são observadas as três possibilidades (três "maneiras de ser", **schéseis**): lugar "onde", lugar "para onde" e lugar "de onde", com os respectivos exemplos: **oíkoi**, "em casa", **oíkade**, "para casa" e **oíkothen**, "de casa";
7) de desejo; ex.: *oxalá*;
8) de dor; ex.: **ioú** (interjeição de dor);
9) de negação; ex.: **ouk**, "não";
10) de afirmação; ex.: *sim*;
11) de interdição; ex.: **mé**, "não";
12) de semelhança; ex.: *como*;
13) de admiração; ex.: **babaí** (interjeição de admiração);
14) de conjetura; ex.: *talvez*;
15) de ordem; ex.: **hexés**, "em seguida";
16) de coleção; ex.: **árden**, "inteiramente", **háma**, "de uma só vez";
17) de exortação; ex.: **eía** (interjeição de exortação);
18) de comparação; ex.: *mais, menos*;
19) de interrogação; ex.: *onde?, como?*;
20) de intensidade; ex.: *muito, fortemente*;
21) de reunião; ex.: **háma**, "de uma só vez";
22) de negação por juramento; ex.: a partícula grega **má**, usada antes do nome da divindade por quem se jura, negando;
23) de afirmação por juramento; ex.: a partícula grega **né**, usada antes do nome da divindade por quem se jura, afirmando;
24) de certeza; ex.: *sem dúvida*;
25) de imposição; ex.: **pleustéon** (forma neutra do adjetivo verbal em -**teos**, que indica obrigatoriedade);
26) de inspiração divina; ex.: **euoí**, "evoé".

8 A conjunção é definida como a palavra que liga com ordenação o pensamento e revela os vazios da expressão (§ 20). Nessa definição, Dionísio repete a idéia estóica da função conectiva dessa palavra e, ao mesmo tempo, falando em revelar "intervalo", "interstício", "vazio", traz a idéia de Aristóteles sobre a condição não-significativa da conjunção. A conjunção coloca os pensamentos em uma conexão lógica e, portanto, há uma ordenação necessária, uma **táxis**.

O Manual de Dionísio agrupa as conjunções em oito espécies:
1) copulativas; ex.: *e*;
2) disjuntivas; ex.: *ou*;
3) continuativas, as que não indicam a existência, mas a seqüência; ex.: *se*;
4) subcontinuativas, as que, além da existência, também indicam ordenação; ex.: *já que*;
5) causais, as que tomam as causas numa apódose; ex.: *para que, porque*;
6) dubitativas, as que costumamos usar quando estamos sem saída; ex.: *âra*, "será que...?";
7) conclusivas, as que são adequadas às conclusões e à compreensão das demonstrações; ex.: *com efeito*;
8) expletivas, as que se usam por causa do metro ou do bom arranjo; ex.: *então, certamente* (e uma série de partículas gregas para as quais, fora do contexto, não se pode indicar uma tradução).

Dionísio ainda observa que alguns acrescentam conjunções que marcam oposição, como *entretanto*.

Verificamos que as continuativas são as condicionais e que as conjunções que indicam finalidade estão incluídas entre as causais. As expletivas são ainda reconhecidas como conjunções, do mesmo modo que ocorria na classificação estóica. Na relação das expletivas estão incluídas partículas adverbiais e continuativas.

III – Dionísio trata das diversas categorias gramaticais, os "acessórios" das classes de palavras: 1. *gênero*; 2. *número*; 3. *caso*; 4. *tempo*; 5. *modo*; 6. *voz*; 7. *pessoa*.

1 Estudando o nome, Dionísio apresenta três gêneros: *masculino, feminino* e *neutro* (**oudéteron**, "nem um nem outro") (§ 12). Aponta, ainda, o gênero comum e o epiceno. Um exemplo dado para o primeiro caso é **kýon**, "cão", que pode ser usado sob a mesma forma com artigo masculino ou feminino; para o segundo caso, um exemplo é **chelidón**, "andorinha", que se emprega sempre com o artigo feminino, tanto em referência ao macho como à fêmea.

Apresentando os gêneros não apenas quando estuda o nome mas também quando estuda o pronome, Dionísio faz observações que são específicas para a gramática grega: diz que os pronomes primitivos (os pessoais) não possuem distinção de forma para os diversos gêneros, mas os derivados (os possessivos) têm formas diferentes (§ 17).

2 À categoria de número Dionísio se refere quando trata do *verbo* (§ 13), do *nome* (§ 12), do *artigo* (§ 16) e do *pronome* (§ 17). Indica que os números são três (*singular*, *dual* e *plural*), e aponta incongruências de forma e significado quando indica nomes que, no singular, designam muitas coisas (ex.: povo, coro) e nomes que, no plural, designam uma coisa (ex.: Atenas, Tebas) ou duas (ex.: ambos).

3 Dionísio indica cinco casos do nome (§ 12): 1. *reto* ou *nominativo*; 2. *genitivo*, *possessivo* ou *pátrico*; 3. *dativo* ou *destinativo*; 4. *causativo* (**kat'aitiatikén**, "segundo a causa"; em Varrão, VIII, 66, traduzido erradamente por **accusandi casus** e **acusatiuus**); 5. *vocativo* ou de *saudação*.

Assim, o vocativo, cuja posição entre os estóicos não pode ser estabelecida, aparece aqui na mesma posição dos outros casos, como parte do paradigma de um nome. Esse reconhecimento do vocativo como um caso representa a adoção de um critério morfológico.

Dionísio indica, por definição, a flexão de casos como existente no artigo (§ 16) e inexistente no advérbio (§ 19). Para os pronomes primitivos (ou pessoais), aponta os mesmos cinco casos do nome, mas, para os derivados (os possessivos), não aponta o vocativo (§ 17).

4 Quanto aos tempos verbais, são três os que Dionísio apresenta (§ 13): *passado*, *presente* e *futuro*. Indicam-se quatro variedades aspectuais de passado: *durativo*, que é o imperfeito; *completado*, que é o perfeito; *completado no passado*, que é o mais-que-perfeito; e *indeterminado*, que é o aoristo.

Dionísio observa a relação aspectual que existe entre o presente e o imperfeito (durativos), o perfeito e o mais-que-perfeito (completados), o aoristo e o futuro (indeterminados) (§ 13). Entretanto, só para o passado há atribuição de nomes que indicam aspecto. Assim, contra o presente e o futuro, não especificados quanto ao aspecto, alinham-se os quatro tipos em que, segundo o aspecto, se subdivide o passado.

5 Dionísio aponta cinco modos verbais: 1. *indicativo* (**horistiké**, "definitório"; 2. *imperativo*; 3. *optativo*; 4. *subjuntivo*; 5. *infinitivo*. Ele não define esses modos, apenas os relaciona no parágrafo sobre os verbos (§ 13). Quando trata do particípio (§ 15), ele aponta a falta de flexão modal dessa classe de palavra.

6 Dionísio indica três vozes verbais: *ativa*, *passiva* e *média* (§ 13). Entretanto, baseado em critérios nocionais, inclui na voz média flexões verbais

que formalmente pertencem à ativa, como o perfeito de forma ativa e significação passiva (ex.: **pépega**, "afundar-se"). Define a voz média como a que indica às vezes atividade, às vezes passividade. De fato, por definição, o verbo é considerado em Dionísio como a palavra que indica ação praticada ou recebida. A voz média representaria, na verdade, apenas uma possibilidade de combinar as outras duas.

É interessante observar que Dionísio aponta a categoria de voz também para os nomes (§ 12), registrando duas vezes, a ativa (ex. **Krités**, "julgador", "juiz", **ho krínon**, "o que julga") e a passiva (ex. **Kritós**, "julgado", **ho krinómenos**, "o que é julgado"). Na verdade, esses são adjetivos e têm origem verbal. Deve lembrar-se que Dionísio enquadra os adjetivos entre os nomes.

7 É em Dionísio que se encontra pela primeira vez um tratamento das pessoas do discurso. No § 13, que trata do verbo, ele as relaciona: 1ª, a que fala ("de quem parte o discurso"); 2ª, aquela a quem se fala ("a quem se dirige o discurso"); 3ª, aquela de quem se fala ("sobre quem é o discurso"). Também no estudo dos pronomes (§ 17), tanto primitivos como derivados, são registradas as três pessoas. No estudo do particípio (§ 15), é observada a ausência de flexão pessoal.

Como se acaba de observar, existe no Manual de Dionísio o Trácio uma sistematização que procura recortar o campo dos elementos da língua e distribuí-los exaustivamente em um quadro organizado. As entidades se apresentam compartimentadas, submetidas a classificações e subclassificações explicitamente declaradas. O que a obra oferece, afinal, é um sistema de unidades relacionadas, todas com abrigo nos sucessivos recortes.

Observe-se, em especial, que, entre as sistematizações gramaticais, a de Dionísio é sobre todas importante, já que, de um lado, é representativa do procedimento gramatical que surgiu na época alexandrina e, do outro, é um modelo sobre o qual se apóia a tradição da gramática ocidental. Por isso, ao procurarmos avaliar o que foi a gramática entre os gregos, oferecemos, aqui, uma síntese das formulações dessa *(Téchne) Grammatiké*. Na verdade, trata-se de uma gramática descritiva, embora, pelos padrões selecionados para descrição, fique revelada uma finalidade normativa. É exatamente esse espírito que vem presidindo a organização gramatical ocidental através dos tempos, o que merece reflexão, se se pensar nas grandes diferenças nas condições de produção recentes, confrontadas com as da época helênica.

# A contribuição de Apolônio Díscolo à história da gramática ocidental[1]

Apolônio Díscolo viveu na primeira metade do século II d.C., na época de Adriano e Antonino Pio. Ele e seu filho Herodiano, cuja obra se perdeu, foram considerados os gramáticos mais importantes da sua época. Segundo Paulys-Wissowa (1905, s.v. Apollonius, 81), repetido por Sandys (1915, p.80), Apolônio teve suas opiniões reconhecidas como de autoridade, por toda a Idade Média e até o pleno Renascimento, com Teodoro de Gaza (1400-1475) e Constantino Lascaris (1434-1501). E em toda a tradição gramatical do Ocidente, mesmo modernamente, se repetiram suas idéias e procedimentos. Botas (1987, p.61) cita a *Gramática de la lengua castellana* de Nebrija, que abre o seu Livro IV, sobre sintaxe, do mesmo modo que Apolônio abre a sua obra *Da sintaxe*: afirmando que em obras anteriores já havia tratado a doutrina relativa às palavras, separadamente, e que passava ao estudo do relacionamento entre elas, ou seja, ao estudo da sintaxe. Segundo Botas (1987, p.62), um comentarista dirá que Nebrija está traduzindo Prisciano; mas sabemos que Prisciano a tal ponto repetiu Apolônio que sua obra *Institutiones grammaticae* é considerada fonte para estudo do gramático alexandrino.

---

1 Uma primeira versão deste trabalho foi publicada em Neves, 1993a.

A obra de Apolônio é extensa. Parece que ele tratou praticamente todos os fatos de língua. Realmente, dizer que a ele se deve atribuir, especialmente, a introdução da sintaxe nos estudos gramaticais não significa entender que ele estudou apenas a combinação dos termos. Ele tratou: *questões diacrônicas* (*Dos acidentes*, onde se estudam alterações que afetam a forma das palavras, como a apócope, a sinérese etc.); *questões estilísticas* (*Das figuras; Das figuras homéricas*); tratou, ainda: a *ortografia* (*Da ortografia*); a *prosódia* (*Da prosódia*); os *dialetos* (*Dos dialetos dórico, jônico, eólico, ático*). E tratou tanto os *elementos* (*Dos elementos*) quanto as *partes da oração* (*Da divisão das partes do discurso; Dos nomes; Dos verbos; Dos particípios; Do artigo; Do pronome; Da preposição; Dos advérbios; Das conjunções*).

O que temos de Apolônio Díscolo para estudo, porém, são apenas quatro obras: *Do pronome, Das conjunções, Dos advérbios* e *Da sintaxe das partes do discurso*.[2] Mas sua doutrina se reconstitui facilmente com a leitura de Prisciano, que, como observei há pouco, o cita e o retoma em toda a sua obra. Lembre-se que Prisciano diz claramente que segue a autoridade de Apolônio (*Institutiones grammaticae* XVII 1 e 2: "in plerisque Apollonii auctoritatem sumus secuti"). E sabemos, pela leitura de Apolônio, que Prisciano, muitas vezes, o estava traduzindo, simplesmente. Além disso, Apolônio se repete bastante na exposição de seus princípios, o que tem permitido apontarem-se as regras de seu método. Algumas delas são, segundo Egger (1854), que Neves (1987a, p.119-20) resume, as seguintes:

- Para classificar ou definir uma palavra, leva-se em conta a forma, ou o som, e o sentido (*Dos advérbios*, p.529). Sendo o sentido, unido ao papel das palavras na frase, que determina a que classe a palavra pertence, é o sentido que tem prevalência sobre a forma (*Do pronome*, p.85; *Da sintaxe*, I 19; *Das conjunções*, p.480, 481; *Dos advérbios*, p.564, 575). Entretanto, a forma é um índice útil e nela o que mais importa é a terminação (*Da sintaxe*, II 2; *Do pronome*, p.36, 39, 46, 81).
- O fato de uma palavra se empregar, às vezes, por outra não significa que ambas sejam a mesma parte do discurso (*Do pronome*, p.6, 7, 80).

---

2  As obras supérstites de Apolônio Díscolo estão editadas por B. G. Teubner, em *Grammatici graeci*, 1867-1910, com aparato crítico e comentários de G. Uhlig e G. Schneider. As obras *Das conjunções* e *Dos advérbios* também estão editadas por Bekker, 1965. Nessa edição se encontram, ainda, os escólios sobre Dionísio o Trácio.

- Um emprego acidental (sentido figurado) não decide da atribuição de uma palavra a uma determinada classe (*Da sintaxe,* I 21; *Do pronome,* p.88). Também não prova nada a simples variação de forma ou de acentuação (*Dos advérbios,* p.544, 575). Às vezes, pelo sentido que se lhes dá, algumas palavras passam de uma classe a outra (*Da sintaxe,* II 8; II 12; *Dos advérbios,* p.592, 593).
- Não há regularidade completa na gramática; ela não tem séries completas (*Do pronome,* p.14, 63, 91; *Da sintaxe,* II 29; III 30).

Apolônio Díscolo deixa sempre clara sua intenção de compor uma obra de sistematização completa, abrangendo todo o conjunto de fatos gramaticais. No seu livro *Da sintaxe,* ele faz entender que oferece um instrumento de consulta seguro para as questões sintáticas: "a presente investigação sobre a congruência sintática servirá para corrigir quaisquer erros no âmbito da oração" (I 60). Diz, ainda, que alguns estudiosos apenas amontoam exemplos, não oferecendo o estudo sistemático (**tôn emmethódos lógon**) (II 113) que ele apresenta.

Na verdade, o importante lugar que Apolônio Díscolo ocupa na história das idéias gramaticais no Ocidente assenta-se, especialmente, no seu tratamento da sintaxe, que até então não merecera a atenção dos gramáticos alexandrinos. No Manual de Dionísio o Trácio, por exemplo, a sintaxe está totalmente ausente, já que o que constitui objeto de investigação não é o relacionamento dos termos do discurso, mas, sim, o seu isolamento, com vistas a uma classificação e ao estabelecimento de paradigmas. Em Apolônio, pelo contrário, a sintaxe abarca todos os níveis, uma vez que a língua é considerada uma série de elementos relacionados, e a sintaxe é vista como o conjunto de regras que regem a síntese dos elementos.

O próprio estudo dos chamados *elementos* (as vogais e as consoantes) vem abrigado no livro *Da sintaxe,* embora se deva supor que ele estivesse também abrigado no livro específico sobre os elementos, que, entretanto, se perdeu. E no *Da sintaxe* o que se vê é a teoria dos elementos considerada paralelamente à teoria das partes do discurso. O percurso, que vem resumido em Neves (1987a, p.130-1), é o seguinte: os elementos indivisíveis da linguagem se unem em ordenação regular para a formação das sílabas; assim também, as sílabas, para a formação das palavras; da mesma maneira, os conceitos que estão nas palavras entram em construção e se encaixam como dentes de um engenho, para a formação de frases (**lógoi**) (I 2), embora haja exceções a essa regularidade (I 3-8). Ao **lógos** se chega, pois, a partir de um elemento (**stoicheîon**) que não é aquele que forma a sílaba (**syllabé**), mas é um **stoicheîon** conceitual. Assim como há sons que se bastam a si mesmos (as vogais) e outros que só podem ser pronunciados com o auxílio de uma vogal (as consoantes), há, também, entre as palavras, as que podem ser empregadas sós (os verbos, os nomes, os pronomes, os advérbios qualificativos) e as que só se empregam como acréscimo à significação de outras (as preposições, as conjunções, os artigos) (I 12). Esse paralelismo abrange, ainda: a ordem das letras e das sílabas nas palavras, comparada à ordem das palavras na frase (I 9), a possibilidade de transposição de letras, comparada à possibilidade de transposição de palavras (I 11); a possibilidade de separações e junções de sílabas, comparada à possibilidade de separações e junções de palavras (I 10); a ordem das letras no alfabeto, comparada à ordem em que devem ser apresentadas as partes do discurso e à ordem em que se apresentam os casos na declinação (I 13).

Uma contraparte desse paralelismo que rege a ordem nas diferentes instâncias está na indicação dos acidentes (**tôn parepoménon**, *Da sintaxe,* I 3), que, da mesma forma, em todos os níveis operam: o excesso, ou **pleonásmos**; a falta, ou **elípsis**; a expansão, ou **diéresis**, e a transposição ou **metátesis** (*Da sintaxe,* I 3-11).

Com efeito, no estudo das partes do discurso, encontrado no *Da sintaxe*,[3] a base de exame é a regularidade do arranjo das unidades menores, para formação das maiores. Apolônio coloca as partes do discurso em uma ordem que "imita a proposição completa" (*Da sintaxe,* I 14). Ele diz que alguns julgam que não é necessária essa consideração e que as classes podem ordenar-se ao acaso, mas que, se se admite a ordem para algumas coisas, é necessário admiti-la para todas (*Da sintaxe,* I 13). A ordem indicada por Apolônio Díscolo para as classes de palavras é a seguinte:

1º e 2º) o *nome* e o *verbo*, porque, sem eles, "qualquer proposição está incompleta, enquanto, se faltar uma das outras partes, não deixa de haver a proposição" (I 14); entre os dois, o primeiro lugar é o do nome, porque ele exprime os seres (**sómata**, "corpos"), enquanto o verbo só exprime

---

[3] Lembre-se que o livro *Sobre a divisão das partes do discurso* também se perdeu.

o estado particular, ativo ou passivo (I 16); daí o fato de prevalecer a denominação *nome* (**ónoma**) para ser aplicada a todas as palavras (I 18);

3º) o *particípio*: vem logo após o verbo e o nome porque participa de ambos (tem origem na transformação do verbo em formas flexivas nominais) (I 21-22);

4º) o *artigo*: vem em seguida porque se liga ao nome e ao particípio, enquanto o pronome não o admite (I 23);

5º) o *pronome*: vem depois do artigo porque se coloca no lugar do nome, enquanto o artigo se coloca junto do nome, coexiste com ele e, assim, deve preceder o pronome; e é evidente que o que se emprega em substituição a algo implica uma construção posterior (I 24); mas o pronome não vem logo em seguida ao nome porque existe para acompanhar o verbo: os nomes representam só as terceiras pessoas, não podendo aplicar-se à que fala e à segunda (I 19);

6º) a *preposição*: não pode ser enunciada antes das partes do discurso anteriormente nomeadas, porque "por origem é posterior" a elas, já que existe para se lhes antepor, seja por composição (**sýnthesis**) seja por simples aproximação (**paráthesis**) (I 26);

7º) o *advérbio*: é uma espécie de adjetivo do verbo; e, do mesmo modo que o verbo é segundo do nome, o advérbio é segundo da preposição, a qual precede o nome (I 27);

8º) a *conjunção*: é a última das partes do discurso (I 28), porque nada poderia significar sem "a matéria (**hýle**) das palavras".

Essa classificação já distingue, pois, palavras essenciais e palavras acessórias.

Essa preocupação de ver arranjo (**sýntaxis**) em todos os níveis da língua não significa que não seja a oração o domínio considerado específico da sintaxe, na obra de Apolônio. Com efeito, o objetivo último do estudo da sintaxe é a "oração completa" (**autotelès lógos**), na qual existe aquela congruência, ou coerência (**katallelótes**), que só a junção de nome e verbo obtém. A sintaxe por excelência é, pois, a **sýntaxis toû lógou**.

Ao mesmo tempo que diz que o **autotelès lógos** se constitui da "congruência dos significados" (*Da sintaxe,* I 2; IV 16), Apolônio afirma que a congruência ou a não-congruência gramatical não reside nos conteúdos, mas na construção das palavras (**en tê syntáxei tôn léxeon**), que vão tendo sua forma adequadamente transformada, enquanto mantêm os conteúdos básicos (*Da sintaxe,* III 10). A congruência da oração deriva, pois, da adequação formal (**katà phonén**) (*Da sintaxe,* III 27) dos elementos da oração (*Da sintaxe,* III 13). Vêm somadas, na verdade, na oração as determinações dos elementos formais das palavras (**Katà tàs idías théseis**), que são as determinações da seqüência adequada (**akolouthía**) (*Da sintaxe,* III 22) e as determinações do significado ou da função, que são as determinações da congruência do conjunto.

Na verdade, segundo a primeira das regras do método de Apolônio citada no início deste trabalho, há dois níveis que devem ser considerados, o do conteúdo e o da forma. Merece referência, aqui, sua discussão da oposição entre, de um lado, construções em que existe uma conexão incongruente de palavras, um "solecismo", e, de outro, construções que são congruentes mas abrigam impropriedades referenciais. Um exemplo do primeiro caso é *ele ofende*: falta dizer, aí, *a quem*, isto é – diríamos – falta um argumento do verbo; um exemplo do segundo caso é *ele me pegou*, em referência a uma mulher; desse último exemplo diz Apolônio que a oração em si mesma é correta, o equívoco está na "dêixis" efetuada pelo pronome (*Da sintaxe,* III 9-10). Na verdade, está aí uma distinção entre gramaticalidade e aceitabilidade da frase.

Nas relações oracionais, é fundamental a **diátese**, a "disposição" dos corpos em relação à ação: o ser como agente ou como paciente. Ora, o que os nomes designam são os corpos (concepção que já estava na tradição gramatical) e, como diz Apolônio, é próprio dos corpos o atuar e o sofrer (**tò diatithénai kaì tò diatíthesthai**). É deles que nasce a propriedade dos verbos, isto é, a ação e a paixão. Atividade e passividade marcam, pois, as relações dos nomes com os verbos: à primeira corresponde o nominativo como caso do sujeito (agente); à segunda corresponde o acusativo como caso do objeto (paciente). Essa relação se mantém mesmo que a diátese (a "disposição") seja mudada, isto é, mesmo que se passe da construção ativa para a passiva. Diz Apolônio que "as ações inerentes ao nominativo-sujeito se dirigem quase sempre para um acusativo-objeto, dando lugar, em conseqüência, à pessoa agente e à paciente (por exemplo, 'te golpeio', 'te honro'), passando, na passiva, as pessoas pacientes a nominativo e as agentes a genitivo com **hypó**" (*Da sintaxe,* III 159).

Liga-se à grande atenção dada às relações de atividade e passividade a posição de Apolônio quanto à consideração do estatuto do infinitivo, que, para ele, tem caráter verbal, diferentemente do que – diz ele – indicavam algumas concepções anteriores, que colocavam esse elemento na classe dos advérbios (*Da sintaxe*, III 55), sob alegação de que ele não faz indicação da disposição mental, dos números e das pessoas. Para Apolônio, a propriedade fundamental do infinitivo é indicar a diferença de tempo e de voz (III 60); o próprio dele é indicar atividade e passividade (I 16). Ele só exprime o fato, que é único e invariável, sem pessoas; o que as pessoas fazem é tomar parte no ato indicado pelo verbo. E são as pessoas que possuem número e disposições de alma, não o infinitivo. O infinitivo é, na verdade, para Apolônio Díscolo, o verbo por excelência, "o modo mais geral" (*Da sintaxe*, III 59), sem acidentes: número, pessoa e disposição de alma. Todos os modos que existem são "espécies" desse modo mais geral, o infinitivo (III 60).

Se o nome e o verbo são os elementos fundamentais na congruência da oração, resta às outras palavras uma catalogação dependente de seu funcionamento em relação àquelas palavras essenciais: "As demais partes da oração entram em relação sintática seja com o verbo seja com o nome, e daí recebem sua denominação". Há as palavras que se usam *com* o nome e com o verbo, as que se usam *em substituição* ao nome e ao verbo, ou, ainda, as que se usam em ambas (as funções) (*Da sintaxe*, I 36). Os exemplos dados para essas palavras ao mesmo tempo *com* (acompanhantes, periféricas) e *pro* (substitutas) são: "os pronomes, que se usam em lugar dos nomes e com os nomes, e os particípios, que se usam em lugar dos verbos e com os verbos" (*ibidem*). Essa "substituição" se refere à possibilidade de funcionamento no mesmo ponto do enunciado. Assim, da possibilidade de substituição do nome diz Apolônio que a oração continua perfeita se se substitui o nome sujeito por um pronome (*Da sintaxe*, I 15).

Ao mesmo tempo que trata a sintaxe dos termos da oração, Apolônio Díscolo vai oferecendo sua teoria das classes de palavras.

O estabelecimento do estatuto do nome e do pronome se baseia numa distinção entre as duas classes e na sua colocação em distribuição complementar. Observe-se, inicialmente, a indicação de Apolônio de que o pronome, tendo todas as pessoas, supre, na construção, o nome, que só é de terceira pessoa (*Da sintaxe*, I 18); entretanto, o pronome de terceira pessoa não é supérfluo (*Da sintaxe*, I 19); na verdade, a natureza de nome e a de pronome são diferentes: ambos indicam a existência (**ousía**), mas o nome expressa, além da essência, também a qualidade (**poiótes**) (*Da sintaxe*, I 120; II 47; II 24; I 138; *Do pronome*, p.293). Para Apolônio, a coisa, na verdade, se designa por meio de suas qualidades; e essa indicação nada mais representa do que atribuir-se ao nome a propriedade de uma definição descritiva. O pronome (classe que inclui apenas os pessoais, os possessivos e os demonstrativos), por sua vez, indica a coisa de dois modos: com a coisa presente (**deíxis**) ou com a coisa ausente (**anaphorá**). O pronome sempre determina as pessoas, porque, se há dêixis, o que é mostrado é, por isso mesmo, determinado, e se há relação (anáfora), supõe-se uma noção preexistente, isto é, algo já determinado (*Do pronome* p.10). Essa propriedade de determinar os objetos nem o nome próprio possui, já que, pela homonímia, um mesmo nome pode aplicar-se a mais de uma pessoa (*Da sintaxe*, I 121; *Do pronome*, p.10).

 Concluindo, devemos dizer que Apolônio Díscolo não oferece uma gramática filosófica, especulativa, mas um trabalho filológico, na linha dos alexandrinos, que freqüentemente ele cita. A finalidade do livro *Da sintaxe* é, declaradamente, a necessidade de interpretação das obras literárias, e a doutrina é assentada exclusivamente sobre a observação da língua grega. Os princípios e regras foram buscados, segundo o que Apolônio diz (*Da sintaxe*, I 60 e *Do pronome*, p.91), na observação da linguagem em sua tradição, partindo de uma pluralidade de exemplos e considerando, especialmente, a analogia das formas entre si. Com efeito, ele contrasta a aprendizagem isolada das formas das palavras com a aprendizagem "do acervo da tradição literária helênica e da *analogia* que lhe é inerente" (*Da sintaxe*, I 60). Mas deveria ser objeto de análise "a língua comum, qualquer que seja, ou a mais fina composição em prosa", já que a sintaxe poética se permite elipses e pleonasmos (*Da sintaxe*, II 49). Assim, Apolônio baseia-se nos textos, mas afirma que, para prescrever formas, não se apóia só no uso, mas também nas razões expostas (*Da sintaxe*, III 46). Na verdade, Apolônio Díscolo não fica na superfície dos fatos; ele diz que quem não busca as causas dos fatos e não oferece uma teoria que mostre a congruência e as suas transgressões apenas se conforma com os textos transmitidos e permite que eles sejam corrompidos (*Da sintaxe*, II 59).

# Apolônio Díscolo e o estudo da sintaxe[1]

Apolônio Díscolo merece um lugar especial na história das idéias gramaticais. Dentro do quadro da instituição da disciplina gramatical no Ocidente, ele representa o marco da consideração da sintaxe como ponto central da análise lingüística, consideração que se baseia na "afirmação constante da regularidade existente na união dos elementos" (Neves, 1987a, p.129).

Apolônio não tentou, como os filósofos gregos que trataram problemas lingüísticos, uma teoria da linguagem. Não se arriscou nas controvérsias que buscavam a origem da linguagem (naturalismo ou convencionalismo) e as relações entre linguagem e pensamento (analogia ou anomalia). Nem mesmo buscou definir a natureza da gramática (ciência ou arte), questão à qual filósofos e gramáticos se tinham dedicado. Aliás, ele já tinha uma tradição gramatical atrás de si: a gramática alexandrina já possuía representatividade, embora não nas questões de sintaxe. Ele foi, na verdade, o único gramático antigo que escreveu uma obra completa e independente sobre sintaxe, a qual, segundo Egger (1854, p.55), testemunha uma disciplina gramatical já solidamente constituída.

---

[1] Uma primeira versão deste artigo foi publicada na revista *Clássica*, Supl. (ver Neves, p.69-74, 1993b).

Essa conexão entre pontos já tratados em um corpo de doutrina e pontos para os quais subseqüentemente se passa revela, aliás, uma preocupação de Apolônio Díscolo que deve ser destacada, pelo que ela representa de novo para a sua época: a intenção de empreender um "estudo sistemático" (*Da sintaxe,* II 113) e completo da língua grega. Não mais se empreende o isolamento dos elementos ("das partes da oração"), como fizera Dionísio o Trácio (Uhlig, 1883), mas o que se busca é a sintaxe, o relacionamento dos elementos. No livro I 60 do *Da sintaxe*, Apolônio diz que sua obra constitui uma investigação das questões sintáticas suficiente para permitir a correção de quaisquer erros no âmbito da oração (*Da sintaxe,* I 60). Sua apresentação dos fatos é muito confiante, transmitindo a impressão de que, com o que ali se diz, todas as dificuldades podem ser resolvidas.

Cerca de duzentos anos separam Apolônio Díscolo de Dionísio o Trácio. A época é outra, as preocupações são outras, a obra é, portanto, outra. O que é especialmente importante é que, na sua época, a filosofia grega, que preparara o edifício teórico para os estudos da linguagem – e, a partir daí, da língua grega –, já ia bem distante, e a distância no tempo é excelente purificador de ótica. Na verdade, a sintaxe, que estivera ausente da gramática alexandrina incipiente, pelas próprias necessidades que condicionaram sua tarefa, se ocupou basicamente da classificação e da sistematização das formas, não da análise das funções.

E onde está a sintaxe para Apolônio Díscolo? Ele abre o seu livro *Da sintaxe* afirmando que a exposição compreenderá a construção (**sýntaxis**) das palavras, feita em vistas à congruência (**katallelótes**) da oração perfeita (I 1). A sintaxe, na verdade, abarca todos os níveis, constituindo o conjunto de regras que regem a síntese dos elementos, sob o princípio básico de que a língua é uma série de elementos relacionados. Entretanto, é a oração completa (o **autotelès lógos**), que é o domínio da sintaxe, porque nela existe a congruência ou coerência, obtida apenas quando nome e verbo se juntam.

Uma questão importante na investigação de Apolônio Díscolo é a consideração de dois níveis, o do conteúdo e o da forma. A "oração completa" é definida pela "congruência dos significados" (*Da sintaxe,* I 2; IV 16), mas ao mesmo tempo se considera que a congruência ou a não-congruência gramatical reside na construção das palavras, "que vão tendo sua forma adequadamente transformada, enquanto mantêm os conteúdos básicos" (*Da sintaxe,* III

10). Isso implica a consideração de que a congruência da oração se obtém de uma adequação formal (*Da sintaxe,* III 27) dos elementos da oração, segundo os acidentes: gêneros, números, casos e pessoas (*Da sintaxe,* III 13). A oração se define, pois, por determinações da congruência do conjunto, ou do significado, mas também por determinações da forma e da função das palavras.

No estudo da oração, grande parte é dedicada à diátese (*Da sintaxe,* III). A ação e a paixão são propriedade do verbo, enquanto ser agente, ou ser paciente, é coisa própria dos "corpos", aos quais se impõem os nomes (*Da sintaxe,* I 16). Essa propriedade dos verbos é derivada da dos nomes, razão pela qual o estudo do nome deve preceder o do verbo.

As relações dos nomes com os verbos se resolvem, pois, na relação de voz, inerente ao próprio modo verbal, inclusive ao infinitivo (*Da sintaxe,* III 147). A atividade é algo que passa a algum objeto, como em "te golpeio", de que se deriva a passiva "és golpeado" (*Da sintaxe,* III 148 e 159). Verbos que não possuam um objeto paciente, uma entidade que receba a ação, dos quais são exemplos "viver", "envelhecer" e "existir", não formam passiva; admitir uma flexão passiva desses verbos seria o mesmo que admitir o masculino de "histérica", ou de "(mulher) que abortou" (*Da sintaxe,* III 149). Verbos que intrinsecamente indicam passividade, como **ophtalmiô**, "padecer da vista", também não formam voz passiva (*Da sintaxe,* III 50). Há, ainda, verbos como **deipnô**, "almoçar", que têm significação ativa, mas não comportam formação passiva porque os objetos da ação verbal que eles indicam são inanimados, e, portanto, não-pacientes; entretanto, **deipnízo**, "convidar a comer", "fazer que alguém participe do almoço", que admite um caso oblíquo em acusativo de um ser animado, apresenta formação passiva (*Da sintaxe,* III 152-153). Alguns verbos transitivos, por outro lado, podem ser usados em sentido absoluto, no qual são intransitivos, como em "ele lê", "ele não sabe ler", "não golpeies"; nesse caso, não podem converter-se em passivos, diferentemente do caso em que se usam mais concretamente, com acusativo, como em "ele lê Alceu" (*Da sintaxe,* III 156).

Na transformação de voz ativa em voz passiva, a relação de agente a paciente se mantém, alterando-se apenas o caso, seja corporal ou seja psíquica a ação (*Da sintaxe,* III 159). O que Apolônio afirma, pois, é que as relações semânticas básicas não se alteram mesmo que se disponham diferentemente os termos da oração.

Retomemos a afirmação feita anteriormente, de que a sintaxe, em Apolônio Díscolo, não é considerada exclusivamente no domínio maior e acabado da oração. Com efeito, o próprio estudo dos elementos (as vogais e as consoantes) vem abrigado no livro *Da sintaxe*.[2] E no *Da sintaxe* a teoria dos elementos é considerada paralelamente à teoria das partes do discurso.

Nesse estudo das partes do discurso, encontrado no *Da sintaxe*,[3] novamente a base de exame é a regularidade do arranjo das unidades menores, para formação das maiores. Apolônio coloca as partes do discurso em uma ordem que "imita a proposição completa" (*Da sintaxe*, I 14).

Uma outra classificação das palavras que se pode depreender dos textos de Apolônio Díscolo é a que se refere à sua função no enunciado. Todas as partes da oração entram em relação sintática seja com o verbo seja com o nome, e daí recebem sua denominação (*Da sintaxe*, I 36). Quer dizer, o funcionamento de todas as demais classes depende da sua relação com essas palavras essenciais. Daí que se proponham, para as palavras que entram em relação com o nome ou com o verbo, três categorias de construção sintática, a partir do fato de que "é preciso considerar em cada uma delas a que se usa com e a que se usa em substituição do nome e do verbo, ou, ainda, em ambas (as funções)" (*Da sintaxe*, I 36).

1 Relação "com":
   a) do artigo com o nome, com o verbo (o infinitivo), ou "com qualquer outra palavra, contanto que dela não se indique mais que a forma pura e simples"; ex.: **o mén** (*Da sintaxe*, I 37);
   b) do nome com o verbo;
   c) do verbo com o advérbio.

2 Relação "pro": do pronome com o nome.

3 Relação "com" e "pro":
   a) do pronome com o nome;
   b) do particípio com o verbo.

Especialmente falando do pronome de terceira pessoa (**autós**, "ele próprio"), Apolônio Díscolo ressalva que o que ocorre, no seu uso, não é uma simples substituição do nome, já que o pronome indica também anáfora –

---

2 Lembre-se que Apolônio tinha um livro específico sobre os elementos, mas esse livro se perdeu.
3 Temos de lembrar que o livro *Sobre a divisão das partes do discurso* também se perdeu.

que é uma segunda menção – razão pela qual ele se emprega não em substituição ao nome puro e simples, mas no lugar do nome com artigo (*Da sintaxe*, I 25 e II 9). E os dêiticos (os pessoais de primeira e de segunda pessoa e os demonstrativos) não se empregam em substituição ao nome; eles se usam onde o nome não pode, ou não deve, ser usado. Isso significa dizer que o dêitico pessoal tem a sua própria função; quer dizer que, em determinadas situações, não cabe o uso do nome, porque este carece de poder dêitico, que é justamente o que caracteriza os pronomes. Quanto aos demonstrativos, eles podem não fazer uma dêixis, no sentido de marcar algo que está à vista, mas fazer uma dêixis mental, o que constitui, na verdade, uma anáfora (*Da sintaxe*, II 11-12).

O nome não se constrói com as outras palavras, mas são elas que se constroem com ele, já que é ele que representa a **ousía**. Por isso, não se estuda a sintaxe do nome por si, mas a sintaxe do artigo em relação ao nome, assim como em relação ao pronome e ao verbo, isto é, ao infinitivo (relação "com"). É por isso que o artigo, que precede o nome, vem em primeiro lugar no estudo da sintaxe das partes do discurso. A sintaxe do artigo vem discutida no Livro I do *Da sintaxe*, logo após a determinação do número e da ordem das partes do discurso, na qual se atribui precedência ao nome e ao verbo. A seguir (Livro II) vem tratada a sintaxe do pronome. O Livro III começa com as regras de "congruência" e suas exceções, e, em seguida, trata a sintaxe do verbo. O Livro IV, do qual nos resta uma pequena parte, inclui a sintaxe das preposições, dos advérbios e das conjunções.

Quanto à teoria das classes de palavras, façamos algumas observações sobre o nome, o pronome, o artigo e a conjunção.

Quanto ao estudo do nome e do pronome, é interessante observar a concepção de Apolônio Díscolo, segundo a qual neste último se expressa a existência (**ousía**), enquanto no primeiro se expressa não somente a essência, mas ainda a qualidade (**poiótes**), sendo isso exatamente o que distingue as duas classes (*Da sintaxe*, I 120; II 47; II 24; I 138), que estão, pois, em relação complementar. Para Apolônio, na verdade, o nome designa a coisa por meio de suas qualidades, o que quer dizer que o nome descreve, de certo modo, a coisa. O pronome, por sua vez, indica de dois modos a coisa: na sua presença (**deíxis**) ou na sua ausência (**anaphorá**).

O estudo do artigo pode ser considerado como altamente privilegiado por Apolônio que lhe dedica todo o Livro I do *Da sintaxe*. Ele considera o artigo como o elemento que se coloca diante de palavras cujo sentido é bem determinado no espírito de quem fala, sendo, pois, a **anaphorá** ("relação") a característica determinante dessa classe de palavras. Essa "relação" é fundamental na teoria de Apolônio Díscolo (*Da sintaxe,* II 10; I 43; I 58; IV 59; *Do pronome,* p.6, 10, 16), que rejeita a idéia estóica, adotada por Dionísio o Trácio, de que o artigo é um meio de distinguir os gêneros. Nenhuma parte do discurso tem por função resolver a ambigüidade de outra, diz Apolônio (*Da sintaxe,* I 38); de um lado, a distinção dos gêneros pode ficar evidente sem necessidade do uso do artigo, e, de outro, mesmo com seu uso, ela pode não ficar evidente, já que é no conjunto da construção que o gênero duvidoso de um nome se esclarece. O ponto central da teoria é que a função do artigo não é marcar a distinção de gênero, mesmo porque algumas formas do artigo – por exemplo, as do genitivo plural – são iguais para os diversos gêneros. E, finalmente, se a função do artigo fosse essa, os nomes com gênero evidente não levariam artigo, e este só se colocaria antes dos nomes de gênero duvidoso, como **theós**, "deus" ou "deusa". Os dois tipos de artigo, o protático e o hipotático, são colocados, por Apolônio, na mesma classe exatamente pelo caráter de "anáfora" de ambos. Mas eles se distinguem não apenas na forma e na colocação, mas também na sintaxe, pois o artigo protático e o nome que ele acompanha formam frase com o mesmo verbo, enquanto o hipotático requer outro verbo (*Da sintaxe,* I 142).

A sintaxe das conjunções é tratada no Livro IV do *Da sintaxe*, mas a maior parte desse livro se perdeu. Às conjunções, Apolônio atribui um significado autônomo, isolado; ele considera que elas obtêm seu significado a partir das relações que estabelecem, de modo que uma conjunção, diferentemente do que afirmava Dionísio o Trácio, não somente significa (**semaínei**), mas ainda cossignifica (**synsemaínei**), isto é, significa em decorrência da relação estabelecida.

E, afinal, onde se estabelece a classe de uma palavra? Apolônio Díscolo sustenta que as palavras, "transferidas de sua função sintática", podem "cumprir as funções específicas de outras, adotando a denominação delas" (*Da sintaxe,* II 33). Isso nada mais significa do que atribuir ao uso contextual a determinação da classe a que pertence uma palavra. É esse princípio que explica por que os particípios designam uma ação e, entretanto, podem construir-se como substantivos (*Da sintaxe,* I 122-123; II 33), e por que, de modo inverso, os nomes (certas formas neutras de plural) podem construir-se como advérbios (os advérbios de origem nominal, como **kállista**, "muito bem", ou **kýkloi**, "ao redor") (*Da sintaxe,* II 33).

Muita coisa haveria por dizer, já que a obra de Apolônio Díscolo é muito extensa, os assuntos tratados cobrem quase todo o campo da análise lingüística e o peso de suas conceituações é bastante forte na história das idéias gramaticais. O que de mais significativo parece que nos cabe lembrar, porém, é que, se Apolônio Díscolo se preocupa com um estudo de grande detalhamento, submete-o, entretanto, a um método regrado; e que, se não se desvincula do tratamento lógico que marcou decididamente os estudos gramaticais da tradição helenística, não abandona a consideração do uso. Finalmente, que Apolônio Díscolo compõe uma obra que, embora efetue uma análise de fatos particulares, nunca perde de vista o sistema.

# Parte II
## Teoria e análise

A teoria lingüística e a prática das investigações gramaticais segundo uma determinada base teórica

# Reflexões sobre a investigação gramatical[1]

## Introdução

Este texto constitui sugestão de orientação teórica para o subgrupo Sintaxe I do Projeto "Gramática do Português Falado" (GPF), subgrupo sob coordenação desta autora.

A equipe de Sintaxe I da GPF tem definido como seu objeto mais amplo de estudo a competência comunicativa. Essa competência está revelada num produto disponível para análise – o córpus do Nurc[2] – que, no entanto, mais

---

1 Uma primeira versão deste trabalho foi publicada em *Atas do I Congresso Internacional da Associação Brasileira de Lingüística*. Conferências – Mesas-redondas. Ver Neves, 1996d.
2 O córpus mínimo do Nurc (Norma Urbana Culta) é constituído por:

| D2-SP-360; | D2-RJ-355; | D2-RE-005; | D2-POA-291; | D2-SSA-98. |
|---|---|---|---|---|
| DID-SP-234; | DID-RJ-328; | DID-RE-131; | DID-POA-45; | DID-SSA-231. |
| EF-SP-405; | EF-RJ-379; | EF-RE-337; | EF-POA-278; | EF-SSA-49. |

Os inquéritos de São Paulo estão editados pela T. A. Queiroz, com auxílio da Fapesp: a edição das elocuções formais (1986) e dos diálogos entre dois informantes (1987) foram organizadas por Ataliba Teixeira de Castilho e Dino Preti (1986); a dos diálogos entre informante e documentador (1988) foi organizada por Dino Preti e Hudinilson Urbano. Dois inquéritos do Rio de Janeiro estão editados pela Faculdade de Letras da Universidade Federal do Rio de Janeiro: a edição das elocuções formais (1991) foi organizada por Dinah Callou e a edição dos diálogos entre informante e documentador (1993) foi organizada por Dinah Callou e Célia Regina Lopes.

do que como *produto*, tem de ser entendido como lugar de manifestação do complexo que representa a atividade lingüística dos sujeitos. O material disponível constitui o registro sonoro da competência lingüística de uma amostra de falantes, sendo entendida aí, como competência lingüística, a capacidade que os falantes têm não apenas de acionar a produtividade da língua ( jogar com as restrições), mas também – e primordialmente – de proceder a escolhas comunicativamente adequadas (operar as variáveis dentro do condicionamento ditado pelo próprio processo de produção).

Falando em termos das unidades tradicionalmente estabelecidas, é uma boa decisão partir-se do exame do funcionamento das "classes de palavras", entendido que, considerada a produção lingüística, e suas condições, a taxonomia dos itens (isto é, a classificação das palavras) nada mais é que uma abstração operada a partir do exame do funcionamento das partes do discurso. Sabe-se, aliás, que uma das tarefas da disciplina gramatical, nas suas origens, foi estabelecer paradigmas com base no funcionamento sintagmático. Isso não implica pretender que classes e funções se correspondam univocamente; pelo contrário, significa que, entre os processos e as classes, podem descobrir-se correspondências regulares que respondem pelo estabelecimento do estatuto categorial dos diversos itens em funcionamento na produção lingüística.

Seguindo-se a pista da compartimentação do estoque de itens que a tradição tem preparada, a busca tem o sentido de detectar, especialmente, como se processam as estruturas na situação de comunicação; ou: procuram-se as regularidades de processamento das estruturas (que são entendidas como deterministicamente regulares).

## Os pressupostos da investigação

Invocada a dicotomia entre restrições e escolhas que o suporte teórico do grande grupo da GPF tem assentada para equacionamento (proposta apresentada pelo assessor acadêmico do PGPF, Milton do Nascimento, no IV Seminário), sugere-se, aqui, que o subgrupo, Sintaxe I – que pretende ser complementar do subgrupo de sintaxe formal, ou Sintaxe II – se mova especialmente no terreno das escolhas, procurando depreender os processos de operacionalização de estruturas que produziram os enunciados sob exame, procurando, então, dar conta da regularidade do lado do probabilístico (em oposição ao determinístico), no exercício da competência comunicativa.

A primeira decorrência da adoção dessa dicotomia como diretriz de investigação é o estabelecimento de duas asserções aparentemente contraditórias:

1 A língua falada e a língua escrita têm as mesmas regularidades (tanto nas estruturas como nos processos), e a mesma gramática.
2 A língua falada e a língua escrita, entretanto, têm características diferentes e peculiares, ligadas à própria implementação das determinações do sistema, para a qual, em princípio, são relevantes as condições de produção.

Resumindo:

1 O sistema é o mesmo.
2 O aproveitamento das possibilidades é dependente das condições de produção. E daí decorrem, muito evidentemente, muitas das marcas da comunicação oral.

Pode-se assentar que:

1 Modalidade de língua (escrita/oral) e tipo de produção são questões estreitamente ligadas: o estudo da língua oral, de certo modo, por exemplo, se confunde com a análise da conversação, já que, como disse Tarallo (1986, p.19), a língua oral "é o veículo de comunicação usado em situações naturais de interação social do tipo de comunicação face a face". Na verdade, o nosso estudo no Projeto GPF é um estudo *da conversação*. É óbvio que não se pretende uma "análise da conversação", no sentido estrito, o que cabe ao subgrupo "Organização Textual-Interativa", o qual, numa perspectiva que parte da interação, investiga a organização tópica, as estratégias e os mecanismos de construção textual. O que se tem de buscar é a contraparte gramatical das categorias conversacionais que estão sob exame.
2 O oral e o escrito diferem quanto aos modos de aquisição, métodos de produção, transmissão, recepção e, conseqüentemente, de organização.
3 A caracterização específica da língua oral, especialmente quanto à "qualidade oral" da realização, responde por um peculiar processamento das estruturas disponíveis na língua.

Tomem-se como ponto de partida três processos básicos de constituição do enunciado:

a) predicação;
b) conjunção;
c) foricidade (que inclui dêixis).

Assente-se, assim, que os itens em funcionamento na atividade lingüística atuam nesses processos. Assente-se, por outro lado, que a ativação desses processos básicos não pode deixar de ser afetada pela diferente caracterização da atividade lingüística oral e da atividade lingüística escrita:

a) na sua função;
b) nas condições de produção;
c) nas estratégias;
d) no processo de produção;
e) no acabamento formal.

Assente-se, afinal, que essa determinação de diferentes necessidades, em cada uma das duas modalidades de produção lingüística, se situa no subsistema probabilístico da atividade lingüística, isto é, no domínio das escolhas para cumprimento das funções.

Enunciado oral ou enunciado escrito se constroem com *predicações* (Dik, 1989; Hengeveld, 1997), dentro das quais, ou entre as quais, se estabelecem *conjunções*. Nesse domínio se assenta a própria *coerência* textual. Por outro lado, enunciado oral e enunciado escrito se arranjam internamente em percursos *fóricos* que entrecruzam direções, para que se componha a teia do texto, assentando-se sobre esse processo a base da *coesão* textual. Um como outro se ancoram na situação de produção e dela dão conta no processamento *dêitico*, que responde pela própria criação, pelo próprio vir-a-ser do texto. As diferenças das duas modalidades de atividade lingüística, porém, determinam uma diferenciação na organização relativa da manifestação desses processos. E são maiores essas diferenças quanto mais distante do registro tenso (que é o mais característico da língua escrita) está a produção oral.

Assim, a língua falada, por hipótese, determina, pelas suas características, maior espaço à dêixis (ou "exófora", nos termos de Halliday, 1985), e, dentro da endoforicidade, maior peso à catáfora. Com efeito, a própria característica de linearidade no tempo da língua falada determina a necessidade de apontamentos prévios, de indicações anunciadas, para sustentar o total aproveitamento da mensagem, para garantir que não se perca nada da informação. Basta considerar construções catafóricas bastante típicas da produção oral, como:

(1) *Quer dizer não foi ... uma escolha sem* ASSIM*:: sem base* (D2-SP-360:398)
(2) *Eu acho que um trabalho* ASSIM ... *de gabinete eu gostaria* (D2-SP-360:1244)
(3) *Nós mantemos* ASSIM *um diálogo bem aberto, sabe?* (D2-SP-360:51)

Mesmo quanto à predicação, aparentemente tão regrada, pode-se verificar a existência de características determinadas pela modalidade de língua, pelo tipo de veículo da mensagem.

## Um exemplo de análise

O exercício de reflexão sobre os usos que têm sido examinados vai-se concentrar, aqui, numa das classes de palavras que já foram estudadas dentro do subgrupo: os advérbios. Como, entretanto, há pouco apontei, mais do que de classes – que são as pistas para exame – se falará dos processos: a predicação, a conjunção e a foricidade (dêixis e remissão textual). Para tal tipo de reflexão essa é uma classe privilegiada, já que nela se manifestam todos esses processos de estruturação do enunciado.

Nessa linha, vou destacar algumas questões relativas ao funcionamento desses elementos tradicionalmente denominados "advérbios".

1 Inicialmente, no que respeita à *predicação*, distinguem-se, no estudo, advérbios "predicativos" e advérbios "não-predicativos", considerando que os primeiros predicam "uma propriedade da qualidade ou ação que se atribui ao sujeito" (cite-se um trabalho coletivo do subgrupo: Ilari et al., 1990, p.89). Afirma-se, no trabalho, que "há, com efeito, alguns empregos em que a idéia de predicação de segundo grau se aplica com naturalidade", e "outros para os quais a representação como predicados de segundo grau seria contra-intuitiva" (ibidem). Para os advérbios da segunda subclasse propõe-se, então, um tratamento "como argumentos de primeira ordem ou como operadores lógicos" (p.90). Essa subclassificação traça, como se aponta no estudo, uma "linha divisória" (p.89) entre, de um lado, os advérbios qualitativos (4), intensificadores (5), modalizadores (6) e aspectualizadores (7), e, de outro, os advérbios circunstanciais (8) e os de verificação (que incluem os de negação (9), os de inclusão e exclusão (10) e os de focalização (11)):

(4) *Esse país só pode crescer GLOBALMENTE* (D2-RE-05:1227)
(5) *Ainda não fala, fala MUITO POUCO* (D2-SP-360:105)
(6) *Essa pessoa PROVAVELMENTE será um cliente futuro* (D2-SP-360:1114)
(7) *DIARIAMENTE quase que DIARIAMENTE, eles chegam atrasados* (D2-SP-360:312)
(8) *Eu estou fazendo AGORA dermatologia infantil* (DID-SSA-231:170)
(9) *A programação havia sido planejada mas NÃO deu certo* (D2-SP-360:8)
(10) *Esse país só pode crescer globalmente* (D2-RE-05:1227)
(11) *Os erres e esses ... que eram JUSTAMENTE um dos erros muito grandes do rádio daquele tempo* (D2-SP-333:30)

Fica implicada nessa direção de análise a consideração do âmbito de incidência (inglês: **scope**) dos advérbios. Realmente, embora o advérbio seja tradicionalmente visto como uma palavra que "modifica" outra palavra, na verdade ele pode incidir sobre:

a) um constituinte (12);
b) uma sentença (13);
c) uma unidade discursiva (14).

(12) *O Brasil diz-se BASICAMENTE subdesenvolvido* (D2-SP-343:499)
(13) *BASICAMENTE, eu posso não interferir no processo global ... mas eu queria entender esse processo* (D2-SP-343:585)
(14) *AGORA, tem sempre [...] numa família grande há sempre um com tarefa de supervisor...* (D2-SP-360:176)

Essa questão revelou-se particularmente pertinente no equacionamento dos processos em que se envolvem os advérbios. Com efeito, na passagem (13), por exemplo, a natureza do escopo a que se aplica o advérbio *basicamente* configura uma predicação sobre outra predicação, já que o advérbio se aplica ao conteúdo de uma asserção; na verdade, nesse caso, ele tem como escopo todo um complexo de relações sociais em que o falante está inserido. E na passagem (14) tem-se um advérbio aplicado a uma unidade cujas dimensões ultrapassam não só os limites dos constituintes, mas também os da sentença.

No caso do uso desse último advérbio (*agora*), que entra aqui como exemplo quanto ao processo de predicação, vamos ter oportunidade de apontar, mais adiante, ao examinar seu uso, a permeação entre, de um lado, a dêixis e a anáfora, e, de outro, o processo dêitico-anafórico e a junção no discurso. Com efeito, como se afirma no trabalho sobre advérbio (Ilari et al., 1990, p.86): "Entre a dêixis propriamente dita, e anáfora, e entre anáfora e operações discursivas, há um progressivo esvaziamento da dimensão espaço-temporal, na medida em que o discurso se torna a dimensão de referência. À seqüência e referência espaço-temporal se substituem assim outras séries, que incluem a continuidade temática, a continuidade do tópico e a continuidade e ordenação da argumentação".

2 A segunda questão, de especial relevância, diz respeito à importância da dêixis na língua falada (leia-se: na conversação).

São muito numerosos os exemplos do córpus de exame; como amostras:

(15) *já que o assunto foi lembrado AQUI* (D2-RJ-355:9)

(16) *fruta muito comum LÁ é a ... aquela fruta-do-conde* (DID-RJ-328:95)

(17) *é um fim de mundo AÍ* (D2-SSA-98:217)

(18) *o trecho de ... se não me engano Monlevade é um pouco mais PRA CÁ* (D2-SSA-98:183)

(19) *um apartamentozinho que eu AGORA estava querendo alugar* (D2-RJ-355:2.15)

(20) *AGORA vai te(r) um no dia trinta* (DID-POA-45:2.17)

(21) *apesar de os estudantes HOJE terem muito mais facilidade do que nós* (DID-SSA-231:48)

Essa grande conveniência do emprego de elementos dêiticos na produção oral, bem como a menor conveniência do recurso à anáfora, é facilmente compreensível ante as características da língua oral. Lembro apenas, neste caso, as diferenças principais entre as duas modalidades que atuam nesse sentido:

a) Quanto à função: a fala ativa privilegiadamente a função interacional; dizendo de modo diferente: ela se orienta predominantemente para o ouvinte (envolvidos o falante e a situação de comunicação).

b) Quanto às condições de produção: a *participação* na produção oral (*versus solidão* na produção escrita), isto é, a *presença* do interlocutor (*versus ausência*) favorece a dêixis; do mesmo modo, a necessidade de realização *seqüencial* no tempo real (*versus* possibilidade de realização como processo *global*, na escrita) desfavorece a anaforização; ainda nas condições de produção: a quase simultaneidade do planejamento (*versus* necessidade de planejamento prévio na escrita) reclama maior concretização da situação de fala, o que a dêixis propicia.

c) Quanto às estratégias: a permeação de vozes da produção oral (*versus* linearidade no tempo na escrita) também exige retorno freqüente à situação e, de outro lado, desfavorece o recurso a passagens anteriormente enunciadas, ou seja, desfavorece a anáfora.

d) Quanto ao processo de produção: no mesmo sentido atua a característica que tem a língua oral de dificultar o controle contínuo do falante (e o que ele espera que o ouvinte tenha) sobre os enunciados já produzidos; de outro lado, pense-se no grande facilitador de decodificação da anáfora que é o registro gráfico que a produção escrita possui.

A grande funcionalidade dos dêiticos na língua oral se revela até em reiterações – e por elementos dêiticos – de indicação dos participantes da situação da fala:

(22) *é diferente da NOSSA BATATA FRITA AQUI* (DID-RJ-328:217)
(23) *NÓS AQUI ficamos mais autenticamente* (D2-RE-05:1237)
(24) *então tira AQUILO ALI, limpa bem o camarão* (D2-POA-291:163)
(25) *ESSE AQUI atrás* (D2-RJ-355:17)
(26) *vocês não passaram NAQUELA ZONA ALI DO PARANÁ* (DID-RJ-328:229)

3 A terceira questão destaca a permeação entre os processos de dêixis e de remissão textual catafórica, permeação muito evidente na língua oral.

Algumas das numerosas ocorrências estão em (27) a (31):

(27) *a cadeia de supermercados AQUI é de de de de de Recife* (D2-RE-05:1181)
(28) *temos o caso por exemplo AQUI DO NOSSO SINDICATO* (D2-RE-131:66)
(29) *ele faz a praça LÁ DE CAXIAS* (DID-POA-045:92)
(30) *Eu preferia ir pela BR-101 e subir LÁ POR ... POR CAMPOS* (D2-SSA-98:249)
(31) *uma pesquisa AGORA DA ONU determinou* (D2-RE-05:1085)

Como se aponta no estudo (Ilari et al., 1990), esses são empregos que refletem um mecanismo que parece corresponder a um processo de planejamento verbal – uma sinalização pela qual uma expressão dêitica antecipa um lugar sintático e semântico que vai ser especificado na expressão seguinte (não-dêitica). Lembre-se, aliás, que o *aqui,* usado como marcador textual na língua escrita, não é usado na oral.

4 A quarta questão a ser destacada no estudo dos advérbios é a da importância, na língua oral (lembrem-se de suas características), dos advérbios ligados ao falante e ao ouvinte, como os que se encontram em (32) a (35):

(32) FELIZMENTE, [as crianças] ainda não começaram [aquela fase mais difícil] (D2-SP-360:49)

(33) INFELIZMENTE, eu acho que a tendência é morrer (D2-RE-05:1332)

(34) REALMENTE deve ser uma delícia ter uma família bem grande (D2-SP-360:13)

(35) Você não tem REALMENTE mais responsabilidades (D2-SP-360:720)

Para reforçar esta indicação, basta lembrar a necessidade que existe, na língua oral, de se "segurar" presente a situação de enunciação, de se aproveitar na comunicação a situação viva e a copresença dos interlocutores, o "face a face". Aponte-se que, na língua escrita, o contexto situacional não sobreleva, por isso não há o empenho em trazê-lo para o enunciado; ele também não atua na elucidação das situações, não havendo "benefício" no seu encarecimento.

5 A última questão que trago à discussão diz respeito ao processo da conjunção, que também pode ser visto no funcionamento de itens da classe dos advérbios. Ressalte-se o fato de que, entre outras palavras, alguns dos chamados *advérbios* promovem um "amarramento textual das porções de informação progressivamente liberadas ao longo da fala". Essas são palavras de Risso (1993, p.31), no seu estudo sobre o item *agora*, em enunciados como:

(36) AGORA, o que eu acho é o seguinte (D2-RE-05:1184)

Algumas indicações, feitas nesse trabalho de Risso, tocam de perto os interesses das investigações do subgrupo Sintaxe I. Esse estudo do advérbio *agora* foi conduzido dentro do aparato teórico e dos propósitos mais estritamente textuais do subgrupo "Organização Textual-Interativa", equacionando-se por referência à estruturação tópica, o que permitiu verificar, primariamente, que *agora* faz articulação intertópica e intratópica, e que sua natureza é essencialmente prospectiva, isto é, que ele faz avançar o discurso. Essa direção nitidamente textual-interativa do estudo efetuado resultou, entretanto, na sugestão de uma gramática do item, abrindo uma discussão das relações entre, por exemplo:

- força argumentativa e remissão textual (a catáfora, no caso de *agora*);
- monitoramento interacional e dêixis (o compromisso de *agora* com o eixo enunciador/enunciatário);
- estruturação do discurso e expressão da temporalidade.

Resultou numa gramática, afinal, que, orientada discursivamente, chega ao exame da ligação entre processos como a foricidade e a conjunção, no uso de um item determinado. Chega, enfim, exatamente porque bastante sensível às peculiaridades da modalidade de língua em exame (no caso, a língua falada), à sugestão de um exame dos processos gramaticais de estruturação do enunciado.

## Recorrendo a outras análises

Na mesma ordem de raciocínio, trago aqui outras duas investigações a que nossa equipe tem procedido, ambas referentes à classe dos pronomes.

Investigando os pronomes pessoais (trabalho entregue para publicação no volume IV da série *Gramática do Português Falado*), equacionou-se o estudo desses elementos exatamente no seu funcionamento no discurso, isto é, na determinação dos processos em que eles se envolvem. Propôs-se, assim, que, atuando em processos fóricos, os pronomes pessoais:

1 representam na sentença as pessoas do discurso (dêixis);
2 garantem (as terceiras pessoas) a continuidade do texto, remetendo reiteradamente aos mesmos argumentos (remissão textual).

Observe-se que dêixis e remissão textual se implicam a ponto de a tradição ter aceitado, através dos tempos, a inclusão, num mesmo subsistema, de pronomes de natureza tão diferente como os de terceira pessoa, de um lado, e os das duas primeiras, de outro. Por outro lado, envolvidos no processo de predicação, os pronomes pessoais explicitam funções temáticas nos enunciados. Com esse processo também interfere a dêixis, já que a escolha do sujeito, afinal, é função da opção por uma das pessoas do discurso nessa posição; é, portanto, função da interação.

O segundo caso a citar é o dos possessivos, que estudei em Neves (1993c, p.149-211). Uma investigação discursivo-textual (absolutamente dependente do tipo de texto estudado) explicitou o comportamento fórico desses itens, num balanço entre a dêixis das duas primeiras pessoas do discurso e a remissão textual da terceira. A investigação do processo da predicação, por outro lado, verificou as relações argumentais que os possessivos contraem com os núcleos nominais com que ocorrem.

## Considerações finais

O que se quer indicar, especialmente, é que uma orientação funcionalista não implica que a finalidade maior do exame que se empreende seja a busca de idiossincrasias, peculiaridades, curiosidades da língua que o código oral veicula e que o falante elabora/codifica com vistas a esse tipo de veiculação. A finalidade de qualquer gramática de referência é a busca das regularidades, a especificação da sistematicidade da atividade lingüística. O que se examina é a produção de sentido, e ela se opera no jogo que equilibra o sistema: o jogo entre as restrições (o determinístico) e as escolhas (o probabilístico); visto que essas escolhas mantêm estreita dependência com a natureza da atividade lingüística (escrita/oral), ressalta a importância do tipo de atividade lingüística na condução da busca dessas regularidades.

# Teorias sintáticas e análises gramaticais[1]

## Introdução

Esta exposição traz reflexões pessoais sobre o trabalho que se realiza no Grupo Sintaxe I da GPF, projeto que tem por finalidade a elaboração de uma gramática referencial do português falado do Brasil, tomando como base de descrição os inquéritos do Nurc.[2]

Uma primeira pergunta que surge quando o analista se debruça sobre um córpus de determinada natureza é exatamente a pertinência da seleção desse material para exame. Neste caso particular, a primeira questão vai no sentido de avaliar o fato de que o que se examina são peças de linguagem oral.

## O objeto de análise

Começo comentando uma das conclusões a que chegou uma mesa-redonda de um colóquio sobre língua oral realizado em Gand, cujos resultados estão publicados em *Travaux de linguistique* 21, novembro de 1990, p.47-50. O

---

[1] Uma primeira versão deste trabalho foi publicada em *Estudos Lingüísticos* (ver Neves, 1996e).
[2] Ver nota 2 do artigo anterior: *Reflexões sobre a investigação gramatical*.

que se conclui é que os fatos orais e os escritos devem integrar-se num sistema lingüístico único, embora haja lingüistas que consideram absolutamente sem interesse a análise da língua oral, julgando que esses dados nada trarão de novo à teoria lingüística. Defender um sistema único não implica defender um sistema monolítico: com efeito – conclui-se nessa mesa-redonda –, no nível da sintaxe, as diferenças dizem respeito ao modo de produção e às condições de emprego, não ao sistema, enquanto no nível da morfologia (por exemplo, nas marcas de plural em francês) as diferenças concernem ao próprio sistema. A questão se torna ainda mais complexa se se leva em conta que a oposição entre oral e escrito não é tão límpida e fácil, implicando outras questões, como a oposição entre os enunciados conformes e os não-conformes aos padrões, e a gradação entre enunciados mais formais e menos formais. Acresce, ainda, a dificuldade que um trabalho de integração de dados orais nas teorias existentes enfrentará para recuperar o que realmente diz o enunciado oral, por via da explicitação das intenções do locutor.

A esta última questão relativa à interação verbal se voltará logo adiante.

Antes, porém, examine-se mais um pouco na questão do córpus de exame, a língua urbana culta falada do Brasil. A primeira observação vai no sentido de que a modalidade de língua (escrita ou oral) se liga basicamente ao modo de produção: analisando enunciados orais, o que se considera é, na verdade, *a conversação*; no caso específico do Nurc temos D2s, DIDs e EFs (enumerados aqui em ordem crescente de desequilíbrio no peso relativo tanto de importância quanto de extensão dos enunciados que os diferentes interlocutores têm na interação): os D2s são diálogos entre dois informantes, os DIDs são diálogos entre informante e documentador e os EFs são exposições em sala de aula, com muito baixa resposta dos assistentes. Faz-se, pois, uma análise *da conversação*, mas nela se busca uma organização gramatical. Por outro lado, não se perde nunca de vista que a gramática é ativada no cumprimento de determinadas funções.

## A linha de análise adotada

Com efeito, dizer que o sistema gramatical é único não implica desconsiderar que essa unicidade fica no plano da abstração: estruturas e processos têm as mesmas regularidades em qualquer modalidade de língua, mas as determinações do sistema se resolvem diferentemente nos diferentes enunciados, e isso se liga, em princípio, às condições de produção, entre as quais se inclui a própria natureza do veículo em que se vazam os enunciados.

Vista a questão no sentido oposto, e complementarmente, assume-se que a análise não pode concentrar-se apenas na realização (condições de emprego, variações, quantificação), ignorando-se o sistema que regula igualmente todos os enunciados da língua, quaisquer que sejam suas qualidades particulares.

Nesse ponto pode concluir-se que:

a) de um lado, situamo-nos como analistas da língua de uma determinada modalidade e de um determinado registro, mas não buscamos precipuamente particularidades de uso, isto é, não estamos no campo do "folclore", porque reconhecemos que devem ser encontradas regularidades de processamento das estruturas;

b) de outro, situamo-nos num grupo de rótulo gramatical (Sintaxe I), mas não explicamos determinações do sistema, isto é, não estamos no domínio do "computacional", porque consideramos que deva ser avaliada a operacionalização das estruturas.

Esse exame do *funcionamento* dos itens (possibilidades + condições concretas de uso) configura como objeto de estudo a *competência comunicativa* dos interlocutores (tanto do falante como do ouvinte).

Dizia eu em uma mesa-redonda na reunião da Abralin de 1994 em Salvador que, com esse objeto, o córpus, mais do que como produto, é entendido como manifestação do complexo que representa a atividade lingüística dos interlocutores.

Numa linha funcionalista, que é a que se adota, o modelo de interação verbal (ver Dik, 1989; Hengeveld, 1997) se constrói em torno de uma *expressão lingüística*, sim, mas coloca-a apenas como mediação, na relação entre falante e destinatário. Em cada ponto da relação interativa está mais do que codificação e decodificação, respectivamente. Do lado do falante, há uma intenção não apenas de "passar" um conteúdo qualquer, mas, principalmente, de obter uma modificação na informação pragmática do ouvinte; do lado deste, tem de haver não apenas a disponibilidade de "receber" um conteúdo, mas, especialmente, a adesão que represente desejo de modificação da informação pragmática, tal como pretendido pelo falante. Assim, a expressão lingüística que o falante emite é função: da intenção do falante; da informação pragmática do falante; da antecipação que ele faz da interpretação do destinatário. A interpretação do destinatário, por seu lado, é função: da expressão lingüística; da informação pragmática do destinatário; da sua conjetura sobre a intenção comunicativa que o falante tenha tido.

Ter em mente todos esses componentes determinantes de uma produção lingüística cujo registro sonoro ou gráfico se tem selecionado como objeto de estudo implica mesclar na tarefa de análise elementos como:

a) do lado do falante, por exemplo, a possibilidade de verbalização não-plena e/ou não-direta da intenção, ocasionada pela informação que o falante tem acerca da informação que seu destinatário tem, naquele momento;
b) do lado do destinatário, por exemplo, o fato de a interpretação ser apenas em parte baseada na expressão lingüística, já que o que ela "literalmente" traz se caldeia e/ou se completa com a informação que o destinatário já tem (e que o falante sabe/não sabe que o destinatário tem).

A partir do que se expôs aqui pode-se entender nossa opção por uma análise que privilegia as "escolhas", sobre as "determinações", mas que não ignora estas últimas, uma análise que se situa mais no "probabilístico", do que no "determinístico" (usando-se as expressões que constam dos pressupostos teóricos do Projeto GPF, em elaboração).

## Um exercício de análise

Ilustrando:

1) Em 1994 se concluiu um estudo dos pronomes pessoais (trabalho entregue para publicação no volume IV da série *Gramática do Português Falado*) que se norteia pela determinação dos processos em que esses elementos se envolvem, apontando as funções a que servem. Propôs-se que os pronomes pessoais, atuando em processos fóricos, têm as seguintes funções básicas:

1 função interacional (especialmente na primeira e na segunda pessoa): marcação dos papéis discursivos;
2 função textual (especialmente na terceira pessoa): referenciação que provê continuidade no texto.

Além disso, os pronomes pessoais (de todas as pessoas) têm a função de, por meio da alternância de formas, explicitar o papel temático de seus referentes.

A primeira função não se limita ao texto, envolvendo a situação interativa; a segunda não se prende à organização frásica, cumprindo-se e explicando-se independentemente desses limites; a terceira (implicada nas outras duas) se resolve na estrutura da frase, considerando-se os pronomes apenas na condição de argumentos. De tal modo se implicam interação (primeira função) e organização textual (segunda função), duas funções fóricas (exófora e endófora, respectivamente), que a tradição gramatical aceitou a inclusão da terceira pessoa e das duas primeiras pessoas em um mesmo subsistema, unido no cumprimento da terceira função, isto é, no papel de explicitação de funções temáticas.

Dentro desse quadro, a investigação que particularmente levei a efeito procurou discutir fatos como os seguintes:

a) Os pronomes de primeira pessoa são os que mais se omitem (55%, na média, chegando a 75% em um inquérito). A maior razão não é a necessidade de prover informação de referência pessoal ao destinatário, mesmo porque as desinências do *verbo português* marcam, em geral, a primeira pessoa. Foram mais relevantes questões ligadas à natureza particular do texto, como o seu gênero e o seu tema, e, especialmente, ao maior ou menor engajamento da pessoa do sujeito na "proposição". Verificou-se, por exemplo, que, de 90 ocorrências do verbo *achar* de opinião, no DID-SP-234, apenas 5 estão sem o sujeito de primeira pessoa expresso, enquanto 85 (94,44%) estão com *eu*; e a expressão também de opinião *eu tenho a impressão* aparece treze vezes no texto, contra apenas duas ocorrências de *tenho a impressão*, com o pronome de primeira pessoa do singular não expresso. Parece que, nesses casos de verbos de julgamento, é bastante importante que se marque a presença do sujeito modalizador, tendo-se em conta, especialmente, que esse avaliador epistêmico é o falante.

b) O falante escolhe, muitas vezes, fazer indeterminação referencial exatamente com pronomes altamente definidos, como *você*, e até *eu*:

(1) *Vocês retiram ... por intervenção na paciente ... você está com ... um câncer ... avançado ... já muitas vezes ... ou então se faz a mastectomia alargada ... se retira a glândula ... se retira o grande peitoral ... se retira o pequeno peitoral ... ficando somente os músculos intercostais ... vocês vejam como é traumatizante na intervenção* (EF-SSA-49: 204-208)

(2) *por exemplo eu posso saber todos os sinais de trânsito de cor, (es)tá, eu memorizei o meu processo, se vocês me trouxerem o livrinho aquele eu respondo todos eles e estou no nível de conhecimento; bem, mas é preciso que eu aplique, que eu utilize os sinais de trânsito na hora certa, ou que eu tenha a habilidade de passar meio rápido pelo guardinha, porque senão eu estou multada na próxima esquina. Então, quando é que eu sei que eu com, com, que eu compreendi? Quando eu apliquei os sinais de trânsito na hora exata, quando eu passei um ano inteiro sem receber nenhuma multa.* (EF-POA-278:283-291)

No primeiro caso (uma aula de anatomia), o *você* seguramente não inclui o alocutário (o aluno ao qual a aula é ministrada), mas com certeza o traz mais vivamente para dentro da situação descrita e, assim, serve a uma intenção particular do locutor. No segundo caso, o falante seguramente não quer registrar no enunciado seus conhecimentos sobre trânsito, mas com certeza quer vivificar o modelo que apresenta, ao colocar-se a si próprio, formalmente, como "agente", ou como "experimentador", ou como suporte de estados, na defesa da tese de que o conhecimento teórico, sem o conhecimento da operacionalização, de nada adianta.

Numa indeterminação obtida com terceira pessoa, especialmente do singular, por outro lado, o falante obtém muito maior descomprometimento em relação ao que enuncia, como em:

(3) *Doc. – E queijo, não se fazia queijo?*
    *Inf. – Ah queijo pode fazer mas na fazenda não se fazia muito* (DID-POA-45:628)
(4) *aquela fruta-de-conde que aqui no Rio é caríssima, lá vende assim com preço baratíssimo* (DID-RJ-328:97)
(5) *Então pra receber as chaves do apartamento e aí começa, porque precisa pagar mais isso, porque tem mais aquilo, tem que botar uma grade* (D2-RJ-355:15)

Todo esse empenho na busca de condicionamentos da escolha de uma ou de outra construção pelo falante não significou a desconsideração de determinações sintáticas, que têm de ser invocadas em casos como:

(6) *outro filme que que eu fiquei também chocada e gostei muito ... foi*: (DID-SP-234:393)

(7) *EU FUI ... ACHEI um cenário uma coisa ah ótima* (DID-SP-234:61)
(8) *EU ESTUDEI balé ... e TIVE oportunidade de trabalhar* (DID-SP-234:255)
(9) *EU ACHO que vou ao cinema* (DID-SP-234:326)
(10) *EU ESTUDEI acho que uns três anos balé* (DID-SP-234:278)

Com efeito, a não-ocorrência do pronome *eu*, nesses exemplos, parece estar ligada: à coordenação de orações com o mesmo sujeito (estando ele expresso na primeira, como em 6 a 8); à subordinação de uma completiva a uma principal com o mesmo sujeito (estando, também, ele expresso na primeira, como em 9); ou, ainda, à posposição do verbo subordinador em relação à oração subordinada (como em 10).

2) Acabo de concluir um estudo sobre os verbos-suporte em português (Neves, 1996b). O que me despertou a atenção, quanto ao funcionamento desses verbos, foi exatamente a verificação, no córpus do Nurc (Neves, 1994a), do que Du Bois (1985, 1987, 1993b) chamou *estrutura argumental preferida*, que tem sido confirmada em várias línguas: por Kumpf (1992), para o inglês, por Ashby & Bentivoglio (1993), para o francês e o espanhol, por Bentivoglio (1994), para o espanhol antigo, e, de outro lado, aos encontrados por Dutra (1987), para a própria língua portuguesa.

O que se verificou foi que existe na organização da predicação uma estrutura argumental preponderante, tanto na dimensão gramatical, como se explicita em (1), quanto na dimensão pragmática, como se explicita em (2), abaixo:

1 A sentença tende a apresentar um só SN lexical, e esse elemento ocupa, de preferência, a posição de objeto.
2 A sentença tende a apresentar um só argumento novo, e esse argumento ocupa, de preferência, a posição de objeto.

Acontece que, entre os "objetos diretos" lexicais que ocorrem com sujeitos lexicais na mesma sentença, muitos são do tipo que Du Bois & Thompson (1991) chamam *predicante*, em oposição a *participante*: seu papel é funcionar junto de determinados verbos para formar predicados, para "orientar" um evento, ou para classificar ou identificar um referente (p.11).

No encaminhamento do estudo, tentei, em primeiro lugar, estabelecer o estatuto dos verbos que assim se constituem (Neves, 1996b). Testes sugeridos por estudiosos (Gross & Vivès, 1986; Giry-Schneider, 1986), tais como acréscimo de complemento do tipo *de* + N hum ao SN complemento, possibilidade dupla de clivagem, nominalização por apagamento do verbo-suporte, mostraram-se incapazes de responder pela conceituação, já que não são condições necessárias e suficientes ao mesmo tempo. Eles nos teriam bastado, porém, dentro de nosso modo de investigação, se dessem conta de protótipos, que foi o que busquei com o exame do funcionamento dessas construções do ponto de vista do estabelecimento de relações sintático-semânticas entre o verbo-suporte e o SN com o qual ele se constrói, isto é, do ponto de vista da organização da predicação. Nessa tarefa "contentei-me" com a proposição de um protótipo, no qual o SN objeto é não-referencial. A partir daí, admite-se uma gradação, já que a própria referencialidade do SN só se afirma no uso (atuando diversos parâmetros, como o tempo e o aspecto do verbo). Cotejem-se (11) e (12), de um lado, com (13), de outro:

(11) *ele não pode fazer uma síntese sem fazer antes uma análise* (EF-POA-278:350-351)

(12) *eu posso dar um conceito de liberdade* (EF-POA-278:91)

(13) *agora ... João fez uma pergunta ... de novo* (EF-RE-337:283)

Com os verbos-suporte, esses nomes complementos são, prototipicamente, não-referenciais, mas a própria seqüência do texto pode recategorizá-los, retomando-os anaforicamente:

(11a) *ele não pode fazer uma síntese sem tê-la bem preparada*

(12a) *eu posso dar um conceito de liberdade e você não concordar com ele*

O cotejo desses dois tipos levou à consideração de um terceiro tipo, que é o que se ilustra em:

(14) *eu teria que falar mais sobre... a parte assim de alimentação que* **DIZ RESPEITO** *a minha pessoa né? ...* (DID-RJ-328:3-5)

(15) **FEZ::ARTE** *demais no banheiro* (D2-SP-360:200)

(16) *às vezes quando elas têm tempo assim, elas* **PEGAM UMA TURMINHA**, *elas então pedem licença aqui no colégio Maria Goretti aqui de cima e vão joga(r) vôlei, no domingo.* (DID-POA-045:203-206)

Esse parece constituir o caso extremo de soldadura dos elementos *verbo* e *nome*, compondo o que se designa tradicionalmente como *expressão verbal*, ou *locução verbal*, ou *perífrase verbal*. Trata-se de um conjunto que:

a) funciona globalmente na atribuição de papéis temáticos, isto é, funciona como um predicado, dentro do qual não cabe isolar-se um verbo-suporte codeterminador da estrutura argumental, e um nome também codeterminador dessa estrutura (e muito menos, cabe isolar-se um verbo que constitui predicado, e um nome no papel de argumento/complemento);

b) apresenta um significado global unitário dentro do qual não cabe isolar-se o significado de um verbo-suporte, e o de um nome predicante (e, muito menos, cabe isolar-se o significado de um verbo pleno, e o de um nome complemento).

Isso significa que as construções com verbo-suporte se situam num intermédio entre dois tipos de construção, as "locuções verbais" e as construções de verbo pleno + argumento objeto direto. Nessa zona intermediária, as construções com verbo-suporte, graças às características de um ou de outro dos seus componentes (verbo e nome), no uso, ora se aproximam mais de um extremo, ora de outro, e isso na medida inversa em que se aproximam do protótipo. Desse jogo se vale o falante para construir o sentido do que diz, fazendo escolhas que lhe permitam ir em uma ou em outra direção.

Por outro lado, o falante que escolhe predicar com um verbo-suporte + um nome, ao invés de um verbo pleno único, faz uma opção que seguramente revela busca de obtenção de sentidos particulares. Isso significa que o estudo dos verbos-suporte, dentro de nossa linha de pesquisa, se faz pela verificação do equilíbrio das necessidades funcionais. Parte-se do princípio de que, toda vez que construções de acepção básica similar entram em competição (Du Bois, 1985), existem fatores de todas as ordens, ligados às diversas funções da linguagem, que pesam na escolha do falante, obtendo-se, sempre, com uma das escolhas, um efeito particular desejado/adequado. A partir daí, é importante verificar, no nosso caso, as razões que levam o falante a optar pelo uso de uma construção com verbo-suporte no lugar de uma construção com o verbo simples correspondente, em muitos casos disponível no léxico da língua.

Assim é que se verificaram no córpus casos de obtenção de efeitos que o analista, embora reconhecendo a indissociabilidade dos níveis, pode, numa separação didática, localizar mais em um nível do que em outro (Neves, 1996b):

a) na sintaxe, como em:

(17) **TOMAR ATITUDES** mais ou menos **autoritárias** (D2-SP-360:251-252)

(18) *nessa situação aqui, vocês não podem **DAR OPINIÃO pessoal**, neste resumo, vocês têm que dizer aquilo que ele disse* (EF-PA-278:192)

b) na semântica, como em:

(19) *Eu **FIZ FORÇA** pras minhas aprende(r) a nada(r), mas foi só também, né...* (DID-POA-045:229-230)

(20) *qual a melhor técnica na sua opinião para poder se divulgar uma peça de tea::/uma peça né? para que:: o público **TOME CONHECIMENTO** da existência dela?* (DID-SP-360:1290-1291)

c) na pragmática, como em:

(21) *eles **FIZERAM**... eles **FAZEM AS PROJEÇÕES** de tráfego* (D2-SSA-231:609)

(22) *então cada um traz um prato e a gente **FAZ FARINHA** na casa dum, né?* (DID-POA-045:140)

d) na própria configuração textual (embora a prototipicidade do verbo-suporte implique não-referencialidade do nome objeto direto), como em:

(23) *perdão Alemanha e o Japão principalmente e a Itália, que também a gente vai **DAR um pouco mais de ATENÇÃO** a ela e à Alemanha dentro da Europa* (EF-RJ-379:131) *(= "considerar" um pouco mais)*

(24) *quando ele **DÁ UMA DEFINIÇÃO**, depende se **essa definição** é uma...* (EF-PA-278:97)

# Considerações finais

A investigação que se tem empreendido nunca perde de vista que o que se busca são regularidades, mas que o falante, dentro do que é determinado, faz escolhas ligadas ao exercício da sua função no jogo da linguagem, escolhas altamente dependentes de cada tipo particular de produção lingüística e de cada situação particular de interação. Afinal, a gramática é ativada no cumprimento de funções; desse modo, o analista com interesse na competência comunicativa pode tentar dar conta do funcionamento real dos itens, mas só pode fazê-lo sobre a consideração do estatuto gramatical de cada item. Essa busca é, na verdade, o grande problema que se oferece.

Reconhece-se, afinal, que se está, também, num "intermédio": nem se tem uma "teoria forte" nem se quer o "folclore" da busca de idiossincrasias ou curiosidades, esporte ao qual a língua oral, com as características que tem, traiçoeiramente convida.

# Valência: bases teóricas[1]

## Introdução

O conceito de valência se vincula à consideração da centralidade do verbo na análise da frase.

A tradição de consideração lógica da frase que vingou nos estudos ocidentais não tem esse ponto de partida (Neves, 1987a). Pelo contrário, vinculada à lógica platônica e aristotélica, essa tradição, como ponto inicial de análise, biparte a frase em dois elementos, o sujeito (**hypokeímenon**, "suporte", da predicação) e o predicado (**rhêma**, "predicação", "comentário"). Nessa concepção, a frase é um **lógos**, "proposição", no qual se entrelaçam dois tipos diferentes de sinais, o nome e o verbo. Do mesmo modo que, entre as coisas, umas concordam mutuamente, e outras não, assim também, entre os sinais vocais, alguns podem não concordar entre si, ao passo que outros, por seu mútuo acordo, criam o **lógos** (Platão, *Sofista*, 262d). Nomes enunciados em seqüência não formam o **lógos**, não exprimem nada, nem ação nem inação, nem o ser de um ser ou de um não-ser, pois não há comunhão mútua (Platão,

---

1 Este texto é parte de um relatório final de bolsa de pesquisa entregue ao CNPq em 1993 (ver Neves, 1993e).

*Sofista*, 262d). O **lógos** consiste, pois, na atribuição de um **rhêma** a um **ónoma**, "nome". Na doutrina aristotélica, o **lógos** se forma quando se diz algo (ação, lugar, qualidade) de uma substância, isto é, de uma categoria nominal. Ficam na posição de sujeito tanto os termos particulares, ou singulares (que denotam substância definida, individual) como os termos universais (que denotam substância indefinida, geral). Na posição de predicado só ficam os termos universais, que se referem a qualidades, estados, ações e que, portanto, podem ser atribuídos aos termos nominais, quer definidos, quer indefinidos. Na filosofia estóica, não se bipartem desse mesmo modo os enunciados. A lógica estóica não é uma lógica de termos, mas uma lógica de predicados, e o predicado é o fato, o evento. A proposição se explica como uma relação entre dois termos, e não se reduz a um julgamento de atribuição. Expressando um fato, que é o conteúdo do enunciado, o predicado é uno, não se decompondo em cópula e termo predicativo. O **lektón** (literalmente, "o que é dito") é o que se significa quando se fala com sentido; é o significado, objetivamente. **Lektón** designa o ato material de dizer, especialmente o significado de uma asserção à qual se aplicam as categorias do verdadeiro e do falso (Neves, 1987a, p.80). O pensamento que se traduz no enunciado não tem como objeto os seres individuais, mas os eventos, os fatos e a relação entre eles, enfim, os **lektá**. O **lektón** completo (**autotelés**) é o enunciado completo, a frase; entre os enunciados completos estão os **axiómata**, isto é, os enunciados com valor de verdade, aqueles em que se afirma que algo é verdadeiro ou falso (as proposições). Mas há outros **lektá** completos, que são a interrogação, o imperativo, o juramento, a sugestão, a imprecação, o vocativo (Diógenes Laércio, VII 66).

Desse modo, poderíamos dizer que as teorias que privilegiam o verbo como centro da frase têm um fundamento lógico semelhante ao dos estóicos, embora não o invoquem.

## O desenvolvimento da teoria das valências

### TESNIÈRE. Ou: A centralidade do verbo e as relações de dependência (a conexão)

Tesnière (1959) postula a centralidade do verbo, a qual implica a consideração do verbo como nó central que dá unidade estrutural à frase, unindo os diversos elementos num só feixe. A frase é um conjunto de conexões que se fazem segundo relações de dependência e segundo uma hierarquização. Numa frase como *Alfredo canta* não existem apenas dois elementos, mas três: o primeiro é *Alfredo*, o segundo é *canta* e o terceiro é a conexão que une os dois primeiros elementos. O termo *canta* é o termo superior (regente) que tem subordinado a si (regido) o termo *Alfredo*. Esse termo regente constitui o nó central ("nó dos nós") e exprime um processo, um "pequeno drama" que envolve geralmente actantes, além de circunstantes.

O verbo tem, pois, a propriedade de reger actantes. Ele é comparável a um átomo, exercendo atração sobre um determinado número de actantes, mantidos sob sua dependência. O número de actantes que um verbo pode reger constitui o que Tesnière chama *valência* do verbo. A valência consiste no conjunto de relações que se estabelecem entre o verbo e seus actantes, ou argumentos obrigatórios, ou constituintes indispensáveis. Eles são em número limitado, enquanto os circunstantes são em número ilimitado. Estes são elementos adverbiais não determinados pela valência do verbo e que descrevem as circunstâncias do processo (tempo, lugar, modo etc.)

A questão do número de actantes, que varia de zero a três, é básica na estrutura do nó verbal, e, segundo esse critério, os verbos se classificam em avalentes (sem actantes) monovalentes (com um actante), bivalentes (com dois actantes) e trivalentes (com três actantes). Semanticamente, o primeiro actante realiza a ação, o segundo a completa e é por ela afetado, e o terceiro recebe algo em seu proveito ou prejuízo. Em algumas línguas, os diversos actantes são marcados por casos; por outro lado, em algumas línguas, o segundo e o terceiro actantes são marcados por preposições.

Tesnière destaca, também, o papel das preposições na estruturação da frase. Segundo ele, na maior parte das línguas européias existem preposições cuja principal função é transformar substantivos em diferentes tipos de advérbio. Esse processo constitui a *translação*, que é a transformação de uma categoria gramatical em outra. Assim, em *o livro de Pedro*, a preposição *de* transfere o nome *Pedro* para a classe dos adjetivos; em outros casos, a preposição transfere nomes para a classe dos advérbios.

Não nos compete fazer a crítica da teoria de Tesnière que, como já tem sido apontado, não obtém uma distinção clara entre actantes e circunstantes, já que, de um lado, como se sabe, há circunstantes obrigatórios e, de outro, há argumentos obrigatórios que, mesmo não sendo circunstantes, não têm nenhuma das três definições semânticas de actante.

O importante a ressaltar no estudo da teoria proposta por Tesnière é a afirmação da centralidade do verbo e da estruturação da frase segundo um processo de subordinação a um nó central. Essa teoria, de um lado, desconsidera a dicotomização da frase em dois elementos e equipara o sujeito aos complementos, e, de outro, substitui a consideração da frase como uma cadeia linear pela consideração de uma estrutura hierarquizada, com relações de dependência bem fixadas.

## HELBIG. Ou: A necessidade sintática e o mínimo estrutural (o critério de integridade sintática da sentença)

Helbig é o organizador de uma obra fundamental do estudo da valência, *Beiträge Zur Valenztheorie* (1971b). Dessa obra, dois trabalhos merecem aqui consideração especial, o de W. Flämig (1971) e o do próprio Helbig (1971a).

Importante no trabalho de Flämig é a informação de que diversos autores, anteriormente às publicações de Tesnière, trabalhavam com o conceito de valência. Sabia-se, por exemplo, que o diferente comportamento sintático de diferentes verbos não pode ser explicado simplesmente com as noções de transitividade, mas que é necessário postular a capacidade e a necessidade de uma diferenciação dos complementos. Já J. W. Meiner, em 1781, considerava o verbo como centro da frase e colocava o sujeito entre os complementos. Depois, em 1934, K. Bühler afirmou que há determinadas classes de palavras que abrem em torno de si um ou mais lugares vazios que devem ser preenchidos com palavras de outras classes; Bühler fala em uma "valência sintática da palavra", conceito que não vem, porém, explicitado.

Helbig (1971a) formaliza uma teoria das valências sobre a base da consideração da forma finita do verbo como centro estrutural da frase, o que implica, necessariamente, a desconsideração de uma estrutura binária da frase e a equiparação do sujeito aos complementos. A valência é definida como a relação abstrata do verbo com os termos que dele dependem.

Os três pressupostos para a descrição da valência são apresentados na obra prática que Helbig publicou juntamente com W. Schenkel, um dicionário de valência e distribuição dos verbos alemães (Helbig & Schenkel, 1983). O primeiro pressuposto é exatamente a centralidade do verbo na estrutura da frase. O segundo diz respeito ao preenchimento dos lugares vazios, isto é, à necessidade estrutural do verbo: é necessário verificar quais os membros necessários – e para isso Helbig propõe um teste, o "teste de eliminação" – e de que tipo de necessidade se trata, se comunicativa, sintática ou semântica. O terceiro pressuposto se refere à decisão sobre a correspondência entre os membros considerados necessários e os termos oracionais reconhecidos na gramática tradicional; entre esses membros incluem-se sujeitos, objetos, predicativos, complementos preposicionados, complementos adverbiais, orações subordinadas e orações infinitivas, constituindo critérios para essa inclusão apenas a coesão estrutural com o verbo e a integridade sintática da frase.

A conseqüência dessa proposição é a classificação dos actantes em três categorias: actantes obrigatórios, actantes facultativos e elementos livres. Os dois primeiros tipos constituem os membros necessários, os que se ligam, pela valência, ao verbo, estando determinados, quanto ao número e quanto à espécie, no esquema de lugares do verbo. Os elementos livres são os membros não-necessários, os que não têm ligação valencial com o verbo; Helbig afirma que esses elementos, não estando ligados ao verbo, podem ser eliminados ou acrescentados às sentenças (Helbig, 1971a). Adotando a representação em árvore da gramática gerativo-transformacional, o autor coloca os membros necessários (actantes obrigatórios e actantes facultativos) na estrutura profunda, subcategorizados pelos verbos, e os elementos livres como constituintes diretos da oração fora da subcategorização do verbo.

No seu dicionário de valências e distribuição, Helbig & Schenkel (1983) propõem uma descrição dos verbos em três níveis:

1 determinação da valência quantitativa do verbo, isto é, do número de actantes obrigatórios e facultativos (estes, indicados entre parênteses);
2 descrição da valência qualitativa do verbo segundo o contexto sintático, isto é, descrição dos actantes como vizinhança sintática do verbo (ex: substantivo em nominativo/substantivo em acusativo etc.);
3 determinação da valência qualitativa em termos de restrições semânticas, isto é, descrição da vizinhança semântica do verbo (ex.: [Hum], [Anim] etc.).

A distribuição é entendida, afinal, como a soma dos contextos em que um elemento ocorre. O estudo da distribuição contempla, pois, o contexto sintático e o contexto semântico, e inclui as preposições exigidas segundo as restrições semânticas.

## ENGEL. Ou: O critério morfossintático e o princípio da comutação

Para Engel (1969), as conexões constituem a parte da gramática que regula a combinação primária dos elementos (grupo de palavras, termos oracionais, sentenças etc).

Dois princípios descrevem as conexões: a constituência e a concomitância.

O princípio da constituência descreve as relações da parte com o todo, isto é, as relações de cada constituinte com sua categoria superior, a oração. Nesse sentido, a oração pode ser representada por diagramas nos quais um determinado constituinte, como o SN, pode ocorrer mais de uma vez.

O princípio da concomitância descreve as relações de coocorrência, isto é, as relações de cada complemento (o nominativo, o acusativo) com o verbo. Nesse sentido, a oração é representada horizontalmente, aparecendo cada constituinte, como o V (verbo) ou o C1 (complemento 1) ou o C2 (complemento 2) apenas uma vez.

É possível, porém, a representação vertical da concomitância, mas isso se faz por um artifício de análise, já que essa direção não é da própria linguagem, não é natural. Nessa representação, revela-se a dependência dos constituintes: no alto se situa o regente e, abaixo, os dependentes, que, então, se denominam *satélites*.

Assim se fazem essas representações:

1 Princípio da constituência:

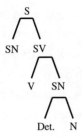

2 Princípio da concomitância:

2.1 **C1 - V - C2**   (concomitância)

2.2   
```
      N
     / \
    /   \
   C1   C2
```
(concomitância dirigida/dependência)

Entre os satélites distinguem-se os elementos livres e os complementos. Os elementos livres são termos não-específicos; eles podem coocorrer com todos os elementos de uma classe de palavras. Os complementos são termos específicos de subclasses; eles só coocorrem com uma subclasse de palavras. Diferem, pois, os elementos livres e os complementos, em termos da não-especificidade ou da especificidade da subclasse com a qual coocorrem: os elementos livres dependem do verbo de modo não-específico, enquanto os complementos só ocorrem com determinadas subclasses de verbos.

O que distingue complementos e elementos livres não é, pois, a necessidade ou a não-necessidade do termo, já que, para Engel, a questão da necessidade ou da dispensabilidade pertence ao âmbito comunicativo-pragmático, não ao âmbito puramente gramatical. Desse modo, do ponto de vista comunicativo, qualquer elemento pode ser necessário; já no nível imanentemente lingüístico há elementos obrigatórios (necessários segundo as regras gramaticais) e elementos facultativos (elimináveis, na gramática da frase). São facultativos todos os elementos livres (como *imediatamente* em *Precisamos imediatamente de dinheiro*) e alguns complementos (como *cerveja* em *Hans bebe cerveja*); outros complementos são obrigatórios (como *dinheiro*, em *Necessitamos de dinheiro*).

Engel não define os complementos por critérios semânticos, mas propõe um critério morfossintático de classificação. Esse critério, que se liga à prova da anaforização (o exame de correlatos sintáticos, como o elemento **daran**), configura planos de construção das sentenças (**Satzbauplan** – SBP). No *Kleines Valenzlexikon Deutscher Verben*, Engel & Schumacher (1978) descrevem o plano de construção de sentenças para 461 verbos alemães, o qual corresponde à explicitação da valência sintática desses verbos.

O *Valenzlexikon Deutsch – rumänisch* de Engel & Savin (1983) altera a proposta, colocando, para cada verbo, ao lado da coluna SBP ("plano de construção da sentença") outra coluna com as restrições semânticas, em que se fazem indicações como HUM (humano), INST (instituição humana), AKT (acontecimento, ação, processo) etc. Essas restrições se referem separadamente a cada complemento, obrigatório ou facultativo.

A *Deutsche Grammatik* de Engel (1988) concede maior espaço, ainda, à valência semântica, considerando a existência de uma valência do conteúdo, a que ordena a combinatória de formas de expressão de palavras ou grupos de palavras (**Ausdrucksvalenz**). Passam a compor a descrição dos verbos, assim, não apenas os traços semânticos (ligados às regras de seleção), mas, ainda, os papéis semânticos dos complementos (ligados às relações contraídas com o verbo). Assim se esquematizam essas indicações:

1 Valência da expressão (morfossintática)
   1.1 Elementos: V + complementos
      a) obrigatórios
      b) facultativos
   1.2 Realização: casos/preposições

2 Valência do conteúdo (semântica)
   2.1 Elementos: V + complementos
   2.2 Relações semânticas
   2.3 Restrições semânticas

As classes de complementos, entretanto, se depreendem da distribuição, isto é, de critérios morfossintáticos. Na verdade, é pela comutação que se chega à anáfora, isto é, a determinados elementos de significado bem geral (pronomes, advérbios) que ocupam no texto uma certa posição na qual podem ocorrer todos os elementos de uma determinada classe de complementos; há, pois, uma relação paradigmática entre os elementos de uma determinada classe, os quais são substituíveis entre si na posição determinada pelo elemento genérico que é anáfora.

É exatamente pelo processo de anaforização que se definem as classes de complementos. Assim, por exemplo: o pronome pessoal do caso reto ou o demonstrativo nominativo é a anáfora do C1, isto é, do complemento nominativo; o pronome pessoal do caso oblíquo acusativo, ou o demonstrativo acusativo é a anáfora do C2, ou complemento acusativo; e assim por diante.

Para o alemão, Engel propõe, desse modo, dez anáforas, que especificam dez classes de termos oracionais, ou complementos (C1 a C10). Os complementos verbais assim obtidos representam os modelos frásicos da língua, ou seja, os modelos sintáticos das orações da língua. Esses modelos sintáticos constituem exatamente o plano de construção da frase (**Satzbauplan** – SBP), que é indicado nas obras práticas – gramáticas e dicionários – que Engel produziu.

# O conceito de valência

## A valência lógico-semântica: a ocupação dos lugares vazios por participantes

A consideração de que existe uma relação lógica fundamental entre o significado de um verbo e os seus participantes configura o que se pode chamar de valência lógico-semântica. Nesse sentido, a relação entre o verbo e seus participantes é vista como um reflexo de relações correspondentes, na realidade extralingüística (Bondzio, 1971). A ocupação dos lugares vazios, nesse tipo de consideração, tem determinação explicitada pela lógica relacional do tipo R (x,y); trata-se da relação entre grandezas, como no caso do predicado lógico *ajudar*, a relação entre alguém que ajuda e alguém que é ajudado; esse Agente e esse Paciente entram como argumentos que preenchem os lugares lógico-conceptuais vazios que o predicado abre à sua volta.

A não-correspondência entre as categorias lógicas e as lingüísticas impede que se considere a existência de um reflexo direto da valência lógico-semântica na sintática. Assim é que Helbig (1982) afirma que esses dois níveis de valência não são idênticos nem podem ser isomorficamente representados, o que se verifica com facilidade em verbos como **helfen** ("ajudar") e **unterstützen** ("apoiar"); para esses verbos se define uma mesma relação lógica R (x,y), isto é, exigem-se parceiros contextuais idênticos (Agente e Paciente), mas a valência sintática de **helfen** se realiza com y no dativo e a valência sintática de **unterstützen** se realiza com y no acusativo. Mais evidentemente, ainda, se revela essa incongruência quando se verifica a realização da valência lógico-semântica em línguas diferentes, que estruturam diferentemente as mesmas relações lógicas. Pode-se tomar como exemplo a própria realização dos verbos **helfen**, em alemão (complemento em dativo), e *ajudar*, em português (complemento objeto direto ou indireto).

## A valência sintática: a ocupação de lugares vazios por actantes

A valência sintática é a capacidade que tem o verbo de abrir, na sentença, lugares estruturais que devem ser preenchidos para que se realize a estrutura oracional.

Embora Tesnière tenha apresentado um exame preocupado com o ponto de vista estrutural, não há, na sua obra, uma redução da valência a esse ponto de vista. Helbig (1983, p.63) chega a dizer que Tesnière não deixou claro se coloca a valência em uma categoria formal (do nível da expressão) ou conceitual (do nível do conteúdo).

Na história subseqüente da teoria das valências, poucos estudiosos (Hanisch, 1992, cita Heringer, 1968) se limitaram à investigação da valência no nível da expressão. Um exemplo desse tipo de estudo é a descrição morfossintática dos verbos alemães que, como se viu há pouco, Engel & Schumacher (1978) oferecem no *Kleines Valenzlexikon Deutscher Verben*. Assim se faz essa descrição:

1 Verbo
   1.1 Forma lexical;
   1.2 Indicação da forma do complemento: o caso; a preposição, se necessária etc.
2 SBP (plano de construção da sentença)
   2.1 Tipo do complemento, com codificação numérica (nominativo/ preposicionado etc.)
   2.2 Condição de obrigatório/facultativo do complemento;
   2.3 Diátese necessária etc.
3 Restrições semânticas: traços dos complementos indicados no SBP.

## A valência pragmática: a transitividade posta em perspectiva

Na organização das diversas frases de um texto, pode-se verificar uma determinação da valência verbal operada pela situação comunicativa. Isso significa dizer que a realização do sistema de transitividade nas frases efetivas da língua (ou *enunciados*) decorre de uma perspectiva determinada pelas necessidades e intenções comunicativas.

Nessa perspectiva é que fica definida a necessidade, ou a facultatividade, dos complementos. Observe-se o complemento da frase vista isoladamente: *Paulo comprou o livro*. A verificação da valência da frase assim apresentada nos dirá que o verbo tem valência 2, isto é, abre dois lugares que devem ser preenchidos (obrigatoriamente) por dois actantes, um Agente e um Paciente. Entretanto, numa seqüência como:

- *– Paulo comprou o livro?*
  *– Comprou.*

não há necessidade de expressão de nenhum dos dois argumentos na frase-resposta efetiva, dada a disponibilidade de recuperação desses termos no contexto lingüístico. Do mesmo modo, uma frase da língua como *Entregue esse livro ao Paulo* poderá prescindir dos dois complementos obrigatórios numa situação em que, estando Paulo presente, alguém chegue com um livro e o falante, indicando com o olhar a direção de Paulo, diga ao interlocutor: *Entregue*. Uma frase pode, mesmo, por determinação pragmática, reduzir-se a um complemento facultativo, deixando de expressar o próprio verbo e todos os complementos obrigatórios, como em:

- *– Quando é que você vai dar o presente a seu filho?*
  *– Amanhã.*

Isso significa que a frase examinada como *token* (Lyons, 1977, p.13 ss.) depende da intenção comunicativa; sintaticamente existe uma determinação de obrigatoriedade ou facultatividade dos complementos, que nunca poderá ser afetada, mas existe, também, uma possibilidade de variação na realização das frases em face das determinações da situação comunicativa e das necessidades informativas. Desse modo, a determinação pragmática valida como estruturais e semanticamente completas frases do texto em que termos obrigatórios não sejam expressos.

Uma consideração de três tipos de valência (sintática, semântica e pragmática) está em alguns autores (Ruzicka, 1978, apud Hanisch, 1992), embora mais geralmente se considerem incluídas na valência semântica as determinações pragmáticas (Helbig, 1990).

## A gramática de casos e a descrição semântica das valências

Alguns teóricos da gramática de valências, particularmente a escola de Leipzig, fazem convergir a gramática de dependências, iniciada por Tesnière, e a gramática de casos. Isso implica incorporar na própria hierarquização de elementos as relações semânticas existentes entre regidos e regentes, de que resulta a estrutura semântica da frase.

As gramáticas de caso postulam, pois, *casos semânticos*, que, para alguns, são, ao mesmo tempo, categorias sintático-semânticas e relações (Vilela, 1992, p.133; Teixeira, 1987, p.29). Diz Fillmore (1968) que a sentença, na sua estrutura básica, consiste em um verbo e um ou mais sintagmas nominais, cada um associado ao verbo numa determinada relação de caso. São casos, por exemplo, Agente, Benefactivo, Locativo etc. que se definem, de um lado, pela relação que estabelecem com o núcleo predicador, e, de outro, pelos traços semânticos que têm a si associados, como os traços [+ ativo] e [+/- intencional], ligados ao Agente. As listas dos casos diferem muito de um para outro teórico e, mesmo, de um para outro trabalho do mesmo teórico. Assim, por exemplo, Chafe (1970) propõe sete casos, Longacre (1976) propõe dez, enquanto Fillmore propõe nove em 1968 (Fillmore, 1968) e dez em 1971 (Fillmore, 1971).

Vilela (1992, p.130) se refere à validade da posição da Escola de Leipzig, que faz gramática de dependências e gramática de casos convergir e complementar-se. A gramática de valências é uma gramática de dependências, e, na verdade, completa-se com a noção dos papéis casuais.

As relações entre a gramática de casos e a gramática de valências se resumem nas seguintes considerações básicas:

- centralidade do predicado (determinação da estrutura frásica de base pelo predicado);
- subcategorização de predicados;
- determinação de argumentos pelo predicado;
- relacionamento sintático-semântico dos argumentos com o predicado.

Também do ponto de vista pragmático se pode verificar a relação entre a gramática de valências e a gramática de casos, mais especificamente, a teoria de Fillmore, que postula uma hierarquia de saliência, a qual determina quais elementos de uma cena são postos em primeiro plano. Trata-se de uma perspectivização que governa a seleção dos elementos que entram na estruturação da frase, com determinado papel semântico. A seleção dos participantes é uma escolha do falante que se faz em dependência da perspectiva em que a cena é ativada: a cena é uma entidade cognitiva, objeto de estudo da semântica; a perspectiva representa a intervenção do falante na atualização da cena na fala e é, pois, objeto de estudo da pragmática. E é assim que semântica e pragmática se integram na fala e determinam a estrutura dos enunciados, a qual constitui objeto da sintaxe. É assim, também, que se integram valência sintática, valência semântica e valência pragmática.

## O conceito de recção

Entendida como a capacidade de reger outras palavras, *valência* se equipara a *recção*. Engel (1977, p.98) diz, explicitamente, que "valência nada mais é que recção de uma subclasse específica".

O conceito de recção é estudado em correlação com o de valência em Helbig (1978), que examina as diversas posições de estudiosos ante esse conceito, como se resumirá a seguir.

Recção é subordinação, se se pensa na determinação sintática da forma casual da palavra subordinante. Nesse sentido, não apenas verbos têm recção, mas também preposições, embora nem todos aceitem considerar as preposições como elementos subordinantes, preferindo ver como unidade semântico-gramatical subordinada o grupo preposicionado, isto é, o grupo formado de preposição + caso. A consideração da preposição com regente, por outro lado, implica a consideração de uma recção dupla, na qual a preposição é regida por um verbo ou um adjetivo e rege, por sua vez, um substantivo em determinado caso. Uma última tendência é a de estender o conceito de recção aos complementos adverbiais necessários.

Os tipos de recção que, baseado nessas considerações, Helbig (1978) aponta são os seguintes:

a) a relação de um verbo ou um adjetivo com uma determinada forma casual de um substantivo, ou equivalente, como em *Er **ähnelt** seinem Bruder* (verbo + substantivo no dativo), ou em *Er sieht seinem Bruder **ähnlich*** (adjetivo + substantivo no dativo);

b) a relação de um verbo, um adjetivo ou um substantivo com uma preposição, como em *Die Ernte **hängt von** dem Wetter **ab*** (verbo + a preposição **von**), ou em *Die Ernte ist **von** dem Wetter **abhängig*** (adjetivo + **von**) ou em *Die **Abhängigkeit von** dem Wetter* (substantivo + **von**).

c) a relação de um verbo, um adjetivo ou um substantivo com um grupo preposicional (preposição + substantivo vistos como uma unidade), como em *Er **denkt an** die Prüfung*;

d) a relação de um verbo, um adjetivo ou um substantivo + preposição como uma forma casual do substantivo ou equivalente, como em *Er besteht auf seinem Recht* (verbo e preposição + substantivo no dativo), ou em *Er ist stolz auf das Mädchen* (adjetivo e preposição + substantivo no dativo), ou em *Die Freud auf die Ferien* (substantivo e preposição + substantivo no dativo);

e) relação da preposição com uma forma casual do substantivo ou equivalente como em *Sie erkundigt sich nach dem Wetter* (preposição não regida + substantivo no dativo);

f) relação de um verbo com um grupo preposicional (preposição + substantivo vistos como uma unidade) que constitui uma determinação adverbial obrigatória, como em *Er legt das Blatt auf den Tisch* (verbo + complemento adverbial).

Para Helbig (1978), este último tipo não deve ser incluído na recção, já que o caso do substantivo é semanticamente determinado pelo verbo. A integração desse tipo na recção constitui uma mistura de conceitos, já que a determinação adverbial obrigatória é uma questão de valência, e valência e recção pertencem a planos diferentes. Também os grupos a), c), d) e f) Helbig prefere tratar em termos de valência, não em termos de recção. Só se restringiriam, assim, à recção propriamente dita a relação de palavra regente com preposição (tipo b) e a relação de preposição com uma forma casual nominal (tipo e), a qual não ocorre em português. A recção é um fenômeno morfossintático menos abrangente que a valência, que é um fenômeno semânticosintático: a valência ocorre no nível dos termos da oração, enquanto a recção ocorre dentro ou abaixo desse nível.

Entretanto, devemos observar que os fenômenos de recção são pertinentemente vistos em relação com a valência.

## Considerações finais

A valência é quase exclusivamente tratada como propriedade dos verbos, assim como toda a questão da predicação é, em geral, discutida em relação a um núcleo verbal. Não existem trabalhos que teorizem especificamente a valência nominal, e a maior parte dos estudos de valência não concede, mesmo, nenhum espaço à valência nominal.

Entretanto, sabe-se que a gramática da frase das línguas naturais dispõe de um conjunto recursivo de regras para a estruturação da língua. Na organização sintático-semântica da frase, uma teoria de predicados prevê um esquema de valências, uma estrutura em que um predicador ou núcleo predicativo abre lugar(es) que deve(m) ser preenchido(s) por participante(s), definindo uma relação que se equaciona em uma matriz definitória dentro do sistema. Na ativação do sistema, isto é, na representação do sentido da estrutura pela cadeia sonora, o núcleo predicador tem várias possibilidades de realização, o mesmo ocorrendo com os participantes preenchedores dos casos.

Assim, o núcleo predicador do nível da frase que se relaciona com um único participante (sujeito) pode realizar-se por um verbo, simplesmente (como em João *chora*) ou por uma cópula + sintagma predicativo, de núcleo nome (como em João *é um chorão incorrigível*) ou adjetivo (como em João é *chorão*).

No sintagma predicativo, porém, pode caber, por sua vez, um núcleo predicador do nível de constituinte, ou um nome valencial (como em João é *um incorrigível corruptor de menores*), ou um adjetivo valencial (como em João é *corruptor de menores*).

Por outro lado, os lugares abertos em torno de um núcleo verbal valencial podem preencher-se com um sintagma de núcleo nominal avalente (como em *A missa* acabou); mas também por um sintagma cujo núcleo (nome valencial) seja, por sua vez, um núcleo predicador do nível de constituinte (como em *A venda do terreno* não se realizou).

Toda análise lingüística se estabelece, *a priori*, em relação a um determinado nível, e ao nível escolhido se liga uma determinada unidade de análise. Entende-se, assim, que no nível da frase se isolam as unidades que constituem as funções na estrutura das relações internas a esse núcleo da frase, e a cada participante. Recursivamente pode haver um predicador dentro de outro predicador, e também um predicador dentro de um participante, aos quais se deverão ligar um participante ou mais, como se apresenta em:

| PARTICIPANTE | | PREDICADOR |
|---|---|---|
| PREDICADOR' | PARTICIPANTE' | |
| *A venda* | *do terreno* | *surpreendeu* |

O processo prossegue recursivamente, como se ilustra em:

| PARTICIPANTE |||| PREDICADOR |
|---|---|---|---|---|
| **PREDICADOR'** || **PARTICIPANTE'** |||
| A desistência | da venda | | do terreno | surpreendeu |
| | **PREDICADOR"** | **PARTICIPANTE"** |||

Helbig (1978) abriga, de certo modo, a valência nominal, quando discorre sobre recção para, afinal, excluir do estudo desse processo, e incluir no estudo da valência, toda consideração de determinação semântica nas relações entre núcleo regente e elemento regido.

O papel da preposição, tanto na valência como na recção, é particularmente importante no caso de predicadores/regentes da classe nominal, já que, na realização da valência dessa classe, nenhum lugar se preenche sem uso de uma preposição.

Deixado de lado o esquema casual, inexistente em português, são três os modos de examinar o papel da preposição na realização do esquema valencial de nomes e de verbos:

a) a preposição é um predicador, como o verbo, o nome e o adjetivo valenciais, e, portanto, é termo regente; essa é a posição da gramática gerativa em suas últimas versões, como na teoria de princípios e parâmetros;
b) a preposição forma corpo com a palavra regente à esquerda, e o grupo assim formado abre lugar(es) em torno de si e rege outro elemento nominal à direita;
c) a preposição forma corpo com o nome à direita, e o grupo assim formado preenche lugar aberto por uma palavra regente à esquerda.

# Palavras lexicais e palavras gramaticais[1]

Este trabalho procura assentar as bases de uma organização gramatical das entidades da língua portuguesa, focalizando, especialmente, o tratamento das classes de palavras.

1 A categorização do léxico é uma operação básica do espírito humano. Não estranha que as atividades de reflexão e operação sobre a língua se resolvam, na maior parte das vezes, com a catalogação dessas entidades mais evidentemente autônomas na análise dos usuários da língua, que são as palavras. Daí um primeiro problema interferente, o do próprio estatuto da entidade *palavra*, problemática que não discutirei. Apenas lembro o grau de refinamento que o conceito exige, apontando, especialmente, que a indefinição que perdura, em muitos casos, no próprio recorte dessas entidades (um exemplo é o caso de certas locuções), aliada à grande complexidade, que podem chegar a exibir muitas das palavras das línguas, é um primeiro e fundamental obstáculo à pretensão de uma bem-fundamentada taxonomia.

2 A preocupação com o estabelecimento, a definição e o reconhecimento das classes de palavras está na história das reflexões lingüísticas. O conhe-

---

[1] Uma primeira versão deste estudo foi publicada nas *Atas do IX Congresso Internacional da Associação de Lingüística e Filologia da América Latina* (ver Neves, 1998b).

cimento das classes de palavras é considerado indispensável para o conhecimento das suas funções, que é imprescindível para a compreensão do sentido da frase.

O reconhecimento dessa ligação entre classe e função, entretanto, não pode implicar que se defenda que a cada classe corresponde uma função. Pelo contrário, essa falsa ligação constitui um engano, que, aliás, tem raízes históricas.

3 Sabemos que nossa tradição ocidental do estabelecimento de classes e paradigmas tem origem na gramática dos gregos, que instituíram essas classes a partir das partes do discurso que os filósofos tinham levantado. A base da detecção das classes de palavras era, pois, o *lógos*, isto é, a proposição lógica, a expressão do juízo.

Tomava-se o *lógos* como unidade maior, e a partir dessa unidade vista como a expressão lingüística de uma entidade lógica, detectavam-se as partes componentes, especialmente pela relação entre elas estabelecida para compor a unidade maior. Desse modo, sujeito (*hypokeímenon,* "o que serve de suporte") e predicado (*rhêma,* "o que se diz"), as duas partes "significativas" do *lógos,* passam a ser identificados com as categorias da língua especialmente vocacionadas para funcionar como tais partes no *lógos:* o *ónoma* ("nome") e o *rhêma* ("verbo"), respectivamente (Aristóteles, *Da interpretação*). As demais categorias isoladas, com diferenças em cada sistema, se detectam, também, segundo seu papel na organização do *lógos*; sirva de exemplo a grande importância dada, a partir dos estóicos, à classificação das conjunções, peças fundamentais da articulação dos juízos (Neves, 1987a, p.86-7).

Entre os gramáticos, tome-se por base Dionísio o Trácio (Uhlig, 1883), cuja obra pode ser considerada representativa do procedimento gramatical que surgiu na época alexandrina. Já são diferentes das da filosofia as finalidades do estabelecimento de um quadro das chamadas "partes do discurso". Numa época marcada pelo confronto de culturas e de línguas, a colocação como objeto de investigação da língua considerada melhor e mais pura necessariamente estaria respondendo a uma necessidade de exposição dos padrões a serem seguidos. Essa codificação de padrões se faz, então, em quadros gramaticais, em que se procura definir entidades propriamente lingüísticas. Na definição das classes de palavras isoladas, o elenco já se alarga, abrigando-se nele também elementos sem valor lógico, e as partes do discurso apontadas são: *nome, verbo, particípio, artigo, pronome, preposição, advérbio* e *conjunção*. A não ser pela ausência de *interjeição* e pela presença do *particípio* como classe autônoma, encontra-se aí o mesmo quadro dos nossos manuais contemporâneos.

Falar das classes de palavras tem sido, tradicionalmente, repetir o que se depreendeu dessa organização experiencial e lógica que deu origem à compartimentação, sem considerar-se a complexidade de ocorrência das palavras e o papel das diversas classes em determinadas funções e em determinados esquemas. A própria organização experiencial, por outro lado, tem sido simplificada.

4 A história dos esforços que se sucederam na tarefa de estabelecer as classes de palavras forma uma parte da história da Lingüística, e não vou percorrê-la aqui.

Aponto, porém, que as classes tradicionais vêm sendo criticadas pelos estudiosos. Adrados (1969, p.293-4), por exemplo, resume as principais críticas à classificação tradicional, considerada deficiente até para as línguas indo-européias. Não julga, entretanto, que se deva prescindir das classes de palavras, ou dizer com Sapir que elas refletem não tanto nossa análise intuitiva da realidade, mas nossa habilidade para organizar essa realidade num certo número de esquemas formais.

5 O que se pode dizer, afinal, é que, de um modo geral, as classes de palavras constituem, seguramente, um compartimento vulnerável da organização gramatical: em parte, talvez, porque se procura dar estatuto a unidades – as *palavras* – que não têm um estatuto definido em nenhum dos estratos lingüísticos, segundo o desenvolvimento da teoria; em parte, porque se institui um desvinculamento metodológico das unidades de toda a série de funções em que cada uma delas concomitantemente atua; finalmente, porque a interpretação tradicional vem prescindindo de uma investigação do comportamento das classes de palavras vistas na sua relação com a unidade maior, que é a real unidade em função, o texto.

6 A gramática tradicional, com efeito, pára nos limites da frase. Dentro desses limites, a relação é construcional, isto é, existe uma estrutura sintática: embora, obviamente, a relação não seja biunívoca, cada elemento tem função no construto a que pertence, seja este a própria sentença, seja um constituinte dela.

Entretanto, a gramática tem lugar central na análise lingüística em todos os níveis, vale dizer também no nível do texto. Isso não implica postular que o texto seja uma unidade estrutural, isto é, que tenha uma síntese regrada do mesmo tipo que a sintaxe oracional, mas simplesmente afirmar que, na arquitetura do texto, se manifestam funções que devem responder pela orientação e pela organização semântica do enunciado, bem como pela adequada ancoragem na situação de enunciação.

7 Assim como um modelo de descrição sintática tem de estar necessariamente ligado a uma teoria sintática, e esta tem de estar incluída em uma teoria de linguagem, um modelo de análise dos enunciados maiores que a sentença, liberado de vinculação com uma teoria de estrutura frásica (embora pressupondo que ela se faça, no seu nível) deve integrar-se em uma teoria geral de linguagem que responda não apenas pela explicação dos mecanismos de relacionamento som–sentido, como ainda pela predição dos modos de constituição de textos de uma língua.

Falo de uma teoria da linguagem de base funcionalista, na linha de M. A. K. Halliday. Sobre tal base, entende-se a abordagem lingüística não apenas como uma investigação do uso da língua, mas, ainda, como a explicação da natureza da linguagem em termos funcionais. Nessa linha, não se iguala, simplesmente, função e uso, mas adota-se um ponto de vista mais geral e mais abstrato de função lingüística.

Se a língua é um sistema de produção de sentidos por meio de enunciados lingüísticos, ela é um sistema semântico. O termo *semântico*, diz Halliday (1985, *Introduction*, p.XVII), não se refere simplesmente a significados de palavras, mas implica todo o sistema de significados de uma língua, o qual se expressa pelo vocabulário, assim como pela gramática. Os significados se codificam na organização de itens lexicais e de itens gramaticais. Essa organização é o que a gramática faz. E a gramática funcional seria a que logra explicar a organização em enunciados (estruturas sintático-semânticas) de categorias abstratas e de significados (abstratos) que se codificam em som (ou em sinais gráficos).

O termo *gramática funcional* implica, como *funcional*, uma fundamentação em significados e, como *gramática*, uma interpretação de formas lingüísticas. Entende-se, assim, que a gramática codifica o significado, e o faz sem relacionar simplesmente porção a porção, ou relação a relação, mas provendo o isolamento de variáveis e suas possíveis combinações na consecução de funções semânticas específicas (Halliday, 1985, p.XX).

8 Postula-se, então, que podem governar os procedimentos de tratamento das classes de palavras:

1º a consideração da ativação das diferentes funções da linguagem ligada à seleção das classes na organização gramatical do texto;
2º a consideração das diferentes esferas semânticas de organização textual;
3º a consideração dos diferentes níveis de unidades.

8.1 Falando das funções:

Se limitada à análise das manifestações da função ideacional da linguagem, uma gramática obtém, com mais facilidade, considerar os fatos lingüísticos em si mesmos (foi o que a tradição gramatical fez, mas com limitação também de nível).

A busca das manifestações lingüísticas da função interacional, por sua vez, inclui uma relação com a enunciação que complica a descrição e torna mais difícil a restrição do tratamento ao componente propriamente lingüístico da comunicação, restrição que exige um cuidadoso isolamento metodológico das variáveis extralingüísticas.

8.2 Falando das esferas:

É no exame da organização semântica (função ideacional) que se opera a verificação de uma configuração em diferentes esferas:

- a esfera dos processos e relações (verbos e certas palavras gramaticais, como as preposições, os coordenadores, as conjunções subordinativas e alguns advérbios);
- a esfera dos participantes desses processos (nomes e certas palavras gramaticais, como os pronomes pessoais e os advérbios pronominais, ou, ainda, os possessivos, que são periféricos no sintagma);
- a esfera dos circunstantes.

8.3 Falando dos níveis:

Na organização semântica intrafrasal examina-se o sistema de transitividade, que é considerado:

(i) como questão semântica, na medida em que constitui uma representação da ideação das relações existentes entre um predicador e os portadores de papéis semânticos (argumentos);

(ii) como questão sintática, na medida em que representa o arranjo dos argumentos com esse núcleo predicativo selecionado para constituir o núcleo frasal.

Dentro do sistema de transitividade (sempre intrafrasal), a consideração de níveis assenta, por exemplo, que a valência de um verbo se determina no próprio nível da frase, enquanto a de um nome ou de um adjetivo (ou de alguns advérbios) representa uma deslocação do sistema de transitividade para o nível de sintagma componente da frase. Por outras palavras, o estatuto semântico das chamadas *classes lexicais* é definido pelo sistema de transitividade, sempre interior à frase, colocando-se num segundo nível as relações semânticas textuais, ou não-estruturais, obtidas por expedientes como a reiteração (a repetição, ou a recolocação).

9 Assim, da parte das palavras lexicais, a distribuição pelas duas classes de unidades, *P* (relacionantes: verbos) e *A* (argumentos relacionados: nomes) esgota o esquema de relações. A combinatória desses dois tipos de unidades, que se resolve no esquema *P* (*A*), dá conta da descrição do sentido (significado em uso) de todas as palavras lexicais existentes na língua, e mais as que venham a entrar em circulação, nesse processo contínuo de incorporação de novas formações ao léxico da língua.

Isso equivale a dizer que, do lado das palavras lexicais, a descrição se obtém com a adoção de um modelo que apreenda as propriedades sintático-semânticas do léxico, tal como a gramática de valências imbricada numa gramática de casos (relações casuais + funções temáticas). As relações textuais dessas classes se resumem (como já apontei) a retomadas e recolocações, ou a projeções: por sinônimos, por antônimos, por hiperônimos ou hipônimos, por palavras do mesmo campo, por palavras mais gerais ou mais específicas.

Na verdade, o caráter substantivo ou o caráter verbal de um item pode ser facilmente garantido nessas análises. O próprio exame das relações entre predicados e seus argumentos permite que se chegue a uma taxonomia clara e definitiva:

- o verbo: sempre predicado;
- o nome: argumento de predicado, mas, também alguns nomes, novos predicados ligados a outros nomes-argumentos, e assim por diante.

10 Isso significa que, como já observei, classes de funções e classes de unidades não estão em correspondência simples e direta. Tomemos os exemplos:

(1) *A celebração do acordo com os credores foi criticada.*
(2) *As celebrações daqueles camponeses em tais datas são magníficas.*

Em (1), verifica-se que um nome pode ser A como *acordo* (visto em relação ao P *celebração*), mas também pode ser, ao mesmo tempo, P (como o mesmo *acordo* visto em relação a *credores*). Por outro lado, verifica-se que um nome é A de um verbo, como *celebração,* mas também é A de outro nome, como *credores*. E, ainda, em sendo A, um nome pode entrar em relação subjetiva com o P (seja este nome ou verbo), como o nome *camponeses,* em (2), ou em relação objetiva, como os nomes *acordo* e *credores,* em (1).

Detectam-se, pois, os nomes, como unidades que se votam para a classe argumentativa, à qual cabem determinadas (mas diferenciadas) funções.

Isso significa que as estruturas determinam funções, mas não determinam univocamente classes de palavras:

(1a) a um P tem de ligar-se um A;

ou:

(1b) a um P tem de ligar-se um sujeito e/ou complemento;

mas:

(2a) a um P não tem de corresponder necessariamente um verbo;
(2b) um nome não tem necessariamente de ser sujeito ou necessariamente ser complemento (e será sujeito ou complemento, tanto de verbo como de nome).

Resumindo: na estrutura sintático-semântica das línguas naturais, o sistema se resolve nas funções P e A, e podem prever-se regras que estruturam as classes em funções predicativas ou em funções argumentativas, embora as classes de formas que realizam essas funções e por elas são delimitadas não constituam conjuntos isolados e, nem mesmo, conjuntos discretos.

11 Do lado das palavras gramaticais o esquema é menos simples e regular.

11.1 Sob um determinado ponto de vista, pode-se dizer que as classes gramaticais nada mais são do que instrumento de realização das classes maiores (nome, verbo, adjetivo e alguns advérbios), uma vez que é a elas que a valência se aplica e é a uma delas que o "caso" se refere.

Isso representa, porém, um recorte que isola a função semântica da linguagem e, ainda, considera apenas as relações do sistema de transitividade (que é do nível interno à frase).

Ocorre que, para determinadas classes gramaticais, cuja função é operar dentro desse sistema (por exemplo, os subordinantes, como as preposições e as conjunções subordinativas) e produzir sintagmas maiores que, assim, sobem prontos para o nível imediatamente superior (para o sintagma maior ou a própria frase), o tratamento pode até, em alguns casos, esgotar a investigação. Está aí a grande correlação entre preposição e conjunções subordinantes, ambas operadoras da estruturação sintagmática da oração, ambas, pois, com um bom tratamento dentro de uma gramática de estruturas frásicas, segundo operações como:

- descoberta dos tipos estruturais;
- identificação das classes lexicais;
- descrição da combinatória léxica em cada posição estrutural;
- detecção dos esquemas funcionais das estruturas.

11.2 Outras classes, porém, como (ainda na esfera das relações e processos) os seqüenciadores coordenadores, têm seu estatuto sintático-semântico determinado, basicamente, pelas relações textuais.

E a análise dos itens de um texto é multidimensional.

A construção semântica de um texto constitui uma montagem de peças que se inter-relacionam horizontalmente, definindo avanços e retomadas, e verticalmente, revelando escolhas léxicas mutuamente condicionadas. Assim, por exemplo, na projeção horizontal, o uso de um advérbio conjuntivo, como *entretanto,* ao invés de um coordenador, como *mas,* que, do ponto de vista da semântica da palavra, seria visto como um caso de redução sinonímica, representa, na verdade, opção por uma amarração do segundo bloco ao primeiro por meio de uma retomada referencial anafórica, o que o coordenador *mas,* que é basicamente um seqüenciador, não proveria. Desse modo, esses dois elementos do léxico português (*entretanto* e *mas*), que, do ponto de vista da noção vocabular (que é a que orienta a classificação tradicional), constituem representantes de uma mesma classe, a das chamadas *conjunções coordenativas adversativas,* preenchem funções semânticas, na verdade, distintas, se se considera a organização do enunciado, o que, por outro lado, reflete uma definição sintática diferente, na organização frásica.

Uma observação interessante decorrente desse exame é que, pelo maior efeito de progressão, os coordenadores, como *mas,* são preferidos aos juntivos anafóricos, como *contudo, todavia, entretanto,* especialmente na linguagem falada, que se reveste de maior dinamismo. Já a linguagem científica, por exemplo, se beneficia mais da retomada anafórica que esses juntivos propiciam do que dos avanços que os seqüenciadores garantem.

Desloquemos nossa exemplificação para a esfera dos participantes. O artigo definido, aparentemente, é um item que se resolve por uma investigação interna ao grupo nominal. Entretanto, a verdade é que o tratamento do uso dessa classe de palavras deve abrigar, além do estudo da estrutura do grupo nominal, a investigação das relações intra-enunciado, bem como das relações entre enunciação e enunciado: especificamente, a investigação de sua condição discursivo-textual de item fórico, com subespecificação segundo o campo de referenciação: a situação ou o texto.

Nessa consideração, o artigo definido forma grupo com os demonstrativos, os pessoais, os possessivos e, mesmo, os comparativos do tipo de *outro* e *mesmo*. Como há, aí, subespecificações, também, quanto à natureza da referenciação expressa por esses fóricos, o artigo definido pode coocorrer, por exemplo, com o possessivo (da subclasse pessoal) e com o comparativo (da subclasse comparativa), mas não com o demonstrativo (da subclasse demonstrativa, que é a mesma do artigo definido, dentro da qual, porém, ambos se distinguem por serem os demonstrativos – mas não os artigos – seletivos quanto a pontos do espaço de referência, seja este a situação, seja o texto).

11.3 Assim, dentre as palavras gramaticais, como se apontou, as preposições (da esfera das relações e processos) são (como os nomes e os verbos) peças da organização semântica frasal (são, na verdade, operadores de mudança de nível dentro do sistema de transitividade); os coordenadores, porém (também da esfera das relações e processos), atuam em uma organização semântica que independe da estrutura frásica. Já na esfera dos participantes, enquanto os indefinidos e os chamados *numerais* operam processos semânticos não-fóricos (e, por eles, definem o seu estatuto), o artigo definido, bem como os pessoais (falo tanto dos tradicionalmente chamados *pessoais* como dos possessivos) podem ser, privilegiadamente, depreendidos e definidos na visão da organização semântica textual, já que são referenciadores, são fóricos textuais, isto é, instruem para recuperação da informação em outra parte do texto. Para os pessoais de 1ª e de 2ª pessoa (estes, já, basicamente fóricos situacionais), bem como para os modalizadores (atitudinais de 1ª ou de 2ª pessoa) essa visão semântica necessita ser especialmente conjugada com a visão do texto enquanto organização de interação.

## Conclusão

Colocada como objeto de investigação a língua em uso, a interpretação das categorias gramaticais não pode prescindir da investigação de seu comportamento na unidade maior – o texto – que é a real unidade em função. Na verdade, a restrição aos limites da frase bloqueia importantes aspectos da investigação. A proposição de uma base sintático-semântica de tratamento, por outro lado, permite considerar-se a construção do sentido operando-se no fazer do texto. Nesse enfoque, finalmente, logra-se um exame do funcionamento das classes de palavras ligado à manifestação das diversas funções da linguagem.

# A tarefa de investigação das ocorrências de nomes comuns[1]

Este trabalho resume parte da investigação por mim empreendida, dentro do Grupo Sintaxe I do Projeto "Gramática do Português Falado" que tem como objetivo a produção de uma gramática de referência da língua falada culta brasileira. O que aqui se analisa é o comportamento dos nomes comuns no córpus mínimo do Nurc (Norma Urbana Culta) do Brasil.[2]

A investigação do comportamento dos nomes nos textos da língua compreende uma série de observações que indico, em princípio, como dos seguintes tipos:

a) quanto à natureza de cada nome (ou base nominal) em questão;
b) quanto à organização das categorias gramaticais ligadas ao nome (flexão);
c) quanto ao estatuto de cada nome dentro de seu grupo nominal;
d) quanto à realização da valência nominal;
e) quanto à distribuição e mútua relação dos nomes na organização semântica do texto e quanto à relação entre os nomes do texto e as determinações contextuais discursivas.

---
1 Este texto foi originariamente publicado nas *Actas do Congresso Internacional sobre o Português* (ver Neves, 1996a).
2 Ver nota 2 de *Reflexões sobre a investigação gramatical*, na Parte II desta obra.

Na verdade, a especificação de diferentes ângulos e de diferentes tipos de investigação corresponde à verificação da existência de diferentes objetos de análise. O que quero dizer é que às determinações ligadas ao próprio estatuto categorial do nome, de que tratarei mais abaixo, somam-se as determinações ligadas às questões **a)** a **e)** no parágrafo anterior, especificadas que são, respectivamente, as seguintes:

a) o significado lexical de cada nome;
b) o significado aduzido pelos morfemas categoriais gramaticais;
c) e d) o significado relacional obtido pelo nome em virtude da construção (SN) em que entra;
d) o significado construído na rede de relações estabelecidas no texto, ligado à situação discursiva e ao conhecimento de mundo dos participantes do ato de comunicação.

Isso reporta a diferentes níveis de análise. Esses tipos e essas instâncias se referem, respectivamente, à consideração:

a) do nível da palavra em estado de dicionário;
b) do nível da palavra-ocorrência;
c) do nível do sintagma visto na sua organização morfossintática;
d) do nível do sintagma visto na sua organização sintático-semântica (decorrência da ativação do sistema de transitividade no interior do SN);
e) do nível do texto (organização semântica textual), envolvendo a sua relação com as condições de produção (organização discursivo-textual).

Não abrigo, aqui, o nível frasal porque considero que, quando a unidade de análise é a oração (O), a entidade pertinente na análise é o SN, não o nome em si, mesmo que o SN se reduza a um nome.

Preliminarmente à investigação do comportamento morfossintático-semântico-textual-discursivo dos nomes em um córpus é necessário refletir sobre a própria categoria tradicionalmente denominada *substantivo*.

Seguramente, qualquer nome, visto isoladamente, tem, como se apontou há pouco, um estatuto que vem sendo definido basicamente pelas funções potenciais de denominação e de descrição do denominado.

É limitando-se à primeira dessas características categoriais que a gramática tradicional define "substantivo": "substantivo é o nome de um objeto, de uma cousa" (Ribeiro, s.d.), "substantivo é a palavra com que nomeamos os seres" (Rocha Lima, 1974), "substantivo é a palavra com que designamos ou nomeamos os seres em geral" (Cunha, 1975). Com efeito, o substantivo constitui uma designação potencial de entidades cognitivas e/ou culturais ("homem", "livro", "inteligência") que possuem certas propriedades categorizadas no mundo extralingüístico. É o que está evidente a qualquer falante da língua, como os que produzem os enunciados (1) e (2) de nossa amostra:

(1) *o que a gente chama de **banana** aqui a banana deles lá é uma coisa imensa...* (DID-RJ-328:90)

(2) *aqui no Rio tinha uma espécie de banana parecida parece – se eu não me engano – é a **banana-figo** que eles chamam aqui no Rio* (DID-RJ-328:93)

A seguinte ocorrência evidencia ainda mais a consciência que o falante tem da capacidade denominadora do substantivo. Fala-se, aí, de uma pessoa que tem notícia de um recorte que a língua operou, e conhece a denominação da entidade recortada (a *taxionomia*), mas que não sabe operar com o conceito dessa entidade:

(3) *Já ouviu fala(r), conhece de nome **taxionomia**, só de nome* (EF-POA-278:27).

A função b apontada na Introdução, por sua vez, diz respeito à propriedade que tem o substantivo comum de indicar como pertencente a uma determinada classe qualquer elemento por ele denominado. Na verdade, o que o nome comum faz é uma descrição – mais, ou menos, definida – de uma classe de referentes, reais ou potenciais. A consciência que o falante tem dessa função aparece bem ilustrada nesta passagem, em que o nosso informante faz uma operação epilingüística:

(4) *É, essa palavra **taxionomia** quer, refere-se mais ou menos a uma classificação, eu digo mais ou menos porque nós vamos ver qual é a diferença que existe entre uma taxionomia e uma classificação* (EF-POA-278:27).

Com efeito, todo e qualquer nome, quando usado referencialmente, permite uma interpretação do referente pautada pela descrição da classe a que ele pertence: *homem* nomeia, em princípio, um indivíduo da classe humana, classe que tem suas propriedades definitórias. No exemplo (4) acima, fica bem especificado que *taxionomia* pertence ("mais ou menos", como diz o informante) à classe, ou ao gênero "classificação".

Fica implicado que essa interpretação se completa, ainda no nível da palavra, pela categorização morfológica (o aporte trazido pelo significado dos morfemas categoriais) de que não tratarei aqui, e, no nível do SN (já na atualização), pelo modo de referenciação, como apontarei mais abaixo.

Na questão do significado lexical pode ser investigado o entrecruzamento de traços do significado que dão subclassificações semânticas, tratadas já desde Dionísio o Trácio e Apolônio Díscolo (Neves, 1987a). Mas, aqui, passaremos direto à questão do estatuto das subclassificações em nomes contáveis/nomes não-contáveis e em nomes concretos/nomes abstratos, já ligadas ao uso referencial dos nomes.

A gramática tradicional do português não se mostra sensível à pertinência da distinção entre nomes contáveis e não-contáveis. Alguns autores, como Júlio Ribeiro (s.d., p.59), apenas intuem a particularidade dos não-contáveis: "Palavras como *algodão*, *cobre*, *oxigênio*, etc. chamam-se *substantivos materiais*". Parece que a pertinência dessa distinção está por ser examinada no comportamento dos nomes.

Da classe dos *contáveis* fazem parte nomes que denominam/descrevem grandezas discretas. A subclasse dos não-contáveis, por sua vez, abriga nomes que denominam/descrevem entidades não suscetíveis de numeração, grandezas contínuas, ou, nos termos de Langacker (1987), substâncias tipicamente homogêneas. Ocorre, porém, que a determinação de pertença à subclasse *contável* ou *não-contável* só se faz no enunciado, isto é, na ativação da função nominal de referenciação. Allan (1980) aponta a existência de um grupo de nomes preferentemente usados como contáveis, outro grupo de nomes preferentemente usados como não-contáveis, e um grupo intermediário que tem freqüência de uso em ambas as indicações.

O seguinte trecho de nosso córpus é bem ilustrativo de uma série de nomes que se entendem primariamente como denominadores de grandezas discretas, mas que, em determinados contextos, se referem a grandezas contínuas:

(5) *eu como* **cenoura**... *como* **chuchu**...*como* **vagem** *eu como al/éh ervilha...como* **alface**...*muita* **salada** *aqui em casa a gente tem muito o hábito de comer* **salada** *eu gosto muito da* **salada** *eu gosto de comer* **couve-flor**::...*gost/engraçado que eu gosto muito de* **chuchu** *embora todo mundo ache chuchu uma coisa sem graça aguado mas eu go::sto...e*

*carne...o café da manhã geralmente eu tomo só com leite...não como **pão** nem como **biscoito** nada disso* (DID-RJ-328:22-33)

Distinguem as duas subclasses propriedades morfossintáticas como a existência ou não de restrições à pluralização, à indeterminação e a certos tipos de quantificação. Esse estudo foi empreendido, mas aqui só direi que me parece produtiva, na questão da pluralização, uma hipótese – que proponho – que considere o nome de massa não só como não-plural, mas também como não-singular, o que responde pela sua não-suscetibilidade à pluralização. Desse modo, ao plural *ferros* (sempre + contável) corresponderia unicamente, como singular, o nome *ferro* (não-massivo) contável, já que *ferro*, como nome de massa, pela não-existência de oposição, não constitui contraparte singular de nenhum plural. Na verdade, nos exemplos (6) a (8), nomes no plural (que vêm, mesmo, com distribuição igual à de nomes no singular, na mesma frase) são facilmente entendidos intensionalmente, isto é, como denominação de um gênero:

(6) *eu prefiro **pêssego**... **moran::go**...**laran::ja**...**bana::nas*** (DID-SP-235:132)

(7) *...**frangos**... **carnes de vaca bife**...**bife à milanesa:: bifes grelhados*** (DID-SP-235:150)

(8) *detesto **asa**... **pés:: cabeça*** (DID-SP-235:155)

Quanto à indeterminação, observe-se que, mesmo no singular, certos adnominais de indeterminação qualitativa eliminam a possibilidade de interpretação não-contável de nomes, mesmo dos considerados como massivos no léxico:

- com nome em princípio contável
  *um/certo livro* (indivíduo)
  \*um/certo livro* (livro como tipo)
- com nome em princípio não-contável
  \*um/certo ferro* (massa, matéria)
  *um/certo ferro muito puro* (peça/amostra de ferro)

Quanto à quantificação singular (aí incluída a cardinalização), eu só direi que é interessante observar que elementos como *pouco* e *muito/bastante* conferem a qualidade de não-discreta à grandeza que quantificam, seja ela, em princípio, não-contável, como em (9):

(9) *Cozinhar **bastante água*** (DID-SP-235:241)

seja ela, em princípio, contável, como em (10):

(10) *Eu podia tomar **bastante laranja*** (DID-SP-235:95)

Outras operações de determinação incidentes sobre as grandezas em princípio descontínuas e sobre as grandezas em princípio contínuas, especialmente a dêixis e a foricidade, além da posição sintática em que os nomes referentes a essas grandezas se encontram no enunciado, merecem observação, e foram estudadas na investigação que empreendi. Entretanto, elas não cabem no propósito (e no tempo) deste texto.

As restrições existentes, na verdade, mostram um contraste entre ocorrências marcadas (Dik, 1989), como *dois leites* para designar "dois litros de leite", ou muito livro, para designar "grande número de livros", e ocorrências não-marcadas, como *muito leite* para designar "grande quantidade da substância designada pelo nome *leite*", ou *dois livros*, para designar "duas unidades da classe descrita pelo nome *livro*". Isso é argumento a favor da tese de que no léxico se provê uma diferença conceptual entre duas subcategorias, embora apenas no funcionamento do sintagma se obtenha a referenciação a um tipo específico de grandeza, do ponto de vista da contabilidade.

Da mesma natureza é a subclassificação em nomes concretos e nomes abstratos, subclasses que apenas na função de *referenciação* se opõem e se complementam. Como se sabe, os nomes concretos têm referentes individualizados, enquanto os abstratos remetem a referentes que não se destacam de outros referentes, estes, por sua vez, denominados também por nomes. Veja-se o exemplo (11):

(11) *a extrema exatidão do desenho* (EF-SP-405:57).

"Exatidão" é uma qualidade (constituindo um referente potencial) que pode, sim, receber uma denominação (o nome *exatidão*), mas que não subsiste senão num referente: no caso, no desenho que é "exato".

Na verdade, a sintagmatização de **N abstrato** + *de* + **N** constitui uma operação de referenciação que logra instruir a abstração de uma propriedade do **N** da direita pelo **N** da esquerda, que é o abstrato (ou o mais abstrato). Daí que seja possível um sintagma como

a) a intensidade da cor da flor,
mas não um como

b) *a cor da intensidade da flor;
porque *cor* é propriedade da flor e *intensidade* é propriedade da *cor*, mas não o contrário: *cor* não é propriedade de *intensidade*.

As subcategorias concreto/abstrato definem-se, na verdade, somente no enunciado, em dependência:

i) do modo de referenciação provido pelo SN;
ii) da inserção do SN na O;
iii) da organização referencial do próprio texto.

Quer dizer, todo significado obtido em dependência de referenciação, como é o caso da concretude/abstração, só se obtém no percurso total que vai do vocábulo ao texto, considerada, ainda, a situação discursiva que produziu esse texto. Basta lembrar que, em

(12) *a **violência** da **queda***

(13) *a **queda** da **violência**,*

nos mesmos nomes *queda* e *violência*, nos diferentes sintagmas, existem diferentes graus de abstração: em (12), *violência* é o mais abstrato e *queda* é o mais concreto, e em (13) *queda* é o mais abstrato e *violência* é o mais concreto.

Para os nomes grifados em negrito em

(14) *a evolução do **domínio*** (EF-SP-405:204),

(15) *sensação (...) de **domínio*** (EF-SP-405:201)

(16) *falta de **divulgação*** (DID-SP-234,115:500),

por exemplo, suponho passar a existir uma interpretação mais abstrata se permutarem as posições, como nos sintagmas

(14a) *o **domínio** da evolução*

(15a) ***domínio** de sensação*

(16a) ***divulgação** de falta,*

nos quais os nomes não grifados, por sua vez, passam a ter uma interpretação mais concreta (e, a partir daí, até bem diferente, como *falta*, em 16a) do que a que têm nas ocorrências reais do córpus, transcritas em (14) a (16).

E, finalmente, numa ocorrência como:

(17) *a qualidade da **representação*** (EF-SP-405:279),

o nome *representação* tem um grau de concretude que não exibiria em

(17a) *a **representação** da qualidade.*

O SN é, na verdade, a instância na qual um substantivo deixa de ser simples denominador e descritor potencial de uma classe (denominador de um membro de uma classe de propriedades comuns) para referenciar, seja por trazer um/mais de um membro à existência, extraindo-o de um conjunto, como em "vi um menino/vi (uns) meninos", seja por flechar (Culioli et al., 1970) mais de um/todos os membros dessa classe, com o uso de fóricos, como em "vi o(s) menino(s)", ou "vi aquele(s) menino(s)".

A característica de referenciação coloca o nome em distribuição complementar com o verbo. Platão, no *Teeteto*, 262, já aponta o entrelaçamento (**symploké**) de verbos e nomes como responsável por uma indicação que, diz ele, vai além do "denominar", permitindo ver "o que as coisas são, o que foram, o que se tornaram, o que serão" (Neves, 1987a, p.55-6).

Ocorrer como núcleo de um SN, entretanto, é uma condição necessária mas não suficiente para que o nome faça referenciação. De fato, quando em função predicativa qualificadora, o SN já não referencia. Esse fato aponta a existência de complementaridade (e de mútua exclusão) entre duas funções, uma que é basicamente substantiva/pronominal (a *referenciadora*), e uma que é basicamente adjetiva (a *atribuidora*), que é a que se vê nas proposições não-equativas (18) e (19):

(18) *maçã é uma **fruta** que constantemente eu como* (DID-RJ-328:59)

(19) *a banana é uma **banana** tão grande que não dá para você comer uma inteira* (DID-RJ-328:89)

Note-se, neste último exemplo, que a diferença funcional entre as duas ocorrências da forma *banana* é que conduz para uma interpretação não-tautológica da proposição.

Merece observação, ainda, o diferente grau de referencialidade que existe no nome quando ele é sujeito de uma proposição geral, como:

(20) *o **direito** é um fenômeno social* (EF-RE-337:45)

(21) *as **regras** são compostos... imperativos indicativos* (EF-RE-337:65)

Realmente, no SN sujeito dessas frases não se supõe a substituição por pronome pessoal, o que argumentaria por um valor não-referencial do nome em questão. Entretanto, diferentemente de Marcantonio & Pretto (1991, p.315), a propósito de ***Il leone è um mammifero***, prefiro sustentar, aí, a existência de função referencial, considerando alterado, apenas, o modo de remissão, que não leva a um indivíduo determinado, mas ao gênero/à espécie a que o indivíduo pertence.

Não se pode deixar de observar que o modo de determinação do nome no SN é responsável pela definição do modo de referenciação. Assim, enquanto, com um artigo definido, a referenciação pode até prescindir do recurso direto ao contexto de enunciação (fixando-se o referente por meio de "circunstâncias de avaliação", isto é, circunstâncias nas quais uma descrição definida é verdadeira – Kleiber, s.d.), com um demonstrativo (*este homem*) a referenciação só se completa com recurso ao contexto. Assim, em uma ocorrência como:

(22) *Então, ele pode simplesmente me dizer o que foi que o **conferencista** disse* (EF-POA-278:188),

o locutor pressupõe que o interlocutor entende a unicidade existencial pressuposta a partir do artigo definido. Quer dizer, o próprio *o* implica a consideração de circunstâncias que justifiquem a verdade de que há um nome e somente um em questão. Por outro lado, num enunciado como:

(23) *Agora, observando **este** quadro, eu posso interpretar, aqui, entra o meu ponto de vista, eu acho que **essa** turma tem tal problema* (EF-POA-278:207-210),

a identificação do referente de cada nome determinado pelo demonstrativo depende, a cada vez, do contexto de enunciação, isto é, o acordo referencial deve ser, a cada vez, renovado.

Quanto às determinações da constituição do grupo nominal (a relação entre núcleo e periféricos), eu só direi que, enquanto existem nomes que se categorizam sempre como nomes (apenas os "não-humanos"?), caso de *mesa*, *papel*, *amor*, outros apenas definem sua categoria nas relações estruturais, (principalmente os "humanos"?). Assim, por exemplo, uma mesma forma pode ter a categoria N ou a categoria Adj, como nos pares:

(a) *assassino* impiedoso       (b) instinto *assassino*
    N                                        Adj.

(a) *idosos* desassistidos      (b) homens *idosos*
    N                                        Adj.

Dão suporte a essa possibilidade as propriedades compartilhadas pelo par de classes em questão, nome e adjetivo; no caso dos exemplos dados há pouco, confiram-se os traços mórficos comuns a ambas as classes: tema em *-o* e plural em *-s*. Quer dizer, as formas *assassinos* e *idosos* exibem características morfológicas próprias tanto da classe dos substantivos como da classe dos adjetivos, e só no arranjo da construção, isto é, só relacionalmente, a categoria é realmente fixada.

Outro fato a ser considerado, ainda, é a possibilidade de existência de um grupo nominal, como *os idosos*, no qual a forma *idosos* ocorre em posição inquestionável de N (núcleo do SN). Essa forma opera, então, a descrição da classe incorporada na redução (o nome *homens*) somando a ela, para compor uma nova definição, os traços predicativo-qualitativos que estão no adjetivo *idosos*.

Muitas dessas reduções têm uso amplo na fala, uso esse que é governado especialmente:

- por inferências lógicas, como é o caso de *os idosos* (incorporando N + Hum.)
- por inferências ligadas ao conhecimento de um mundo particular socioculturalmente compartilhado, como é o caso de (24):

(24) *mas a **multinacional** parece até um fantasma...* (EF-RJ-364:711)

Esse é um processo fechado de incorporação de novos nomes ao léxico. Há exemplos muito vivos nos nossos dias, como é o caso, no Brasil, de *os descamisados*, que, afinal, reclassifica um adjetivo que, talvez, nunca tenha sido, na verdade, usado como tal.

Quanto às determinações da valência nominal (a estrutura de predicado dos nomes) devo observar que esse foi o tema central desta investigação no córpus do Nurc em exame (Neves, 1996b). Entretanto, no que respeita à questão da tarefa de investigação dos nomes comuns, que é a que nos ocupa neste estudo, cabe apenas apontar que existem nomes que possuem uma rede temática, isto é, que ativam no interior do SN o sistema de transitividade. Trata-se, especialmente, de nominalizações, cuja estrutura de predicado pode ser investigada sob direção do seguinte conjunto de proposições:

a) há sintagmas nominais que guardam relação semântica, sintática e até morfológica com sintagmas verbais;

b) a estrutura léxica desses SNs é similar à de um SV: o núcleo do SN (o N) determina argumentos, do mesmo modo que o núcleo do SV (o V);
c) a própria categorização dos argumentos em *externo* (sujeito) e *interno(s)* (complemento(s)) é mantida nesse paralelismo.

São núcleos valenciais SNs constituídos por nomes geralmente abstratos (poucos concretos), nem todos derivados (deverbais ou deadjetivais), isto é, nem todos resultantes de nominalizações, como os seguintes:

(25) *os responsáveis... pela/... pelo desenvolvimento... pela manutenção daque/... tamanho daquela **dimensão** da glândula* (EF-SSA-49:58)

(26) *na **menopausa** há uma diminuição considerável de produção de hormônio* (EF-SSA-49:59)

A investigação nesse campo tem três direções básicas:

a) o padrão semântico da predicação nominal;
b) o padrão sintático da predicação nominal;
c) os modos de realização da valência sintática: as formas dos complementos.

Considera-se que, quando os nomes valenciais entram em construção com os termos que preenchem os lugares abertos por determinação de sua valência, são necessárias operações de ajustamento das combinações que realizam a estrutura de predicado (Dik, 1985).

Quanto ao significado construído nas relações discursivo-textuais, farei, aqui, apenas algumas indicações pertinentes às relações semânticas que se estabelecem no texto.

O estatuto do nome, de que tratei há pouco, confere-lhe a propriedade de assentar a rede de referenciações que o texto constrói. Nessa qualidade, os nomes constituem pontos centrais na construção do sentido total do texto (por exemplo, relações genérico/específico, semelhante/diferente, igual/contrário etc.) e no desenvolvimento do fluxo informacional (desenvolvimento temático, relações dado/novo etc.).

Entretanto, exatamente pelo seu estatuto, o nome, diferentemente de algumas classes de palavras do inventário fechado da gramática (ex.: pessoais, possessivos, demonstrativos), esgota seu esquema de relações num nível inferior ao do texto (no sintagma). Verbo e nome se distribuem entre duas unidades funcionais: os predicadores (relacionantes) e os argumentos (relacionados).

Seguramente, como apontei, os nomes se distribuem nos textos sustentando relações de sentido que constroem a configuração semântica textual. O que quero dizer, porém, é que as relações textuais do nome (fora do SN) se reduzem a retomadas e recolocações, ou a projeções, baseadas nas relações entre o conjunto de nomes do texto (relações de sinonímia, antonímia, hiperonímia, hiponímia, campo semântico comum, restrição ou ampliação de campo semântico etc.).

Uma investigação-piloto do EF-SP-405 que tenho preliminarmente preparada organiza as relações temáticas do texto por meio dos nomes que o compõem. Nesse inquérito, que é uma aula, a locutora começa exatamente pelo tema central e sua localização histórica:

(27) *então nós vamos começar pela **Pré-História**...hoje exatamente pelo **período** ...do paleolítico...a arte...no período paleolítico* (EF-SP-405:1-2).

Fixa, pois, o foco, temática e historicamente. Uma série de nomes identifica o período e conduz ao tema focal, a arte nesse período, que é, então, caracterizada, com marcação em entidades concretas e entidades abstratas que são nomeadas. Essa caracterização, bem como subespecificações, de um lado, e hiper-relações, de outro, são configuradas numa rede de nomes que formam um mapa da distribuição de informação nesse texto, o qual, pela sua finalidade, é basicamente informativo.

Finalizando, deve-se apontar que, no estudo que aqui se efetua, estão indicadas as diversas áreas em que se distribui o exame do comportamento dos substantivos: a semântica vocabular (referenciação), a semântica de relações (participação em eventos), a sintaxe (posição e função na estrutura) e a composição textual (organização da mensagem).

O estudo empreendido mostra que o estatuto categorial e relacional do nome constitui o suporte para o cumprimento do complexo de funções que essa parte do discurso assume no texto; pelo seu significado categorial, o nome é elemento potencial de um enunciado, mais particularmente de um SN, nível no qual se cumpre a função de referenciação e se atualizam as demais funções.

# Um tratamento funcionalista da articulação de orações[1]

As considerações que se fazem neste estudo partem do princípio de que o estudo da língua em uso necessariamente há de adotar um quadro teórico do qual façam parte critérios discursivos. Acresce que o equacionamento dessa questão envolve o próprio circuito de comunicação, que, afinal, é chave nas investigações sobre a atividade da linguagem.

O velho circuito explanado pela Teoria da Comunicação, algumas décadas atrás, previa um falante e um ouvinte em cada ponta (no registro gráfico, dois bonequinhos), um canal, codificação, decodificação, mensagem, ruídos etc. Presente a física, respondendo pelos sons, presente a ciência lingüística que preparou uma teoria dos signos – desde os estóicos –, presente até a psicologia, no respaldo à consideração das funções mentais. Mas falante e ouvinte permanecem como bonequinhos, quem sabe máquinas aparatadas para codificar e decodificar mensagens, atribuir significado ativa e passivamente, afinal, produzir e interpretar enunciados.

Paralelamente se consideravam as lições da chamada *Pragmática*, que entrava como perspectiva, como visão externa, como recurso de configura-

---

1 Este trabalho foi apresentado no *Colóquio Internacional A Investigação do Português em África, Ásia, América e Europa: balanço e perspectivas* em Berlim, Alemanha (ver Neves, 1998c). Uma versão da apresentação está sendo publicada nas *Atas* do Colóquio.

ção, como relação sígnica adicional (a do signo com seus usuários), acrescida às outras, consideradas, elas sim, básicas, porque produtoras do significado.

Paralelamente, ainda, continuava a exercitar-se o analista nas relações sintáticas e semânticas que se contraem nos enunciados. E toda essa desvinculação, essa especialização, necessariamente teria de implicar abrir mão da consideração do exame efetivo da língua em uso, da produção de sentido efetuada nos enunciados da língua.

A opção por uma gramática a serviço das funções da linguagem – de uma gramática funcionalista – representa a opção por uma integração dos componentes de produção do enunciado.

Em primeiro lugar, a produção do enunciado resulta de uma complicada troca, que é a interação lingüística. E, aí, o próprio modelo do circuito de comunicação tem de ser revisto: em cada ponta não há mais uma careta, ou um bonequinho, e nem podem as duas pontas do circuito ser vistas em molde idêntico. Do lado do falante, pesa a força da situação de comunicação desde antes do planejamento da fala, e o enunciado tem seu próprio direcionamento já regido pela imagem daquele que está na outra ponta. Pode parecer complicado, mas complicada é a própria interlocução: o falante insere no plano de seu enunciado a necessidade de levar o destinatário a desejar a modificação de sua informação pragmática do mesmo modo como ele a pretende e, para isso, tenta antecipar a interpretação que aquele destinatário, naquele estado de informação pragmática, atribuirá à expressão lingüística. Esse complexo, uma gramática funcional coloca no seu próprio modelo de interação verbal (Dik, 1989; Hengeveld, 1997), um tipo mais rico – digamos assim – e mais real de circuito do que aquele que trata dos componentes desvinculados, componentes que entram como peças de uma máquina de codificar e decodificar.

Além disso, uma gramática funcional explica os enunciados da língua em relação às predicações, que são as designações lingüísticas – e cognitivas – dos estados de coisas. Ora, já aí estão implicados os papéis semânticos e a perspectivização que resolve as funções sintáticas. Podendo ser conhecidas e pensadas, podendo ser causa de surpresa e de dúvida, podendo ser mencionadas, negadas, rejeitadas ou lembradas, podendo ser verdadeiras ou falsas, essas entidades são, então, fatos possíveis e compõem, pois, proposições. Revestidas de força ilocucionária, afinal, as proposições constituem as frases que estão na fala.

Ora, essas frases – correspondentes a atos de fala – já constituem aquilo que se deve entender que esteja na ponta de saída do modelo de interação, modelo que não pode, então, reduzir-se a um circuito mecânico, físico, biológico, sem contraparte cognitiva (numa face) e sem contraparte contextual-situativa (na outra face).

Já parte daí, por exemplo, a diferente caracterização dos enunciados da língua falada, ou da língua escrita, sendo múltiplas as variações, do ponto de vista de cada um dos componentes do modelo de interação. De qualquer componente que se olhe, o processo é complexo.

Vamos, então, complicar um pouco nossas reflexões, partindo de uma pequena peça do circuito – o signo – lembrando-se que, pelo próprio modelo adotado aqui, *signo* vai implicar sempre *falante* e *ouvinte*.

Está em Peirce (1987) a indicação complicadora da noção de signo, segundo a qual todo esquema perceptivo se compõe de uma parte forte que se percebe (uma *figura*) e uma parte débil, que serve de contraste (um *fundo*). Na interação lingüística o que ocorre é que:

a) do lado do emissor, o signo tem a forma como *figura* (dominante) e o sentido como *fundo* (recessivo);
b) do lado do receptor, pelo contrário, o signo é uma unidade perceptiva na qual o sentido é dominante (é *figura*) enquanto a forma é recessiva (é *fundo*).

Isso naturalmente gera tensões, as quais, entretanto, já estão implicadas na própria noção de que o signo não é uma peça solta que percorre um canal (como a do velho circuito), mas é uma entidade dialógica, já que entra no circuito necessariamente pelas duas contrapartes: emissor e receptor. Se em cada contraparte há *forma* – tanto como *fundo* quanto como *figura* – e há *sentido* – tanto como *fundo* quanto como *figura* – existe, pois, uma combinação sêxtupla:

a) de *forma* e de *sentido*;
b) quanto a *emissor* e a *receptor*;
c) como *figura* e como *fundo*.

Chega-se a leis perceptivas que refletem os diferentes esquemas de predomínio perceptivo (Garcia, 1994):

1) Lei da redundância, em que a *forma* do *emissor* é *figura*, e a *forma* captada pelo *receptor* é *fundo*: o emissor reforça a *forma* de sua mensagem precisamente porque sabe que o receptor perderá muitos de seus elementos.

2) Lei do subentendido, em que o *sentido* captado pelo *receptor* é *figura*, e a *forma* captada pelo *receptor* é *fundo* (há um subentendido que vem do predomínio perceptivo do sentido sobre a forma, por parte do receptor): o interlocutor só ouve o que o falante diz, mas o que ele reconstrói não é só o sentido literal do enunciado (ele entende muitas outras coisas que transcendem o limite formal da mensagem).

3) Lei da preferência, em que o *sentido* captado pelo *receptor* é *figura*, e o *sentido* do *emissor* é *fundo*: o receptor entende um certo sentido ilocucional emitido pelo falante, e acrescenta a disposição de responder de uma certa maneira no turno seguinte, segundo seu conhecimento das convenções sociais e circunstâncias. Como ocorre com os subentendidos, as preferências são sentidos acrescentados pelo receptor, mas agora se trata de sentidos fortes que se acrescentam a um sentido fraco, não de *sentidos* acrescentados a uma *forma*.

4) Lei da pressuposição, em que a *forma* do *emissor* é *figura*, e o *sentido* do *emissor* é *fundo* (há um conteúdo do enunciado que é indiferente a variações que nele se operem): o pressuposto tem origem no emissor, com um conteúdo óbvio deduzido daquilo que é dito, sem necessidade de formulação explícita.

Falando particularmente de modalidades de língua, pode-se lembrar, por exemplo, que a língua escrita, especialmente a literária, é feita de múltiplas redundâncias formais do emissor, que buscam provocar intensos sentimentos no receptor e, por isso, ela representa um difícil equilíbrio de figuras que se enfrentam. Já na conversação diária, domina a *forma* emitida (vendo-se pela perspectiva do emissor), ou domina o *sentido* captado (vendo-se pela perspectiva do receptor).

Ora, se se vai à articulação das orações e se se adota uma perspectiva conversacional segundo a qual essas construções são expressões nascidas da fusão de dois turnos, percebe-se que outra questão ainda intervém: podem combinar-se turnos que se sucedem indefinidamente (a chamada *coordenação*) ou turnos que se fecham na combinação binária (a que aqui se chamará *interordenação*, ou *interdependência*). Naturalmente a organização desses enunciados compostos ainda há de refletir as tensões de *dominância* ou *recessividade* (caráter de *figura* ou caráter de *fundo*) de cada contraparte do signo (*forma* ou *sentido*), tensões ligadas, ainda, a cada contraparte do processo de interação (*emissor* e *receptor*). Cada tipo maior de combinação de orações, ou de frases, visto no seu protótipo, representará cada uma das leis perceptivas maiores aqui apontadas:

|  | **Coordenação** | **Interdependência** |
| --- | --- | --- |
| **Redundância** | aditivas | comparativas |
| **Subentendido** | alternativas | condicionais |
| **Preferência** | adversativas | concessivas |
| **Pressuposição** | causais | causais/finais |

Numa construção de turnos indefinidos (que é a chamada *coordenação*), supõe-se que a informação relevante deva aparecer no início, porque cada segmento que se acrescente vem como contribuição, ou participação, em seqüência (e, então, a ordem é fixa). Por isso, a coordenação é, em princípio, uma construção recursiva e irreversível. A recursividade é uma conseqüência possível do tipo aberto, mas pode entrar em contradição com a lei perceptiva; no caso das adversativas, por exemplo, a recursividade entra em contradição com a lei da preferência.

Por outro lado, numa construção binária (de interdependência) supõe-se que uma das duas seqüências depende de um falante que mantém intercâmbio com um ouvinte sobre um tema conhecido de ambos, e dado que eles se movem num ambiente semântico fechado, a ordem de aparição da informação é indiferente. Assim, a interdependência é, em princípio, uma construção não-recursiva e reversível. Exemplifique-se, apenas com duas das leis:

Redundância:

Coordenação     –     Aditivas: x, y... (e)...
Interdependência     –     Comparativas: tanto x como y; tanto y como x

Subentendido:

Coordenação     –     Alternativas: (ou) x (ou) y ...
Interdependência     –     Condicionais: se x, y; y, se x

Por aí chegamos ao cruzamento de todas essas determinações com as conveniências e/ou necessidades de cada situação de uso da língua. E, dentro desse quadro, vamos exemplificar com as construções *lato sensu* de causalidade, especialmente as concessivas.

Ao produzir uma construção de preferência (em que o sentido captado pelo receptor é figura e o sentido do emissor é fundo), o falante ou constrói uma adversativa (e, aí, põe ênfase no membro remático), ou constrói uma concessiva (e, aí, põe ênfase no membro temático).

(1) ***Embora*** *não tenhamos a lista, eu tenho quase certeza.* (EF-RE-337:16-17)
      TEMA                          rema

(1a) *Não temos a lista,* ***mas*** *eu tenho quase certeza.*
      tema                  REMA

O tema enfatizado (**tema**), entendido como *o que é conhecido*, pode pospor-se, sem que deixe de ser o *conhecido*:

(1b) *eu tenho quase certeza,* ***embora*** *não tenhamos a lista.*
      rema                  TEMA

O mesmo não ocorre, entretanto, com o rema enfatizado (**rema**), que não pode ser anteposto:

\* *Mas eu tenho quase certeza, não temos a lista.*
    REMA                    tema

Ora, muito freqüentemente, na produção da língua falada, como se vê no exemplo acima, fica favorecida uma concessiva posposta: no nosso córpus, há 71% de pospostas, além de 9% de intercaladas. Há, pois, apenas 20% de antepostas e, em geral, elas não são concessivas prototípicas, são de tipos fronteiriços, como as que vêm a seguir, que têm fronteira:

• com as de subentendido (condicionais):

(2) ***Mesmo que*** *seja só de nome a gente já ouviu falar nessa taxionomia.* (EF-POA-278:52-53)

• com as de redundância (comparativas):

(3) ***Por mais*** *intensivo* ***que*** *seja o uso do capital, a mão-de-obra ainda é a riqueza do Japão.* (EF-RJ-379:232-234)

A vivacidade da língua falada, na verdade, é muito bem servida por *afterthoughts*, ou adendos, como os que são representados por essa posposição do conhecido, isto é, do tema, especialmente do tema enfatizado (que encontra, assim, sua posição privilegiada).

(4) *gostaríamos demais de mais filhos ...* **embora** *eu fique quase biruta ...* (D2-SP-360:90-94)

(5) *eu só como queijos brancos ... evito comer os outros queijos ...* **embora** *eu goste muito ...* (DID-RJ-328:621-623)

(6) *eu diria que é mais sério do que isso ...* **embora** *... isso seja seriíssimo...* (EF-RE-337:418-420)

(7) *o rendimento dele também será menor,* **apesar de que** *existe um teto mínimo que é subvencionado pela Direção Central* (DID-POA-43:126-129)

(8) *carne nós comemos muito no sul ...* **se bem que** *a viagem que eu fiz ao sul foi há muitos anos ...* (DID-RJ-355:18-20)

(9) *eles fazem um molho com pimenta muito gostoso ...* **se bem que** *é muito ... que é muito forte ... né ...* (DID-RJ-328:217-220)

Essa maior conveniência, para o processamento da produção oral, de que o elemento enfatizado esteja posposto (como ocorre nas adversativas), pode ser comprovada em construções – freqüentes na língua falada – em que se revela o seguinte esquema:

(10) *eu gosto muito de chuchu*
    REMA

    **embora** *todo mundo ache chuchu uma coisa sem graça*
    TEMA

    **mas** *eu gosto* (DID-RJ-328:27-30)
    REMA

Nesse esquema, primeiro o falante apresenta a construção concessiva, que põe ênfase no membro temático (subestimando, pois, o rema) e, então, pospõe o tema; entretanto, para poder enfatizar outro rema (que é o novo), ele recompõe a construção noutro sentido: no sentido adversativo.

Lembremos, no entanto, que o que as gramáticas da língua nos apresentam são os exemplos com a concessiva anteposta, o clássico *embora chova, vou ao cinema*, construção praticamente inexistente na língua em uso, como pudemos comprovar.

Outra observação interessante diz respeito ao fato de que, na língua falada, a freqüência de concessivas é bastante baixa, em relação às demais relações aparentadas (causais propriamente ditas e condicionais). Da Norma Urbana Culta (Nurc), temos dados concretos: examinando um mesmo recorte do córpus, encontramos 195 causais propriamente ditas (105 do tipo tradicionalmente considerado subordinado), 71 condicionais e apenas dezoito concessivas. Na língua escrita, sabe-se que a ocorrência de concessivas é um pouco maior, mas muito menos significativa do que a das outras relações referidas. Por outro lado, numa língua basicamente de oralidade como o português xinguano, a construção concessiva é praticamente inexistente, mas as adversativas (com o novo, isto é, o rema enfatizado no final) são altamente freqüentes, como também pudemos observar na análise de uma amostra.

Examinando-se as construções causais propriamente ditas em português – ficando só nas construções com *porque* –, verifica-se que o esquema fundamental, quanto a distribuição e relevo da informação, é o mesmo das adversativas:

(11) *eu por exemplo tô acostumada a comer só verdura e carne*
 *eu tive muita dificuldade em me alimentar lá*
 TEMA
 ***porque*** *tudo é à base de peixe* (DID-RJ-328:127-130)
 REMA

Esse é um esquema altamente favorecedor da comunicação na língua falada,[2] especialmente porque o *porque* pode ser visto como uma resposta a uma pergunta (um pedido de informação), como se vê explicitado em:

(12) *se o homem faz a lei **por que** ele fica ele se torna escravo da lei? em parte **porque** ... quan:do ... nós ... nascemos somos socializa:dos ...* (EF-RE-337:96-98)

Por isso mesmo, praticamente todas as construções causais com *porque* têm a causal posposta. Em geral, é a topicalização que reverte essa ordem:

(13) ***não é só porque*** *eu preciso me vestir **que** eu vou fazer um vestido :: maravilhoso* (EF-SP-405:166-167)

---

[2] Lembre-se que *porque* predominantemente introduz causas novas (Lorian, 1966), fato comprovado por Paiva (1991).

Com as construções causais de atos de fala (as tradicionais *coordenadas explicativas*) a posposição é categórica.

Quanto às construções condicionais – em que se manifesta a lei do subentendido, isto é, predomina o sentido sobre a forma, por parte do receptor –, ocorre o condicionado como figura e o condicionante como fundo, como se ilustra em:

(14) *se ela for uma criança tímida,*
   tema

   *eu vou ter de botar num colégio menor* (DID-SSA-231:121-122)
   REMA

O que se pode dizer de mais conclusivo, ao final destas reflexões sobre a língua nossa de cada dia, é que a análise dos enunciados vistos nas suas múltiplas funções e implicações – se não nos esquecemos de que eles são simples peças, porções apenas dentro da interação – é como um pulo numa rede frouxa, que afunda quando recebe um corpo, e o obriga a procurar onde se agarre. Perigoso, mas fascinante, porque cada vez mais sentimos que se completa o aparato que demarca a rede e organiza seus pontos para que nos seguremos e nos orientemos – uma busca que já começou há muito tempo e começou bem; que teve, por exemplo, um Aristóteles a debruçar-se sobre a linguagem humana para dizer que ela não corresponde apenas à natureza de animal racional do homem, mas que responde à finalidade de *animal político* – no sentido grego – a que ele é destinado. Isso complica, mas explica.

# Construções encaixadas: considerações básicas[1]

## Introdução

Entre os temas mais gerais colocados no centro das investigações, nos estudos de base funcionalista, estão as relações entre discurso e gramática, com atenção para a liberdade organizacional do falante, malgrado a necessidade do processamento de estruturas regulares. Implicada nesse quadro está a gramaticalização, ou seja, a constante reorganização do sistema sob pressão do uso, embora dentro de estruturas previsíveis. Nesse contexto, alguns processos de organização dos enunciados foram privilegiadamente postos sob observação, entre eles, por exemplo, a construção das frases complexas. E é aí que tem de ficar evidente o outro lado do interesse funcionalista na análise dos enunciados, por vezes minimizado: o rigoroso cuidado de estabelecimento de propriedades formais e semânticas das orações, de uma maneira tipologicamente adequada, com a proposta de uma estrutura subjacente abstrata "na qual diversas camadas de organização formal e semântica podem ser distinguidas" (Dik, 1997, v.1, p.50).

---

[1] Este trabalho foi publicado no CD-ROM do *II Congresso Nacional da ABRALIN* [Simpósios/Processo de junção, p.1857-82] (ver Neves, 2000a).

Na questão da articulação das orações, a velha dicotomia rígida entre coordenação e subordinação foi posta em xeque em todas as investigações que buscavam avaliar enunciados reais da língua, vistos na integração dos diversos componentes envolvidos (sintático, semântico e pragmático). A célebre proposta de Halliday (1985) de cruzamento de um eixo tático (de interdependência) com um eixo semântico-funcional (de relação entre processos) evidenciou a necessidade de uma visão sistêmica, não-tópica, das diferentes possibilidades de relacionamento entre um elemento oracional primário e um secundário. Se, por exemplo, uma coordenação é, no eixo tático, uma *parataxe* (uma *continuação*), tanto quanto a aposição, entretanto no eixo lógico-semântico é possível distinguir, entre o caráter de *extensão*, que tem a coordenação, e o caráter de *elaboração*, que tem a aposição. Essas duas relações, por outro lado, se distinguem de uma articulação causal, ou de uma articulação condicional, por exemplo, em ambos os eixos: trata-se, agora, no eixo tático, de uma *hipotaxe* (uma *dominação*), e, no eixo semântico-funcional, de um caso de *realce*, ou *encarecimento* (nem *extensão*, nem *elaboração*).

Essa visão sistêmica, como já apontei (Neves, 1997a), fica muito distante das propostas que sugeriam corrigir visões parciais e laterais apenas mediante a postulação de adendos ou ressalvas *ad hoc* aportados, como ocorre, por exemplo, na indicação tradicional de determinadas orações como *coordenadas*, gramaticalmente, mas *subordinadas*, lógica ou psicologicamente (caso, por exemplo, de "Não vou à festa, não gosto de sair de casa").

Dentro do sistema tático e semântico de relacionamento entre orações, vou destacar as relações de encaixamento, aquelas em que uma oração matriz tem um de seus argumentos representado por outra oração (oração completiva). Nessa organização, o ponto de partida é a camada de estruturação em que a oração encaixada se situa, isto é, o tipo de entidade que o termo representa.

## A construção do enunciado em camadas

Numa visão da gramática funcional, a primeira noção que merece apontamento diz respeito à alocação dessas construções complexas em diferentes camadas de estruturação do enunciado (Dik, 1997; Hengeveld, 1989; Neves,

1997b). Orações completivas podem constituir predicações (estados de coisas) encaixadas, como em

(1) Até cego *vê* que a cidade está suja. (FSP)

ou proposições (fatos possíveis) encaixados, como em

(2) É só ler as entrevistas dos nossos heróis para *ver* que nada melhor para substituir um surfista do que outro surfista. (FSP)

Trata-se, aparentemente, de construções do mesmo tipo. Entretanto, o aparato funcionalista oferece instrumentos para explicitação dos fatos envolvidos nessas diferentes instâncias: na ocorrência (1), "a cidade estar suja" é um estado de coisas, que pode ser percebido pelos sentidos; na ocorrência (2), "nada melhor para substituir um surfista do que outro surfista" é um fato possível, que pode ser percebido pela mente (predicação e proposição, respectivamente).

## Arranjo sintático e propriedades semânticas na complementação oracional

As frases complexas com encaixamento de oração completiva têm constituído material de exame dos lingüistas, mas especialmente para verificação de propriedades semânticas envolvidas.

Kiparsky & Kiparsky (1970) fizeram interessantes estudos, partindo do valor de verdade das proposições encaixadas, e defendendo a relação entre o arranjo sintático e as propriedades semânticas dos verbos completáveis por orações, em ligação com motivações pragmáticas. Está na base a noção de que é a pressuposição que o falante tem da verdade do complemento que determina a forma sintática desse complemento. Diferentes tipos de verbos são destacados. Se a pressuposição de verdade do complemento vale para a frase como um todo, tem-se um verbo factivo, como em

(3) O compositor *lamenta* que esse tipo de música tenha entrado na sua casa. (FSP)

Numa frase com verbo desse tipo, a verdade do complemento é sempre pressuposta pelo falante (Erdmann, 1974), faça-se uma declaração afirmativa, como (3), ou uma declaração negativa, como (3a):

(3a) O compositor *não lamenta* que esse tipo de música tenha entrado na sua casa.

ou uma interrogação, como (3b)

(3b) (Será que) O compositor *lamenta* que esse tipo de música tenha entrado na sua casa?

Outros verbos com complemento oracional revelam pressuposição de verdade, por parte do falante, apenas se há uma declaração afirmativa, como em (4).

(4) No ano passado, Juca *conseguiu* que o passe de Robson fosse penhorado. (FSP),

mas não se há uma declaração negativa, como em (4a)

(4a) No ano passado, Juca não *conseguiu* que o passe de Robson fosse penhorado.

ou uma interrogação, como em (4b)

(4b) (Será que) No ano passado, Juca *conseguiu que* o passe de Robson fosse penhorado?

Em (4), fica implicado que o passe de Robson, de fato, foi penhorado, mas isso não ocorre nem em (4a) nem em (4b).

Esses são os verbos denominados *implicativos*, sendo a relação de implicação definida da seguinte maneira: $p$ implica $q$ se, a cada vez que $p$ é afirmado, o falante é obrigado a acreditar em $q$. Entende-se que as relações lógicas entre essa oração principal e a sua completiva são explicadas por postulados de significado e por regras de inferência: na relação de implicação (que, assim vista, pode-se chamar *semântica*), o verbo da oração principal representa uma condição necessária e suficiente que determina se o evento descrito no complemento ocorre ou não.

Outros verbos são classificados como não-factivos, não-implicativos, contrafactivos, implicativos simples etc., mas me deterei, aqui, nesses dois primeiros tipos, que são os tipos marcados.

Numa visão mais rigorosa, a factividade e a implicação concernem à relação entre um item lexical (um predicador) e as propriedades semânticas da frase como um todo, independentemente do seu conteúdo lexical e da sua estrutura sintática. A pressuposição da sentença é dada pelo seu valor de verdade, e, assim, predicados factivos e predicados implicativos se distinguem pela diferença do valor de verdade da oração completiva sob o teste da negação: o valor de verdade dos verbos factivos não é alterado pela negação, porque esses verbos pressupõem seu valor de verdade, enquanto o valor de verdade dos verbos implicativos é alterado pela negação, porque esses verbos não pressupõem seu valor de verdade.[2]

Interpretar a factividade e a implicação em termos de uma diferença na pressuposição das orações completivas permite verificar que o escopo da negação nos dois tipos de construção é diferente: na construção com predicados factivos, o escopo da negação fica restrito à oração principal, não afetando a completiva, enquanto na construção com predicador implicativo o escopo da negação é o conjunto das duas orações.

Essa diferença é, afinal, uma diferença ligada à atuação do operador de negação. Nesse ponto de vista, as frases complexas com predicador factivo na matriz comportam-se como duas unidades, enquanto as frases complexas com predicador implicativo na matriz se comportam como uma unidade apenas, o que é comprovado por testes, como se verá mais adiante. Em resumo, há maior integração sintática nas construções com verbos implicativos.

## Complementação oracional e integração gramatical

Nesse ponto, voltemos ao aparato da gramática funcional, que permite explicar o diferente comportamento desses mesmos verbos em termos de níveis de estruturação do enunciado, e, em última análise, em termos de níveis de integração gramatical.

Voltando às minhas indicações iniciais sobre as duas diferentes construções com o verbo *ver*, pode-se observar que, na gramática funcional, se propõe a representação de uma estrutura subjacente de frase que se constitui de níveis, ou camadas: predicador e termos (nível 1); predicação, que descreve o estado de coisas (nível 2); proposição, que descreve o fato possível (nível 3); ato de fala que é a frase enunciada, revestida da força ilocucionária (nível 4).

---

2 Outra maneira de recusa à consideração de que o significado de uma frase resulta simplesmente da combinação dos significados de seus itens lexicais e das configurações sintáticas em que eles aparecem é representada por Givón (1984), para quem os verbos factivos impõem a modalidade *fato* à sua oração completiva.

Sobre cada um desses níveis atuam operadores (meios gramaticais) e satélites (meios lexicais). Os operadores de modalidade inerente (verbos modais) são de nível 1, isto é, atuam sobre a predicação nuclear. Os operadores e satélites de tempo, de lugar e de negação são de nível 2, isto é, atuam na predicação central (predicação já estendida pelos operadores e satélites de nível 1). Os operadores e satélites de nível 3 são os que especificam a avaliação que o falante faz do fato possível, definido pela proposição, e seu compromisso com esse fato possível.[3] E, afinal, os operadores e satélites ilocucionários (declarativos, interrogativos, imperativos, exclamativos), que são de nível 4, atuam na proposição já estendida pelos operadores e satélites de nível 3.

O que se propõe, aqui, é a redução dos traços semânticos *factivo* e *implicativo* a uma diferença de ordem de atuação do operador, o que explica diversas peculiaridades ligadas aos verbos implicativos. Na presença de qualquer dos operadores, os verbos factivos sempre pressupõem o valor de verdade da completiva, o que não ocorre com os implicativos. Submetendo-se ambos os tipos de enunciados a testes com operadores e/ou satélites, verifica-se a diferença entre os dois tipos de construção.

1º) Com verbos modais (nível 1, modalidade inerente)
    Tomem-se as frases:

- com predicador factivo:

(5) Karin *sabe* que não me atraso mais. (CRE)

- com predicador implicativo:

(6) Juracy *aproveita para* passar a vista nas manchetes. (CHU)

Se ocorre um modalizador deôntico em cada uma delas, tem-se:

(5a) Karin *deveria saber* que não me atraso mais.
(6a) Juracy *deveria aproveitar para* passar a vista nas manchetes.

O que se verifica é que, em (5a), a modalidade não faz parte do complemento (só fica na oração matriz), isto é, (5a) implica o complemento não-modalizado (5b):

---

[3] A ligação entre a expressão da modalidade e a organização do enunciado em camadas é tratada em Neves, s.d. (no prelo).

(5b) Não me atraso mais.

mas não implica o complemento modalizado (5c):

(5c) Eu *deveria* não me atrasar mais.

Em (6a), a modalidade faz parte do complemento, isto é, (6a) não implica o complemento não-modalizado (6b):

(6b) Juracy passa a vista nas manchetes.

e implica o complemento modalizado (6c):

(6c) Juracy *deveria* passar a vista nas manchetes.

Isso significa que a modalidade inerente (de nível 1) atua em cada uma das duas orações (dos estados de coisas, ou seja, das predicações), no caso das construções com verbos implicativos, mas não no caso das construções com verbos factivos.

2º) Com operadores e satélites temporais e locativos (nível 2, tempo e lugar)

Tome-se a frase (7), de predicador factivo, com o tempo da proposição completiva independente do tempo da principal, e com marcador de tempo (adverbial) na completiva:

(7) Você já *sabe* que a mãe deles morreu *há dois meses*. (CP)

– você já *sabe* (presente)
– morreu *há dois meses* (passado)

No entanto, o mesmo não pode ocorrer numa construção com predicador implicativo. Assim a frase

(8) Então *se lembrará de* me perseguir e ainda pegar o jantar em casa. (EST)

não poderia ocorrer com um operador de tempo passado na oração completiva

(8a) * Então *se lembrará de* me perseguir e ainda pegar o jantar em casa *há dois meses*.

assim como não seriam gramaticais as frases

(6d) *Juracy *aproveita para* passar a vista nas manchetes *há dois meses*.
(6e) *Juracy *aproveitou para* passar a vista nas manchetes *amanhã*.

Verifica-se que os complementos oracionais dependentes de verbos implicativos têm de concordar em tempo com o predicado da oração principal. Como as orações completivas nem sempre têm operador de tempo (em especial, as infinitivas), a restrição pode evidenciar-se nos advérbios de tempo. Em (6d) e (6e), por exemplo, a agramaticalidade é evidenciada pelos advérbios de tempo *há dois meses* e *amanhã*, respectivamente.

Essa restrição não existe com os factivos, porque o escopo do tempo verbal e dos operadores de tempo é diferente: com os verbos factivos, a oração completiva tem tempo e operadores de tempo próprios, enquanto a construção com predicado implicativo tem apenas um tempo e um operador de tempo, indicado na oração principal.

O mesmo tipo de restrição para predicadores implicativos existe no caso da indicação de lugar. Tome-se a frase (9), de predicador factivo, com o lugar da proposição completiva independente do lugar da principal, e com marcador de lugar (advérbio) na completiva:

(9) *Sabe* que *lá* já tem gente colhendo milho? (ATR)

Verifica-se que, no entanto, o mesmo não pode ocorrer numa construção com predicador implicativo:

(6f) *Juracy, que está *aqui* me visitando, *aproveita para* passar a vista nas manchetes *lá*.

Observe-se, na outra direção, a ocorrência (10), de predicador implicativo, na qual a oração matriz tem uma indicação adverbial que é de tempo e é também de lugar:

(10) *Na visita ao Rio*, Francis *aproveitou* para rever os amigos. (CAA)

Não é possível que haja, na completiva, marcação de tempo conflitante, como em

(10a) **Na visita ao Rio*, Francis *aproveitou* para rever os amigos *na véspera da visita*.

nem marcação de lugar conflitante, como em

(10a) **Na visita ao Rio*, Francis *aproveitou* para rever os amigos *em Araraquara*.

3º) Com operadores de negação (nível 2)

Um fato a ser observado é a possibilidade de negação dupla, isto é, em ambas as orações, fato que corrobora a proposta que aqui se apresenta. Assim:

a) Com predicados factivos, as partículas negativas na oração principal e na completiva não são excludentes.

(11) Eu *não sabia* que *não* eras normal! (TRH)

b) Com predicados implicativos, a negação da oração completiva infinitiva é anulada pela negação da oração principal, como se vê em (12a):

(12) Eu, simplesmente, *não conseguia* ligar-me ao que se dizia ao redor. (ACM)

(12a) Eu, simplesmente, *não* conseguia *não* ligar-me ao que se dizia ao redor.

A frase (11) diz que o interlocutor *não* era normal (*não* com *não* ⇨ *não*), e a frase (12a) diz que o falante se ligava (*sim*) ao que se dizia ao redor (*não* com *não* ⇨ *sim*). Isso porque a oração completiva de um predicado factivo é autônoma, e as partículas negativas das duas orações não se anulam. Já a oração infinitiva completiva de predicado implicativo não é autônoma, e, conseqüentemente, está sujeita a restrição de negação não-dupla. Veja-se que as orações completivas infinitivas de predicado factivo se comportam do mesmo modo que as conjuncionais, isto é, as duas partículas negativas não se anulam mutuamente:

(13) Eu *lamentava* Norberto *não* aparecer para me tirar daquela situação. (AFA)

(13a) Eu *não lamentava* Norberto *não* aparecer para me tirar daquela situação.

## Integração gramatical e gramaticalização

O que se verifica, afinal, é que, vistos segundo sua organização em camadas do enunciado (seguindo-se a proposta funcionalista), esses dois grupos de verbos – factivos e implicativos – podem ser considerados, quanto ao grau de caracterização dentro da gramática, da maneira que se explicitará a seguir. Pode-se falar, então, em graus de gramaticalização, não num sentido diacrônico de alteração de estatuto, mas no sentido funcional de acionamento de possibilidades concomitantes, representativas de diferentes graus de coalescência semântica e/ou sintática de organização do enunciado (Neves & Braga, 1998). A avaliação do grau se refere, particularmente, à consideração da integração da oração hipotática à sua matriz, entendendo-se que quanto mais integradas as orações de um enunciado complexo tanto mais avançado o grau de gramaticalização (Hopper & Traugott, 1993). Essa integração pode ser medida, como se faz em Neves & Braga (1998), com base:

a) na realização do sujeito da hipotática por meio da anáfora pronominal ou por zero;

b) na determinação do tempo e do modo[4] da hipotática pelo tempo e pelo modo da nuclear.

Minha análise verificou que esses dois tipos de verbos factivos e implicativos – seja distinguidos segundo critérios lógico-semânticos (valor de verdade e/ou pressuposição), seja distinguidos segundo critérios funcionais (níveis de constituição do enunciado), se colocam, paralelamente, em dois diferentes grupos, segundo o grau de integração das orações que os compõem. Entretanto, a consideração dos graus de integração como graus de gramaticalização exige um grande cuidado na proposição de cadeias.

O que se verifica, neste caso, por exemplo, é que, em cada um dos dois subgrupos, deve postular-se, independentemente, um percurso gradual de gramaticalização que vai de um verbo pleno a um verbo que governa uma construção complexa, mas sob condições diferentes. Historicamente, temos esse percurso, em ambos os casos.

São exemplos:

1º) Verbos factivos

- *compreender*      (latim: *comprehendo*)
  verbo pleno:      conter em si, abranger, incluir
  verbo factivo:    perceber, entender, dar-se conta de

---

4  Observe-se, neste ponto, que o que se denomina como *modo* tem de ser estendido a toda a modalização de que o enunciado se reveste.

- *descobrir* (des + cobrir)
  verbo pleno: levantar ou tirar a cobertura de, achar o que estava escondido
  verbo factivo: desvelar, chegar a conhecer, surpreender
- *lamentar* (latim: *lamentor*)
  verbo pleno: expressar lamentos, chorar
  verbo factivo: considerar lamentável
- *perceber* (latim: *percipio*)
  verbo pleno: distinguir, conhecer
  verbo factivo: entender, compreender, dar-se conta de
- *saber* (latim: *sapio*)
  verbo pleno: ter a ciência de
  verbo factivo: estar informado de; ter conhecimento de

2º) Verbos implicativos

- *aproveitar* (a + proveito)
  verbo pleno: tirar proveito de; tornar proveitoso, útil; empregar, fazer servir
  verbo implicativo: usar em seu proveito, valer-se de, servir-se de (com *que* / com *inf.* / com *para* + *inf.*)
- *conseguir* (latim: *consequor*) [idéia de seqüência]
  verbo pleno: obter, entrar na posse de
  verbo implicativo: obter como conseqüência
- *incomodar(-se)* (latim: *incommodo*)
  verbo pleno: causar incômodo a; importunar, molestar
  verbo implicativo: dar-se ao incômodo de
- *preocupar(-se)* (latim: *praeoccupo*)
  verbo pleno: fazer que o espírito fique absorto num objeto
  verbo implicativo: absorver-se em; ocupar-se com grande interesse

Afinal, em ambos os grupos, o verbo de complementação oracional (seja factivo, seja implicativo) é resultado de um processo que conferiu maior peso gramatical e menor densidade semântica a verbos plenos, seja já no latim, seja no português. Entretanto, nesse percurso e nessa acomodação, em cada uma das cadeias – independentes – chegou-se a resultados diferentes (como mostraram os testes aplicados), não especificamente porque uma cadeia tenha avançado mais e outra menos,[5] mas porque cada uma das cadeias se localiza em diferentes camadas do enunciado, por força da natureza do predicado da matriz, e, por isso, o resultado de uma se mostra mais "gramaticalizado" do que o resultado de outra. A última evidência diz respeito ao fato de que as orações complementos de verbos implicativos são, via de regra, do tipo infinitivo (o que não ocorre, em geral, com as completivas dos verbos factivos) e, como se sabe, o infinitivo, em princípio (embora não categoricamente, em português), não exibe operadores de tempo e manifestação de sujeito nas flexões.

## Considerações finais

Neste trabalho insisto na proposta funcionalista de que o funcionamento da língua reflete o resultado de equilíbrio de pressões de ordens diversas. Enveredo pelo exame do diferente grau de integração de diferentes tipos de construções com orações encaixadas na sua oração matriz. Esse exame recorre, de um lado, a categorias estabelecidas por investigações de natureza semântica, e, de outro, às propostas funcionalistas básicas de construção do enunciado em camadas. Os resultados alertam para uma necessidade de aprofundamento na decisão da aplicação de critérios para investigação do que se vem chamando *gramaticalização*.

---

[5] Diferentemente do que se propõe para o caso aqui em questão, o tipo de percurso em apenas uma linha foi sugerido por Neves & Braga (1998) para construções com orações temporais e condicionais.

# Discurso e gramática no funcionalismo[1]

## A base teórica

A concepção que está na base destas reflexões é a de que, numa gramática funcional, tudo se explica em referência a como a língua é usada, isto é, a como se obtém a comunicação com essa língua (Neves, 1997b, p.2). O que se entende, a partir daí, é que os componentes fundamentais do significado na linguagem são os componentes funcionais.

Há, na formulação de Halliday (1985), dois propósitos mais gerais que fundamentam todos os usos da linguagem:

- entender o ambiente (ideacional, ou reflexivo);
- influir sobre os outros (interpessoal, ou ativo).

Há um terceiro componente, metafuncional – o componente textual – que confere relevância aos outros dois. O princípio é, pois, o da multifuncionalidade, que implica a noção de que existe uma configuração orgânica de elementos, cada um com suas funções particulares em relação ao todo.

---

[1] Este estudo foi publicado em *Estudos Lingüísticos XXVIII* (Anais de Seminários do GEL). Ver Neves, 1999c, p.30-40.

Este é o esquema:

Desse modo, cada elemento, numa língua, é explicado por referência à sua função no sistema lingüístico total. Em tal sentido, uma gramática funcional é aquela que constrói todas as unidades de uma língua como configuração orgânica de funções.

## A figura do usuário

O usuário tem face dupla já no modelo (Dik, 1989). Não se prevê que haja, simplesmente, uma seqüência:

**codificação ➡ transmissão ➡ decodificação**.

Concebe-se, pelo contrário, a expressão lingüística como fonte e como resultado da tensão entre:

**antecipação da interpretação** (falante);
       e
**reconstrução da intenção** (ouvinte).

A expressão lingüística é, pois:

| FORMA (do falante): | FORMULAÇÃO DA INTENÇÃO DO FALANTE; |

ao mesmo tempo que:

| CONSTRUTO (do destinatário): | RECONSTRUÇÃO DA INTENÇÃO DO FALANTE. |

A partir dessa assunção, fica assentado que a expressão lingüística (governada pelas regras semânticas, sintáticas, morfológicas e fonológicas) é vista no seu uso efetivo (dentro de padrões de interação verbal governados pelas regras pragmáticas).

## O percurso: discurso → gramática

Há uma tensão entre **discurso** e **gramática**. Na história da gramática, pares como tópico e sujeito, por exemplo, ou se têm separado para, afinal, aproximar-se, ou se têm, mesmo, confundido, o que se comprova na definição tradicional de sujeito como a pessoa ou coisa de que se fala. Uma relação diacrônica entre as duas categorias vem sendo apontada: "os sujeitos são, essencialmente, tópicos gramaticalizados" (Li & Thompson, 1976).

Implicaturas conversacionais são vistas como convencionalizáveis. Observe-se que já Grice (1975) afirma que, nos estágios iniciais da gramaticalização, as implicaturas conversacionais se semantizam, isto é, passam a compor valores polissêmicos de uma forma, e passam, portanto, a integrar o significado de uma categoria.

O nome desse percurso é *gramaticalização*, e seu princípio é o de que velhos meios se usam para novas funções (Werner & Kaplan, 1963):

- uma forma que não é da gramática entra na gramática, torna-se "gramatical";
- ou uma forma se torna "mais gramatical" do que já era.

*Mais gramatical* significa "mais abstrata", e, portanto, o que está considerado é a existência de uma reanálise.

## A formação das categorias

Necessariamente uma visão de gramática emergente (Hopper, 1987), como essa, implica a consideração de categorias de limites fluidos. Várias implicações têm de ser lembradas:

1 No estabelecimento mutável de categorias, une-se, à metáfora (que, em si, é livre de determinações pragmáticas), um componente fortemente dependente do contexto, tanto lingüístico como extralingüístico: é a metonímia,

que pode ser vista como uma manipulação pragmático-discursiva pela qual os conceitos são sujeitos a fatores contextuais na interpretação (Sperber & Wilson, 1986). Em outras palavras: à metáfora – que é analógica e icônica, e é uma transferência semântica operada mediante similaridade e percepções sensoriais – soma-se a metonímia – que é associativa e indexada contextualmente, e é uma transferência semântica operada mediante contigüidade. Desse modo, a gramaticalização não é uma transição entre unidades discretas que se substituem sucessivamente, mas consiste de uma extensão gradual do uso de uma entidade original para um conceito de chegada, com um estágio intermediário no qual ambos os conceitos coexistem.

2 Dentro de cada categoria, há o membro que ostenta o maior número de propriedades características, e é segundo a semelhança com essa configuração que os demais membros devem ser classificados. Entra aí a noção de protótipo. A configuração prototípica, por sua vez, tem limites vagos, vaguidade que permite que membros não-prototípicos se aproximem, por determinações vindas do contexto, ou do propósito, ou da perspectiva (Givón, 1984).

3 Pode-se defender algum paralelismo entre a relação das partes na estrutura lingüística e a relação das partes na estrutura da experiência, isto é, na estrutura daquilo que é significado: a extensão ou a complexidade dos elementos de uma representação lingüística refletiria a extensão ou a complexidade da natureza conceptual. Obviamente, não é fácil pensar-se em uma estrutura conceptual estabelecida e disponível para confronto, mas a verdade é que a língua oferece a faceta mais explícita e mais facilmente observável do comportamento cognitivo (Croft, 1990):

- uma iconicidade de quantidade (um texto maior deve conter mais informação que um texto menor);
- uma iconicidade de distância (a distância lingüística entre as expressões corresponde à distância conceptual entre elas); por exemplo, na morfologia, a distância no interior da palavra corresponde iconicamente ao grau em que a semântica do afixo afeta o significado da palavra;
- uma iconicidade de independência (a separação lingüística de uma expressão corresponde à independência conceptual do objeto ou do evento que a expressão representa); por exemplo, nomes que se incorporam morfologicamente a outras palavras perdem independência conceptual, comparativamente a nomes que não sofrem essa incorporação;

- uma iconicidade de ordenação (o grau de importância atribuído aos conteúdos de um texto pelo falante, numa determinada situação de interação, determina a ordenação das formas, seja no nível oracional, seja no nível de organização do texto); por exemplo, uma oração condicionante precede, geralmente, a condicionada;
- uma iconicidade de complexidade (maior complexidade estrutural corresponde a maior complexidade conceptual); por exemplo, a forma superlativa é mais complexa que a normal;
- uma iconicidade de categorização (categorias estruturais superiores se correlacionam com categorias conceptuais superiores); por exemplo, sujeitos tendem a correlacionar-se com agentes, objetos com pacientes etc.

A noção da possibilidade de um paralelismo de base icônica na estruturação dos enunciados implica a possibilidade de conflito entre diversas "motivações", que não podem manifestar-se concomitantemente.

Assim, por exemplo, a informação nova (que tem mais importância na mente do falante) por um princípio deveria vir antes, no encadeamento do enunciado, mas por outro princípio deveria vir depois. Ainda quanto à colocação: por um determinado princípio dois constituintes podem tender a ser colocados juntos, e, por outro princípio, podem tender a ser separados.

## A competição de motivações

A consideração de incompatibilidades desse tipo, aliada à consideração de coexistência de diferentes formas para os mesmos fins, bem como de formas iguais para fins diferentes, implica a consideração de uma competição de forças (Du Bois, 1985) que, vindas de diferentes direções e possuindo natureza diferente, buscam equilibrar a forma da gramática. Na verdade, a competição de forças externas se cruza com as restrições (forças internas), e cada língua tem sua maneira particular de estabelecer o equilíbrio, organizando as suas categorias (uma organização estável mas não imutável, porque, afinal, dinâmica).

## Uma amostra: a articulação de orações

Na maior parte das línguas, há um contínuo de desenvolvimento de *mais* para *menos* paratático, na articulação de orações.

Todas as línguas têm expedientes para articular suas orações, suas predicações, suas proposições, suas frases, formando frases complexas. Tradicionalmente se faz simplesmente uma dicotomia entre *coordenação* e *subordinação*, e se classificam as subordinadas em substantivas, adjetivas e adverbiais. Entretanto, uma análise dos enunciados efetivos não resiste a essa simplificação. A extensão vai da simples justaposição de orações relativamente independentes (especialmente das conversações), como em

(1) *no ... no nosso curso ... você :: – você está lembrado*
*você sabe disso –*
*normalmente o grupo era cinco ... elementos ...*
*participavam dois do trabalho ...*
*dois fariam o trabalho ...*
*três entregavam o nome*
*e tudo e ficava nisso entende? ...*
*então:: ... enganávamos a ... nós mesmo entende? ...*
*teríamos nota certo?* (D2 – SP-62: 440-445)

até frases extremamente complexas, típicas de contextos de língua escrita como:

(2) *Se o conceito de pornografia é variável de acordo com o contexto em que se insere,*
*e*
*se é impossível articular todas as variantes desse conceito numa única definição,*
*torna-se ainda mais difícil e perigoso*
*tentar demarcar rigidamente os territórios do erotismo e da pornografia.*
(ER)

Uma frase complexa tem necessariamente um ou mais núcleos e uma ou mais margens (orações dependentes), variando o grau de dependência. Por exemplo, uma oração pode ser:

- termo (complemento ou argumento);
- satélite de nome;
- satélite de predicação/proposição;
- satélite de frase.

Ora:

- um termo é mais dependente que um satélite;
- um satélite de nome é mais dependente que um satélite de predicação/proposição;
- um satélite de predicação/proposição é mais dependente que um satélite de frase.

A relevância mútua entre núcleo e não-núcleo é diferente em cada caso, e diferente é a relevância mútua entre diferentes núcleos.

Frases autônomas justapostas, como

(3) – *Você não conhece Angela! Não conhece. Não pode conhecer! Só eu.* (A)
[que têm o esquema **A. B. C. D.**]

são mutuamente relevantes, mas com contornos entonacionais independentes, e com zero de hierarquização, ou dominação.

Orações independentes (paratáticas), como

(4) *Ele chegou, brincou, um pouco, depois ficou sério e começou a perguntar.* (BAL)
[que têm o esquema **A** ⇔ **B** ⇔ **C** ⇔ **D.**]

são mutuamente relevantes, são ligadas por um mesmo contorno entonacional, mas, ainda, com o mínimo de hierarquização (ou seja, de encaixamento).

Já o conjunto de uma oração núcleo e uma oração tradicionalmente denominada *adverbial*, como em

(5) *Não deve ter havido nada porque seria a primeira pessoa a tomar conhecimento disto.* (AMI)
[que tem o esquema **A** ⇐ **B.**]

apresenta alguma hierarquia – há hipotaxe –, entretanto, não assentada em bases rigidamente gramaticais, mas, sim, em bases preferentemente retóricas (Mathiessen & Thompson, 1988): um núcleo oracional se expande em outra oração que lhe confere saliência, que lhe dá "realce" (Halliday, 1985).

Por outro lado, o conjunto de uma oração núcleo e uma oração argumental, como em

(6) *Você sabe de que se trata.* (A)
[que tem o esquema **A**
⇩
**B**
apresenta relevância altamente hierarquizada.

Ainda no intermédio entre (4) (orações independentes, com zero de hierarquização) e (5) (orações articuladas com hierarquização de base retórica), mas já diferentes do tipo de "realce", porque com características de uma "expansão" (Halliday, 1985), podem colocar-se seqüências como:

(7) *Flagelos usualmente têm um movimento ondulante, enquanto que os cílios um movimento pendular.* (BEB)
[que têm o esquema **A** ⇔ ⇐ **B.**].

E, ainda, com características de (3) (frases independentes, com zero de hierarquização), e de (5) (orações articuladas com hierarquização de base retórica), podem-se apontar seqüências como:

(8) *Não vai dar nem tempo de chamarem o Pronto Socorro. Enquanto que você, seu veado, vai viver até os cem.* (AVL)
[que têm o esquema **A.** ⇐ **B.**].

Podem-se levar mais longe os cruzamentos e as graduações dentro das escalas contínuas. Conjuntos como (4) e como (5) facilmente podem apresentar-se com força ilocucionária independente.

A seqüência (4a) corresponderia, então, a uma seqüência do tipo de (3):

(4a) *Ele chegou. Brincou, um pouco. Depois ficou sério. E começou a perguntar.*
que tem, como (3), o esquema **A. B. C. D.**

E a seqüência (5a), com forças ilocucionárias independentes, corresponderia a uma seqüência do tipo de (8):

(5a) *Não deve ter havido nada. Porque seria a primeira pessoa a tomar conhecimento disto.*
que tem, como (8), o esquema **A.** ⇐ **B**, um esquema resultante da soma dos esquemas de (3) e de (5).

Por outro lado, num conjunto como (6) (hierarquizado e encaixado), nunca poderia haver uma força ilocucionária para a subordinada independente daquela da oração matriz. Esse conjunto constitui o ponto que se situa na extrema direita do contínuo de combinação de orações (Lehman, 1988). Trata-se de um constituinte que tem função sintática em um constituinte matriz (é argumento dele). Exatamente por isso, uma frase como:

(9) *Não surpreende **que esta feira ocorra em nosso país**.* (EM),
com sujeito da primeira oração expresso por uma oração conjuncional, tem como correspondente uma frase como:

(9a) *Não surpreende **ocorrer** esta feira em nosso país.*
com sujeito da primeira oração expresso por uma oração infinitiva; ou também uma frase como:

(9b) *Não surpreende a **ocorrência** desta feira em nosso país.*
com sujeito expresso por uma nominalização; ou, ainda, uma frase como:

(10c) *Não surpreende esta **feira** em nosso país.*
com sujeito expresso por um nome comum.

Em todo esse conjunto de frases acima examinado está refletida a já célebre tripartição (Hopper & Traugott, 1993, p.170), no contínuo:

**parataxe > hipotaxe > subordinação,**

com a seguinte conjunção de traços:

| parataxe | > | hipotaxe | > | subordinação |
|---|---|---|---|---|
| -dependência | | +dependência | | +dependência |
| -encaixamento | | -encaixamento | | +encaixamento |

Essa organização – que integra os componentes sintático e semântico, além das relações retóricas – cruza duas tradições, obtendo, de dois pares de cruzamento, uma escala tripartida.

Na tradição mais antiga (parataxe *x* hipotaxe):

- parataxe incluía justaposição; e
- hipotaxe incluía dependência.

Numa outra tradição, já mais recente – a da própria Nomenclatura Gramatical Brasileira (coordenação *x* subordinação) –, as definições se fazem em termos de estrutura de constituintes:

- subordinação implica integração;
- coordenação implica não-integração.

À primeira vista, estaria havendo simplesmente a substituição de uma escala bipartida por uma escala tripartida. O princípio que está na base, entretanto, é outro, já que a escala não é resolvida em termos discretos.

Assim, não apenas na linha da dependência (independência – interdependência – dependência), mas também na linha da integração gramatical (coordenação – co-subordinação – subordinação), supõe-se um contínuo, que permite investigações como a que está em Lehmann (1988):

a) a forma de cada oração, como amostra dos graus de redução do caráter sentencial:
   – oração desenvolvida (conjuncional com verbo finito) >
   – orações reduzidas (com verbo não-finito – redução da finitude) >
   – nominalização (dessentencialização);

b) o partilhamento de categorias, como evidência de entrelaçamento, ou coparticipação:
   – partilhamento de sujeito, de tempos ou modos verbais >
   – redução a uma única estrutura de superfície.

Esta última indicação se liga à noção de representação icônica dos enunciados, pela qual se espera que conexões mais íntimas estruturalmente (reduções estruturais) correspondam a conexões semântico-pragmáticas mais íntimas:

(10) *Ricardo bem compreendeu **que** o convite não o atingia.* (ALE)
   [conectivo explícito/expediente independente de marcação de ligação oracional: menor integração semântico-pragmática];

(11) *Puig **fingiu acreditar** na imperícia do meu vaticínio.* (PAO)
   [nenhuma marca explícita de ligação: maior integração semântico-pragmática].

## Considerações finais

Em toda essa complexidade a que se liga a atividade de estruturação dos enunciados pelos falantes, ressalta o fato de que existe uma margem muito ampla de liberdade organizacional, suscetível a múltiplas pressões ligadas à necessidade e ao desejo de sucesso na interação, o que se contrabalança com as restrições internas ao sistema. O que aqui se expôs representa, afinal, uma consideração da língua como não absolutamente independente de forças externas. Exatamente por constituir uma estrutura cognitiva, a gramática é sensível às pressões do uso. Ou seja, a gramática é flexível, porque é ajustável, a partir de centros categoriais, ou núcleos nocionais. E o conflito que aparentemente se levanta, não resiste, na verdade, à idéia de que a gramática, afinal, se molda por acomodação, sob pressões de ordem comunicativa, isto é, sob pressões discursivas.

# Aspectos da gramaticalização em português[1]

O desenvolvimento dos estudos funcionalistas nos últimos anos refletiu-se muito particularmente na colocação em foco de questões como a gradualidade na fixação de categorias e a sensibilidade da gramática às pressões da informatividade e à força ditada pelas atitudes do falante. Nesse contexto, ressalta a atenção às complexas relações entre léxico e gramática, que envolvem alterações graduais de propriedades e que se podem verificar no funcionamento dos itens da língua em todos os níveis do enunciado. Vários processos de organização dos enunciados têm sido privilegiadamente postos sob observação, entre eles, por exemplo, o processo de junção, especialmente quanto à categorização (e recategorização) dos elementos usados como juntivos.

O que se faz, nas propostas funcionalistas (Halliday, 1985; Dik, 1989, 1997; Neves, 1997b), é falar de gramática falando de funcionamento e de funções, é configurar a gramática olhando para além da expressão lingüística, a qual é tida, então, como o produto a que chega o falante, dentro do contrato

---

[1] Este estudo foi publicado em Neves, 1999b.

que ele tem com seu destinatário. Registra-se, com isso, que as estruturas que se ponham em exame, numa análise funcionalista, constituirão, em princípio, amostras de cadeias que apenas medeiam, não estabelecem, a interação, cadeias representativas de um determinado momento de equilíbrio instável da língua.

O tratamento funcionalista coloca sob exame, na verdade, o próprio equilíbrio instável que configura a língua, e o faz exatamente pela consideração das gramáticas como sistemas adaptáveis (Du Bois, 1985). De um lado, há um sistema parcialmente autônomo no qual se abrigam categorias num determinado momento materializadas, entretanto disponíveis para uma reutilização, de direção não fixada. De outro, pressões do sistema e pressões de ordem comunicativa, em contínua competição, comandam uma constante acomodação da gramática, governando o aspecto gramatical mais fundamental, que é o processo de gramaticalização.

Não se trata, simplesmente, de admitir pressões externas, como: interesses do falante, a governar suas atitudes; necessidades informativas, a distribuir diferentes pesos por diferentes porções de enunciado; necessidades retóricas, a conferir relevo a determinadas instâncias, no processo de interação etc. Trata-se, sim, de conferir a essas pressões um papel correlato ao que têm as determinações do sistema tal qual se encontra ele sustentado naquele momento.

Um processo acomodativo assim configurado envolve os seguintes pressupostos (Heine & Reh, 1984; Lehmann, 1991; Givón, 1991; Heine et al., 1991a; Hopper, 1991; Lichtenberk, 1991; Hopper & Traugott, 1993):

a) caráter não-discreto das categorias;
b) fluidez semântica, com valorização do papel do contexto;
c) unidirecionalidade e gradualidade das mudanças;
d) coexistência de etapas, com conseqüente polissemia;
e) regularização, idiomatização e convencionalização contínuas.

Todas essas características reunidas vão configurar, na verdade, o que se tem chamado *gramaticalização*. Numa visão bem ampla, a gramaticalização é um processo pancrônico que consiste na acomodação de uma rede que tem áreas relativamente rígidas e áreas menos rígidas. Às peças "exemplares" (Nichols & Timberlake, 1991, p.130), isto é, de propriedades características, vêm acrescentar-se novas peças convencionalizadas como "exemplares" (gramaticalizadas), assentando terreno para mais inovações. A cada momento histórico definem-se as propriedades dos enunciados – de seus elementos como de sua organização – e em todas as camadas. Trata-se, funcionalmente, do acionamento de possibilidades existentes em um mesmo estágio de convívio de paradigmas, possibilidades representativas de diferentes graus de coalescência, tanto na sintaxe como na semântica dos enunciados.

Há áreas privilegiadas para se verificar a existência de acomodações em processo, com grande ilustração das características básicas, que são: a fluidez no estabelecimento das categorias; a fluidez semântica, sob determinação contextual; a fluidez do grau de regularização, idiomatização e convencionalização; e, afinal, a polissemia resultante.

Em todas essas áreas, facilmente se comprovam os princípios básicos que vêm sendo apontados para a gramaticalização (Hopper, 1991, p.17-35): a) a estratificação: formas diferentes coexistem com função similar; b) a divergência: formas gramaticalizadas se separam, e a forma original permanece, com significado semelhante ao originário; c) a especialização: dentro de um domínio, um item se torna obrigatório, pela diminuição das possibilidades de escolha; d) a persistência: na forma gramaticalizada permanecem vestígios do significado lexical original; e) a descategorização: itens gramaticalizados tendem a neutralizar os marcadores morfológicos e as características sintáticas próprias das categorias plenas (substantivos, verbos).

Como ilustração, serão lembradas algumas dessas áreas:

1 A área das formas de tratamento, as quais se alternam com substantivos, que, vistos na diacronia, são os próprios elementos de que elas se originaram. Aqui se trazem alguns exemplos.

a) ***dona***

Como substantivo, tem significado originário ligado ao latim **domina**, indicando, pois, referência respeitosa: *Era uma **dona** linda, a pele muito branca, os cabelos fartos de um negrume que se confundia com a escuridão do corredor, e os olhos verdes.*[2]

---

2 As ocorrências pertencem a textos contemporâneos da língua escrita do Brasil, armazenados no banco de dados (70 milhões de ocorrências) do Centro de Estudos Lexicográficos da UNESP, Campus de Araraquara. Os textos abrangem cinco tipos de literatura: romanesca, jornalística, técnica, oratória e dramática.

Entretanto, sem que essa acepção tenha desaparecido, o emprego mais freqüente, no registro popular do português contemporâneo do Brasil, corresponde a um sentido de valor exatamente oposto, depreciativo, algo como "uma mulher qualquer": *Mas eu te vi, num táxi, com uma **dona**.*

Como forma de tratamento, *dona* se antepõe a nome próprio, para referência respeitosa: *Aproximamo-nos ainda mais do leito, eu e **Dona** Leonor.*

Em contextos restritos, a forma de tratamento *dona* chega a amalgamar-se com determinados nomes próprios, e, a partir daí, com a reanálise, restabelece-se contexto para anteposição de nova forma de tratamento: *O que a senhora acha, **Dona Donana**? / Ao depois vieram os negócios de Capitão Benedito com João Brandão, a respeito do tal peixe de ouro de **Sá Donana**. / **Sá dona Donana** criava os piás pensando em transformá-los em futuros serviçais.*

b) *senhor, senhora*

Como substantivo, tem significado originário ligado ao latim *seniore* ("mais velho"): *Aliás, quem a recebeu, na porta de entrada, foi um tipo estranho, um **senhor** da idade de seu pai. / Mas como sairá na companhia de uma **senhora** de cabelos brancos não há o que recear.*

Seu emprego oscila entre essa acepção e aquela marcada pela noção de respeito, culturalmente ligada ao tratamento com pessoas idosas: *Dessa vez desceu um **senhor** engravatado, coisa difícil por ali, com ares de gerente de banco. / Uma **senhora** da sociedade, esposa do fazendeiro Pimentel Brandão, homem rico e respeitável, aproximou-se de Pantaleão.*

É essa noção de respeito que leva ao emprego de *senhor* e *senhora* como formas de tratamento: *A **senhora** Hendricks, contudo, crê que a proposta de Maihofer não encontrará apoio suficiente. / Sou diletante; **o senhor** é um profissional ...*

Observa-se que uma propriedade da categoria *substantivo* – a determinação pelo uso do artigo definido – persiste na própria forma de tratamento, ilustrando-se, aí, uma das características da gramaticalização, que é a manutenção de propriedades de uma categoria na nova categoria que se estabelece (Hopper, 1991). O artigo desaparece, evidentemente, no emprego como vocativo: *Sim, **senhor**, já vou.*

Nessa função, e também no caso de posição proclítica a nome próprio, pode manifestar-se outra característica apontada para o processo de gramaticalização, que é a perda de massa fônica (Heine & Reh, 1984; Haiman, 1991; Lehmann, 1991): *Não adianta nem pensar, siô.* / *Chi, **siô** Frederico, eu preciso me ajeitar primeiro.* / ***Sô** Anastácio, o senhor não vê que está na Ouvidoria, em lugar oficial?* / *Vira as costas pra lá, **Siá** Ana.*

Uma direção verificada para a gramaticalização de um termo não anula outras possíveis direções. Assim é que, em outra linha de desenvolvimento, o substantivo *senhor, senhora*, com base na noção básica de importância, de relevância, assume o valor de quantificador, em construções como: *Uma **senhora** barriga.*

c) **excelência**, **majestade** (etc.)

Como substantivos, designam qualidades ou propriedades, especialmente ligadas a pessoas: *A residência, um luxo esmerado que lhes marcava a **excelência**.* / *Não havia outro que se lhe pudesse comparar em **majestade** e imponência.*

A partir da atribuição dessas qualidades a pessoas, por reverência, cria-se o contexto para a formação de pronomes de tratamento cerimoniosos com os quais o falante não apenas faz referência à terceira pessoa, mas também se dirige à segunda pessoa, seu interlocutor: *Venho aqui a chamado de **Sua Excelência** o Governador, declaro mais que ignoro a razão do chamado.* / *O Alto Comando pediu-me que reiterasse a **vossa excelência** o propósito firme do Exército de resguardar e defender as instituições* / ***Excelência**, não sou da embaixada mas da Enciclopédia Britânica.* / *Cumprindo as ordens recebidas de **Sua Majestade**, o Rei, a carta foi encaminhada ao Ministério de Assuntos Exteriores.* / *Um condenado à forca pediu ao rei da Índia: "Se **vossa majestade** me der mais dois anos de vida, eu ensino seu cavalo a voar".*

Observa-se, no entanto, que, em português, a recategorização de (*vossa*) *excelência* e de (*vossa*) *majestade* como pronome de segunda pessoa não atinge a concordância, como ocorre, por exemplo, no romeno. Nessa língua, o processo vai mais longe: além de o pronome se apresentar como uma só palavra, ele tem formas particulares para a segunda pessoa do singular (**dumneata**, com genitivo e dativo **dumneatale** ou **dumitale**) e para a segunda pessoa do plural (**dumneavoastra**), levando o verbo para essas formas (Neves, 1981, p.71): ***Dumneata** ai spus.* (segunda pessoa do singular: *falaste*); ***Dumneavoastra** ati spus.* (segunda pessoa do plural: *falastes*).

2 A área dos nomes genéricos, cujas formas flutuam, sem limites precisos, entre a interpretação como nome (com maior ou menor "descategorização", conforme o contexto de ocorrência) e a interpretação como pronome substantivo indefinido. São itens como *coisa, negócio*, e semelhantes: *Brinca não, Pedro... **Coisa** de louco. / Mas ninguém ia copiar os modelos da Angélica, as fantasias dela não eram grande **coisa**. / Que **negócio** é esse de "presente"? / Mas como foi mesmo o **negócio**?*.

3 A área dos verbos de movimento, cujas formas atuam, paralelamente, como verbos plenos e como auxiliares de tempo e de aspecto, com grande papel do contexto:

a) **ir**: *Vou para lá conhecer o grupo interessado. / Olha, eu **vou buscar** o pudim que eu encomendei em Moema. / **Vou terminando** por aqui.*

b) **vir**: *Depois, **veio** até mim. / Os dois programas apresentam ainda uma baixa demanda, mas ela **vem** crescendo. / Como esta coluna **vem** escrevendo há alguns anos, o futuro da indústria do entretenimento, em escala global, chama-se esporte.*

4 A área de flutuação de sintagmas preposicionados (adnominais ou adverbiais), que, especialmente num registro distenso, se reanalisam como quantificadores ou como intensificadores: *Passada a zonzura, percebeu que fazia um calor **de matar**. / Tivemos uma sorte **dos diabos**. / Também o bicho era feio mesmo; feio **de doer**. / Achava o Beto um sujeito lindo **de morrer**. / Ficamos fofocando a noite inteira, e ela ria **pra burro** das nossas abobrinhas. / Não brinca comigo, Bocão, é tarde **pra cacete**.*

5 A área de flutuação de nomes concretos que, em contextos específicos, operam quantificação:

a) em frases afirmativas, na indicação de grande ou de pequena quantidade: *E eis de novo (...) aquele **mundo de rostos** a olhá-lo com prazer. / E conferencistas ganham **rios de dinheiro** com a indústria da especulação. / Um amor por assim dizer à distância, através de **montanhas de respeito humano**. / Bastava-lhe agora **um pingo de coragem** para acabar de uma vez com aquela situação absurda.*

b) em frases negativas, na indicação de nulidade: *Estava Ritinha sem **um pingo** de pintura. / Mas eu não me incomodava **um pingo** com o Bergman. / Não há **uma gota** de crédito adicional na economia.*

6 A área de flutuação de nomes abstratos que se reanalisam como advérbios intensificadores: *Eu curtia **horrores** os dois minutos que durava o café da manhã. / Também foi um tratamento difícil **barbaridade**.*

7 A área de flutuação de determinados nomes que, em frases negativas, funcionam como pronomes substantivos indefinidos: *Durante todo o tempo que conversamos, não disse **bolacha**. / Eles não entendem **patavina** de cascalho. / Mas o índio não entendeu **bulhufas**.*

Entretanto, um terreno particular parece muito amplamente vinculado à atuação de formas em constante acomodação, com clara exposição de peças exemplares, bastante convencionalizadas, caracterizadas por propriedades bem rígidas, ao lado de peças de características fluidas, de uso sintagmaticamente não-unívoco. Trata-se do campo dos conectivos, e vou ilustrar com dois subcampos, o das preposições e o das conjunções.

## Preposições

A gramática tradicional abriga uma rubrica para preposições que não são tão "essenciais", como aquelas que se enunciam até em ladainha (*a, até, após, com contra, de* etc.): as preposições "acidentais". Esse adjetivo diz muito e não diz nada. Diz do caráter não-exemplar, não-prototípico desses elementos; diz do papel do contexto; diz da não-completa convencionalização; e diz, afinal, do caráter não-discreto da categoria. Não diz, porém, da absoluta naturalidade, da normalidade, e, mais, da essencialidade do processo que essa subclasse (assim apanhada em um determinado momento de equilíbrio da língua) representa: a gramaticalização.

São preposições "acidentais", ou melhor, formas gramaticalizadas como preposições as que se relacionam a seguir:

a) *durante, mediante, consoante, não obstante, tirante*, que são formas de verbos em particípio presente ( *-nte*): *E aqui vivi eu **durante muitos anos**. / Obteve a dispensa **mediante** uma radiografia em que apareciam três desvios na coluna. / Os ideais políticos variam **consoante** as idéias do homem sobre o destino humano. / **Não obstante** sua morte prematura, pôde exercer cargos públicos e prestar reais serviços a seu país. / **Tirante** as estátuas, só padre é que é feliz.*

A falta de concordância deixa muito evidente o comportamento de preposição desses elementos:

b) *visto, salvo, exceto*, que são formas de verbos em particípio passado: *Tal fato não impede seu uso, **visto** ser a droga, no momento presente, o único agente de comprovada eficácia no tratamento de micoses profundas. / Os enterros, **salvo** raras exceções, jamais passavam pela Avenida Paulista. / O consenso era que todos nós, **exceto** Beatrice, éramos introvertidos.*
c) *inclusive, exclusive, fora, afora, menos*, que são formas de advérbios: *Foi perguntar à dona Arautina, vizinha da frente, que conhecia todos os moradores do bairro, **inclusive** os novatos. / É para esses países (**exclusive** o México) que se destinam 29% das exportações brasileiras. / **Fora** eles, há cinco anos ninguém mais explodiu bombas. / Mas a teoria de Bruno, **afora** isso, deixa o nosso bispo muito sem graça. / Previra muita coisa, **menos** aquela fraqueza de Sílvio.*
d) *conforme*, que é forma de adjetivo: *Eram frisos (...) que iam e vinham, numa farândola, **conforme** os movimentos da pianista.*
e) *como*, que é forma de conjunção: *Eu a considero **como** uma irmã.*

Também se liga, na origem, a conjunção (seguida de negação) à forma *senão* ("exceto"): *Falava-lhe de cobras grandes, de jacarés, de arraias e parques, porém eu nada temia, **senão** o tempo e o tédio.*

Esses elementos, com exclusão de *exceto* e dos originários de particípio presente de verbos, apresentam-se não apenas como preposição, mas ainda como elemento da sua classe gramatical de origem.

Muitos desses elementos se gramaticalizaram, ainda, como conjunções, construindo-se, então, com forma verbal finita.

A expressão *não obstante* gramaticalizou-se como conjunção concessiva (= *embora*), com verbo no subjuntivo: *Psaronius alcançou vários metros de altura, **não obstante** possuísse tronco relativamente delgado.*

Além disso, um contexto em que a oração concessiva inteira fique elíptica, sendo seu conteúdo recuperado em outra parte do texto ou no conhecimento compartilhado, cria um ponto de ocorrência típico de advérbio para a expressão *não obstante*. Esse, aliás, é o emprego mais freqüente da expressão: *Parece, **não obstante**, que havia qualquer coisa de "químico" na Alquimia.*

Os elementos *conforme* e *consoante*, por sua vez, se gramaticalizam como conjunções conformativas, construindo-se, então, com forma verbal no indicativo ou no subjuntivo: *Lorenzo contou (...) o conteúdo da carta em que Lanebbia manifestava seu interesse na reativação da villa, para sediar atividades culturais ou de pesquisa histórica,* **conforme** *as características arquitetônicas permitissem.* / *Até comigo,* **consoante** *já disse, que não estive lá, esse povo trovador resolveu fazer cocoada em verso.*

O elemento *conforme* também é conjunção proporcional, iniciando oração com verbo no modo indicativo: **Conforme** *boleava um animal e ele caía, o campeiro chegava-se e passava-lhe o ligar em cima do garrão.*

## Conjunções

Há uma série de conjunções, tanto coordenativas como subordinativas, que podem ser consideradas prototípicas da sua subclasse. São exemplos *e, ou, que* e *se*, que, do ponto de vista diacrônico, são correspondentes a formas já existentes no latim na mesma subclasse, e que, do ponto de vista do comportamento sintático-semântico, exibem relação biunívoca entre forma e função.

Outras formas que se abrigam em manuais de gramática sob o rótulo de *conjunções coordenativas*, entretanto, não têm comportamento que lhes permite abrigo nessa classe.

Já apontei (Neves, 1998a) que não é difícil entender que elementos adverbiais usados para coesão seqüencial do texto passem a conjunções de coordenação. Mithun (1988) aponta uma falta de distinção clara entre advérbios e conjunções, a ponto de, em alguns casos, os estudiosos terem declaradamente desistido de estabelecer essa distinção. De fato, estudos referentes a línguas diversas mostram que muitos desses elementos estão em fase de transição, uns mais próximos, outros mais distantes da plena gramaticalização como conjunções, e, também, que muitas conjunções coordenativas são novas nas línguas, resultando de gramaticalização tardia. Também mostrei como elementos do tipo de *todavia, contudo, entretanto, no entanto, portanto, por conseguinte*, que aparecem freqüentemente classificados como conjunções, não resistem aos testes que lhes dariam esse estatuto. Citei, por exemplo, a possibilidade de coocorrência desses elementos com as conjunções coordenativas *e* e *mas*: *Aqui o ódio continuava mais intenso ainda e, todavia, foram obrigados a conviver na mesma senzala.* / *Sim, ele lhe falara no quanto era bela a morte* **e contudo** *continuava vivo.* / *Aí está Minas: a mineiridade.* **Mas, entretanto,** *cuidado.* / *Dá-se ênfase à intenção plástica (...), mas, no entanto, imaginam-se programas nem sempre compatíveis com a realidade social.* / *O fim dos cheques ao portador obrigou o produtor a identificar a origem do dinheiro* **e, portanto,** *pagar imposto.*

A mesma possibilidade de coocorrência não se comprova (nem com antecedência nem com subseqüência) para as conjunções *e* e *ou*, e nem mesmo para *mas*, que, na verdade, como se verá mais adiante, não exibe todas as propriedades das conjunções plenas (\* *e ou*, \**e mas*, \**ou e*, \**ou mas*, \**mas e*, \**mas ou*). Não se verifica, também, para esses elementos, a possibilidade de ocorrência em posição não-inicial de oração, possível para os elementos ainda em via de gramaticalização como conjunções coordenativas (\**entretanto e*, \**contudo e*, \**todavia ou*, \**no entanto ou*, \**contudo mas*, \**no entanto mas*).

O caráter gradual da gramaticalização fica sempre evidente em qualquer observação que se faça do uso dos itens envolvidos no processo. Assim, verificar que o elemento *porém* coocorre com *mas* representa marcar para ele um estágio situado fora da classe das conjunções: *Sem chuva fenece.* **Mas porém** *resiste.*

Por outro lado, verificar que esse elemento não coocorre com *e* nem com *ou* (\**e porém*, \**ou porém*) representa colocá-lo no mesmo grupo desses elementos, isto é, como conjunção coordenativa.

Outra comprovação da existência de gradação na atribuição de estatuto aos diversos elementos que se gramaticalizam pode ser obtida com a observação do comportamento do elemento *mas*. Ele se comporta como *e* e *ou* para esses testes, mas não tem aplicação irrestrita nos contextos previstos para a coordenação estabelecida por esses dois elementos, que podemos chamar *prototípicos* (Rosch, 1973; Taylor, 1989). Com efeito, *mas* ocorre no início de frases, orações e sintagmas, mas não introduzindo qualquer tipo de palavra (\**um* **mas** *dois*, \**terceiro* **mas** *segundo*, \**por* **mas** *para*). Pode-se dizer que, ligado, na origem, ao advérbio comparativo latino **magis**, o elemento *mas*, que já no latim vulgar adquiriu sentido adversativo, se vota especialmente para marcar, argumentativamente, relações de desigualdade entre predicados (Neves, 1984b), não atingindo como juntivo a mesma tipicidade que têm *e* e *ou*. Verifique-se, por exemplo, que é comum o emprego de *mas* em contexto semelhante ao do uso de *e* ou de *ou*, embora a própria necessidade de pausa antes do *mas*, na maior parte dos contextos, já reflita uma marca particular de seu estatuto: *É bem composta,* **mas** *convencional.*

Além disso, outros empregos bastante correntes e característicos de *mas* revelam estatuto bem distante daquele que é típico da conjunção coordenativa: *– Se cortar a transmissão, ninguém vai sair daqui! / –* **Mas** *...* **Mas** *deputado. // – Não. A gleba no Guarujá é uma só, e olhe lá! / –* **Mas,** *Augusto, como você está bem disposto!*

Quanto às conjunções subordinativas, diversos elementos se situam em diversos graus de gramaticalização como conjunções, a partir de classes como substantivo (*de modo que, de maneira que, à medida que* etc.), particípio passado de verbo (*visto que, dado que*), particípio presente (*consoante*), adjetivo (*conforme*).

Nessa área da tradicionalmente chamada *subordinação*, especialmente no caso da hipotaxe adverbial, há inúmeros fatos que ilustram a existência de uma acomodação contínua da gramática. Nesse caso, representante direta de conjunção latina é a condicional *se*, sendo bem tardio, por exemplo, o elemento *embora* (Hermodsson, 1994). Com origem no sintagma adverbial *em boa hora*, usado em contextos específicos ligados a bom augúrio, esse sintagma se fundiu na palavra *embora*, e passou por outros usos adverbiais – não necessariamente em subseqüência e com exclusão mútua – especialmente junto a verbos de movimento, até que desenvolveu sentido concessivo e entrou em contexto de juntivo.

Já apontei (Neves, 1998a) que, nesse percurso, tanto para o *embora* quanto para o *mas*, se verifica a manifestação das três tendências semântico-pragmáticas apontadas por Traugott & König (1991) para a gramaticalização, todas ligadas à base metafórica desse processo:

a) da situação externa para a situação interna (avaliativa/perceptual/cognitiva)

- *embora:* "bom augúrio" ⇨ "preferência" ⇨ "concessão da possibilidade de um fato";
- *mas:* "comparação de quantidades" ⇨ "diferença", "oposição";

b) da situação externa ou interna para a situação textual (coesiva)

- *embora:* "concessão": advérbio ⇨ conjunção/subordinador;
- *mas:* "diferença": advérbio ⇨ conjunção/coordenador;

c) em direção a uma atitude subjetiva do falante diante da situação
- *embora:* "concessão" + advérbio ⇨ "refutação de objeção";
- *mas:* "diferença" + advérbio ⇨ "contraposição de argumentação".

Assim como propus para o estudo da classe das conjunções coordenativas, também no estudo do grupo das conjunções de hipotaxe adverbial se pode testar o estatuto mais, ou menos, típico dos diferentes elementos. A diferença sugerida pela própria origem e natureza formal de cada um dos elementos da subclasse confirma-se no exame do comportamento nos enunciados. Assim, enquanto *se* e *porque* sempre iniciam a oração, *embora* pode pospor-se a outros elementos, inclusive ao verbo: *Sejam **embora** as espécies tropicais sensíveis (...) isso pouca diferença faz em vista das pequenas variações.*

Semelhantemente, enquanto *se* e *porque* sempre se constroem com verbo em forma finita e iniciam a oração, *embora* pode ocorrer em oração de gerúndio, e anteposto ou posposto ao verbo: *Todos, **embora** gritando, examinam-me dos pés à cabeça em minha esplêndida nudez. / A estratégia de desenvolvimento adotada, respeitando **embora** a prioridade essencial que se deve dar ao crescimento do produto real, preocupa-se, sobremaneira, com a universalização dos benefícios que se forem alcançando.*

Outra evidência do estatuto particular do elemento *embora* está no fato de que ele pode ser intensificado por advérbio, o que não ocorre com as conjunções subordinativas **se** e **porque**: *Muito **embora** o Carlos Alberto ainda seja o redator, o Superbronco é um personagem de outra galáxia.*

Em relação aos demais elementos de sentido concessivo, como *conquanto*, *ainda que*, *se bem que*, todos eles também tardios, verifica-se grande fluidez no estabelecimento do seu estatuto de juntivo. Como *embora*, eles se constroem com verbo no gerúndio, o que os distancia da conjunção *se*: ***Conquanto** usufruindo os benefícios da riqueza, aquele varão tinha uma boa consciência que o atormentava. / **Ainda que** apoiando o pacote em linhas gerais, o ex-ministro recomenda que o excesso de demanda seja esfriado.*

Mas também *porque* se constrói com gerúndio, o que lhe retira o estatuto de conjunção prototípica: *A paz não pode estar baseada numa falsa retórica de palavras, bem recebidas **porque** correspondendo a profundas e genuínas aspirações do homem.*

Diferentemente de *embora*, por outro lado, os demais elementos de sentido concessivo, tanto quanto a conjunção prototípica *se*, não podem ser intensificados por advérbio (*\*muito conquanto, \*muito ainda que, \*muito se bem que, \*muito se, \*muito porque*), o que ilustra mais uma vez a heterogeneidade funcional das "classes".

Finalmente, um elemento que bem ilustra o processo que aqui se analisa é *feito*, originariamente particípio passado do verbo *fazer*, e muito em uso no Brasil – embora restrito ao português coloquial – como juntivo em comparações modais de igualdade ("do mesmo modo que"): *Eu também estava de joelhos sobre as tais pedrinhas, pedindo que ela fizesse feito eu. / Eu também já fui moça feito ela.*

Ninguém ousa dizer que *feito* seja verbo e seja conjunção comparativa ao mesmo tempo, mas os falantes satisfazem uma necessidade comunicativa com o emprego desse item de base verbal para comparar elementos postos como iguais fazendo indicação modal, provavelmente porque *como*, a conjunção de mais ampla aplicação na subclasse, à força de funcionar para indicação dos tipos diversos de comparação de igualdade, carece da especificidade necessária em certos contextos.

E é assim que, com lenta e contínua mudança no conjunto de membros das diversas categorias, a gramática se acomoda, rearranjando-se no sistema os elementos que se vão deslocando gradativamente, para resposta às necessidades da língua em função.

O estudo da gramaticalização é, desse modo, um meio não apenas de se reconstruir a história de uma língua, ou de um determinado grupo de línguas, mas, ainda, de oferecer um parâmetro explanatório para a compreensão da gramática sincrônica (Heine et al., 1991b), vendo-se a mudança lingüística, como um ajustamento entre estágios sincrônicos isolados (Hopper & Traugott, 1993).

Afinal, a grande importância da consideração do processo de gramaticalização para o estudo lingüístico reside na colocação em foco de uma característica básica dos sistemas lingüísticos, que é a sua existência e vitalidade exclusivamente em função da sua necessidade para uso dos falantes, daí por que a sua sensibilidade às pressões do funcionamento lingüístico, que se temperam com as pressões vindas do próprio amarramento interno do sistema. Nesse constante acerto de equilíbrio é que a gramática

– uma estrutura cognitiva ajustável, a partir de núcleos nocionais – vive a acomodação que lhe garante a satisfação das necessidades comunicativas dos usuários.

# A delimitação das unidades lexicais: o caso das construções com verbo-suporte[1]

A questão da delimitação das unidades lexicais se insere em pelo menos duas vertentes de investigação lingüística: a colocabilidade, ou possibilidade de colocação dos itens, no enunciado, e a gramaticalização. A primeira vertente teve desenvolvimento especialmente com os contextualistas britânicos, com fonte em Firth, e com seqüência em Halliday,[2] enquanto a segunda foi particularmente revisitada, sem redução à investigação diacrônica, pelos funcionalistas americanos, como Heine, Hopper e Traugott, entre outros.[3]

As duas vertentes se imbricam, já que, para a análise da colocabilidade, uma primeira investigação pertinente é a relação entre o nível gramatical e o nível lexical na coligação de itens: quando duas (ou mais) palavras lexicais ocorrem sistematicamente no mesmo contexto, a ponto de a escolha de uma funcionar como gatilho para a escolha de outra, uma delas seguramente se despe mais que a outra de seu estatuto lexical, isto é, caminha mais que a outra em direção a um estatuto gramatical. E, a partir daí, emerge a questão central, que é o grau em que um conjunto de unidades pode ser redefinido como uma única unidade lexical.

---

[1] Este trabalho foi publicado na revista *Palavra* (ver Neves, 1999a).
[2] Cite-se, particularmente, Halliday (1966).
[3] Citem-se Heine et al. (1991b), Traugott & Heine (1991), Hopper & Traugott (1993).

Parto, nesta indicação, da análise das construções que considerei como de verbo-suporte (Neves, 1996b), na qual proponho, para as construções de verbo+objeto, um *continuum* diversificado internamente pelo grau de integração existente entre os dois elementos, *continuum* que ocupa espaço entre dois grupos extremos de construções.

Num extremo, há expressões cristalizadas ou fossilizadas, em cuja coligação não existe nenhuma liberdade, e que constituem, pois, verdadeiras "fórmulas" (Jespersen, 1924, p.19) de significado unitário,[4] em que nem mesmo parece ser possível postular um SN em posição de objeto, como é o caso de:

(1) *Acho que vou **dar um pulo** até a casa do tio Baltazar.* (SRB)[5]
(2) *O Capitão Aparício **tem cabeça** para tudo.* (CA)
(3) *Dona Caropita **deu as costas**, foi-se embora às pressas.* (ANA)
(4) *Valéria **tomou partido** da tia.* (MA)

Essas "expressões verbais", com extrema soldadura, funcionam em conjunto na atribuição de papéis temáticos (formam em conjunto um predicado), e se apresentam como um bloco cristalizado em que existe um significado global unitário.

Num outro extremo, certas combinações, que reúnem verbos plenos e nomes complementos, são absolutamente livres, e até pouco previsíveis:

(5) *E pudesse, com um dia apenas, **consolidar a estrada** em chão firme.* (PU)
(6) *A oposição tentará **findar propostas**.* (VEJ)
(7) *Isso **pacifica corpo e alma**.* (CH)
(8) *Uma melodia **sublinha a fala de Joana**.* (FA)

Nessas construções, os dois elementos exercem papéis independentes na estrutura argumental (predicado e argumento, respectivamente), e guardam, um e outro, total individualidade semântica.

Uma seqüência de graus medeia entre os dois extremos, e nesse espaço intermédio situam-se os verbos-suporte, comumente enquadrados entre os

---

4 Só considero, aqui, para possibilidade de contraponto, as expressões fixas com a mesma organização sintática das construções que proponho como de verbo-suporte: as que têm verbo + SN objeto. São inúmeras, entretanto, as expressões fixas com outras estruturas: *ter em mente, dar à luz, dar de cara, ser de amargar, tomar na cabeça* etc.
5 As ocorrências são retiradas do Banco de Dados do Centro de Lexicografia da Faculdade de Ciências e Letras da UNESP, Campus de Araraquara.

*verbos gerais*, verbos com certo grau de esvaziamento do sentido lexical (revestidos da característica semântica de superordenados), mas que conservam uma acepção cuja contribuição para o significado total da coligação pode ser explicitada:[6]

(9) *E então o falante **deu um riso** e soltou a injúria suprema.* (BP)
(10) *Aí então resolvi **dar uma investida** de leve.* (GTT)
(11) *Tenório **dá uma olhada** no jornal.* (I)
(12) *O povo começou a **ter confiança** em que o voto era sua arma.* (OL)

Essas construções se situam ora mais próximas de um, ora mais próximas de outro extremo, conforme o grau de "gramaticalização" a que tenham chegado, ou a que tenha chegado o verbo que as integra. Compõem-se elas de: (i) um verbo com determinada natureza semântica básica, que funciona como instrumento morfológico e sintático na construção do predicado; (ii) um sintagma nominal que entra em composição com o verbo para configurar o sentido do todo, bem como para determinar os papéis temáticos da predicação.

Considerada essa proposta, ficaria fora de questão a verificação do estatuto de conjuntos como os de (9) a (12), acima, quanto à unicidade lexical. Entretanto, para convalidação da proposta, essa verificação é necessária.

O gerativista Radford (1988, p.89-104) propõe uma série de testes para resposta à questão: "Como se determina a estrutura de constituintes de uma dada sentença em uma dada língua?". Considera que a intuição do analista é uma primeira aproximação válida, mas que mesmo a intuição refinada do lingüista pode falhar, e são necessários instrumentos mais confiáveis de decisão. E os instrumentos mais seguros devem ser exatamente aqueles envolvidos nas operações em que se determina "se uma determinada seqüência de palavras é um constituinte de um determinado tipo" (p.89), como as seguintes: a distribuição, a anteposição, a posposição, a coordenação, a intercalação de

---

6 Segundo Allerton (1984, p.32) os "verbos gerais" constituem uma classe especial de verbos (verbos como *fazer, dar, ter, pôr, tomar*) que, embora não puramente gramaticais, no sentido de lexicamente "vazios", entretanto não são (tal como os verbos auxiliares) lexicamente "plenos", sendo, portanto, lexicais, mas quase vazios. A construção mais comum é a que combina um verbo transitivo "geral" com uma nominalização – que é o caso que aqui se considera como de verbo-suporte – mas há outras, como a combinação de um verbo intransitivo "geral" com preposição e nome deverbal, que Allerton exemplifica com *go for a walk*. Diferentemente dos verbos lexicais, que formam um inventário aberto, os "verbos gerais" (subconjunto dos verbos lexicais) constituem um conjunto fechado. Observe-se, por outro lado, que, quando um verbo tem minimizado o seu conteúdo semântico, o que por último empalidece é o valor semântico básico que define o tipo de predicação: ação, processo, estado.

advérbios, a elipse. Em relação a elas é que se testa se as construções se comportam como constituintes, ou não. Desse modo, os testes propostos por Radford (1988), com os quais, mais adiante, se trabalhará, podem operar no sentido de distinguir as construções de verbo-suporte das construções fixas, cristalizadas, colocadas, aqui, num dos extremos do *continuum*.

Na outra face, estaria a necessidade do cotejo com as construções que estão no outro extremo, as que apresentam um verbo pleno e seu objeto direto, combinatórias caracterizadas por grande liberdade e diversidade. A fronteira entre as construções com verbo-suporte e essas combinatórias mais livres é a que considero que está em foco na proposição de critérios como os de Gross & Vivès (1986, p.14-5), que analiso em Neves (1996b, p.203-7). São três esses critérios sintáticos, cujas bases podem ser assim resumidas:

## Critério 1

É impossível juntar-se um complemento do tipo **de**+nome humano/possessivo ao SN que é objeto do verbo-suporte. Assim, para (9) a (12) anteriores, se marcariam como agramaticais as construções:

(9a) *O falante deu um riso **do falante / seu**.
(10a) *Resolvi dar uma investida **minha**.
(11a) *Tenório dá uma olhada **de Tenório / sua** no jornal.
(12a) *O povo começou a ter confiança **do povo / dele / sua** em que o voto era sua arma.

Na contraparte, o critério 1 não se aplicaria à série de construções de (13) a (17), que são de verbos plenos + objeto direto, escolhidas para o teste exatamente porque, diferentemente das construções da série de (5) a (8), representam contextos preferenciais, o que poderia fazer supor alguma convencionalidade da construção:

(13) **Encabeça o movimento**, a Inglaterra. (HE)
(14) O Sr. João Goulart acredita que **diluirá as responsabilidades**. (ESP)
(15) Queriam **sacar dinheiro** no caixa eletrônico, mas não conseguiram. (FSP)
(16) Pessoas de olhos claros precisam **redobrar os cuidados** com o horário. (FSP)
(17) Podem, inclusive, **ratear as despesas** médicas. (FSP)

(18) *A última vez que Kattan **licenciou seu carro**, ano 85, foi em 1988.* (FSP)
(19) *Pedia-lhe o favor de um gesto meramente formal: **endossar-lhe uma letra**.* (VN)
(20) *Sem a resposta da origem do documento, o Detran não podia **expedir sua habilitação**.* (FSP)

Assim, seriam aceitáveis seqüências como:[7]

(13a) *Encabeça o movimento **da Inglaterra** a própria Inglaterra.*
(14a) *O Sr. Goulart acredita que diluirá as responsabilidades **dele/suas**.*
(15a) *Queriam sacar dinheiro **dele/seu** no caixa eletrônico, mas não conseguiram.*
(16a) *Pessoas de olhos claros precisam redobrar os cuidados **delas/seus** com o horário.*
(17a) *Podem, inclusive, ratear as despesas médicas **deles/suas**.*

Quanto às três últimas ocorrências da série, (18) a (20), elas já contêm o complemento possessivo (*seu*, *lhe* e *sua*, respectivamente), o que confirma o resultado do teste.

## Critério 2

É possível uma dupla análise do complemento de verbo-suporte que apresenta a estrutura SN + preposição + SN, o que se evidencia pela dupla possibilidade de extração, ou clivagem. Estão nesse caso (11) e (12), para cujos complementos *uma olhada no jornal* e *confiança em que o voto era sua arma*, respectivamente, uma dupla análise se mostra possível, pela dupla possibilidade de extração:

(11b) *É **uma olhada no jornal** QUE Tenório dá.*
(11c) *É **uma olhada** QUE Tenório dá **no jornal**.*
(12b) *Foi **confiança em que o voto era sua arma** QUE o povo começou a ter.*
(12c) *Foi **confiança** QUE o povo começou a ter **em que o voto era sua arma**.*

Quanto à ocorrência (10), basta que se explicite um complemento para *investida* para que o critério se aplique:

---

7 Eventuais incompatibilidades semânticas ou obviedades resultantes da complexidade das seqüências não estão em questão, para o efeito pretendido com a aplicação dos testes.

(10b) *Foi uma investida contra os especuladores QUE resolvi dar.*
(10c) *Foi uma investida QUE resolvi dar contra os especuladores.*

À ocorrência (9), por outro lado, o critério não se aplica, porque, simplesmente, o nome *riso* não abre casa para complemento.

Na contraparte, o critério 2 não se aplicaria às construções de (13) a (20), de verbos plenos. Em primeiro lugar, os complementos desses verbos não necessariamente são nominalizações, e, portanto, não necessariamente têm uma estrutura argumental. Em segundo, mesmo que os verbos tenham um complemento objeto representado por nome valencial, como ocorre, por exemplo, em (16), não há dupla possibilidade de clivagem. Assim, pode-se considerar válida a extração registrada em (16a):

(16a) **São cuidados com o horário que** *pessoas de olhos claros precisam* **redobrar**.

mas não a extração registrada em (16b):

(16b) *\*São cuidados que pessoas de olhos claros precisam **redobrar com o horário**.*

Esse critério avalia, na verdade, se o complemento do nome construído com o verbo-suporte também é complemento de todo o conjunto formado pelo verbo-suporte e seu complemento. Assim, verifica-se que, em (11), que é uma construção de verbo-suporte, *no jornal* é complemento locativo tanto do nome *olhada* como do conjunto *dar uma olhada*, enquanto, em (16), que é uma construção de verbo pleno, o sintagma *com o horário* é complemento do nome *cuidados*, mas não é complemento do conjunto *redobrar cuidados*.

# Critério 3

A oração com verbo-suporte reproduz um sintagma nominal por apagamento do verbo-suporte e colocação de seu complemento na forma **de+SN**. Assim, temos que, para (9) a (12), pode propor-se equivalência com (9d) a (12d), respectivamente:

(9d) *riso **do falante**.*
(10d) **minha** *investida.*

(11d) *olhada **de Tenório** no jornal.*
(12d) *confiança **do povo.***

O significado particular desse critério é a explicitação do fato de que, como apontei em Neves (1996b, p.205), as construções com verbo-suporte são a fonte das nominalizações, isto é, dos grupos nominais complexos que podem, em outras construções, empregar-se com quaisquer verbos.[8]

Ao final desse exercício de verificação dos critérios que, em feixe, distinguem as construções de verbo-suporte dos empregos verbais mais comuns e mais livres, verifica-se, na verdade, que, por eles, ficam configuradas as construções prototípicas de verbo-suporte,[9] aquelas que: a) têm como complemento um nome não-referencial; b) têm coincidência de estrutura argumental entre nome objeto e conjunto de verbo-suporte + nome objeto; c) correspondem, com apagamento do verbo-suporte, a uma nominalização com estrutura argumental preenchida.

O arranjo obtido nas construções com verbo-suporte não se distingue do das outras coligações usuais com verbo + substantivo objeto existentes na língua, em um ponto fundamental: a existência de uma hierarquia entre os termos, ou seja, a categorização de cada um dos dois termos como elemento determinante (base) ou termo determinado (colocado).[10] Essa organização hierárquica responde pelo fato de que o falante da língua, no seu desempenho ativo, se fixa em uma das palavras (e não na outra) para se aplicar à busca de uma das palavras (e não da outra). Assim, parece razoável afirmar que, em combinatórias de verbos com sintagmas nominais complementos, o movimento de construção parte cognitivamente do substantivo núcleo do complemento (mais acessível) para o verbo (menos acessível), isto é, o falante, em seu desempenho, busca um verbo para combinar com um deter-

---

8 Na elaboração do *Dicionário de usos do português* (DUP) (Editora Ática, no prelo) – que é coordenado por Francisco da Silva Borba, e no qual fui responsável por um dos cinco módulos de verbetes – pretendia-se registrar, em todas as entradas constituídas por nominalizações, o verbo-suporte a elas associado, o que organizava um mapa muito interessante do conjunto das construções com esses nomes. Entretanto, por razões editoriais de natureza comercial, esses registros tiveram de ser omitidos.
9 Lembre-se a observação de Langacker (1990, p.63), a propósito da classe dos substantivos, de que não se espera que uma descrição baseada no protótipo se aplique, sem modificação, igualmente aos membros centrais e aos membros periféricos da categoria. Uma caracterização diretamente aplicável a todos os membros de uma categoria seria extremamente esquemática.
10 Hausmann (1988) trabalhou a questão da colocabilidade especialmente em sua relação com a organização de dicionários, isto é, focalizando a questão das necessidades do usuário na sua escolha de verbetes para consulta.

minado substantivo, que lhe ocorre em primeiro lugar.[11] É o caso de combinatórias com verbos plenos como as que se encontram nas ocorrências (13) a (20), mas também das combinatórias com verbos-suporte, como as que estão em (9) a (12).

A segunda grande etapa do confronto se fará à luz da importante noção de unidade lexical, já que, para o grupo de construções em cotejo com o das construções de verbo-suporte, que é o grupo constituído pelas "expressões", ou combinatórias fixas, postula-se estatuto de unicidade. Ambos os tipos se situam no domínio da convencionalidade, isto é, das estruturas recorrentes que o falante escolhe com reduzida liberdade quanto ao modo de composição.[12]

Tentarei, aqui, adaptar e aplicar os testes propostos por Radford (1988, p.89-105) para determinação da estrutura de constituintes de uma construção, acreditando que eles conseguirão auxiliar na caracterização da natureza *sui generis* das construções com verbo-suporte. Os testes incidirão, inicialmente, sobre o elemento na posição de objeto do verbo, procurando verificar seu estatuto de constituinte (ou não), e em seguida – quando possível – ao conjunto de verbo+objeto, para verificação da mesma ordem.

## Teste 1

O elemento tem a mesma distribuição que (isto é, pode ser substituído por) um elemento de determinado tipo? Se assim é, ele é um sintagma de tipo relevante.

Assim, em (9) a (12), que são as construções propostas como de verbo-suporte, temos as possíveis frases:

(9e)  *E então o falante deu **um riso [um sorriso]** e soltou a injúria suprema.*
(10e) *Aí então resolvi dar **uma investida [uma pesquisada]** de leve.*
(11e) *Tenório dá **uma olhada [uma espiada]** no jornal.*
(12e) *O povo começou a **ter confiança [crença]** em que o voto era sua arma.*

---

11 Essa é a razão pela qual dicionários de combinatórias optam, em geral, pela entrada pelo substantivo, nas combinatórias com verbos. Citem-se, para o inglês, The <u>BBI</u> Combinatory Dictionary of English e *Selected English Collocations*.

12 Não me refiro a **idiomaticidade**, conceito de outra ordem, ligado à naturalidade com que se expressa um falante nativo, questão que aqui não é pertinente (Pawley & Syder, 1983).

A mesma possibilidade não se verifica para as construções de (1) a (4), ou seja, as propostas como expressões fixas:

(1a) *Acho que vou dar **um pulo** [dar um .....?.....] até a casa do tio Baltazar.*
(2a) *O Capitão Aparício tem **cabeça** [tem .....?.....] para tudo.*
(3a) *Dona Caropita deu **as costas** [deu as .....?.....], foi-se embora às pressas.*
(4a) *Valéria tomou **partido** [tomou .....?.....] da tia.*

O resultado indica que o elemento que é objeto de um verbo-suporte é um constituinte (sintagma nominal), o que não ocorre com o elemento nominal que compõe a expressão cristalizada.

Por outro lado, o mesmo teste 1 pode ser aplicado às mesmas construções, mas colocando na investigação todo o sintagma formado por verbo + objeto, e não apenas o elemento objeto.

Assim, para (9) a (12), temos:

(9f) *E então o falante **deu um riso** [riu] e soltou a injúria suprema.*
(10f) *Aí então resolvi **dar uma investida** [investir] de leve.*
(11f) *Tenório **dá uma olhada** [olha] no jornal.*
(12f) *O povo começou a **ter confiança** [confiar] em que o voto era sua arma.*

Para o outro conjunto, de (1) a (4), temos:

(1b) *Acho que vou **dar um pulo** [ir] até a casa do tio Baltazar.*
(2b) *O Capitão Aparício **tem cabeça** para [pensa em] tudo.*
(3b) *Dona Caropita **deu as costas** [virou-se], foi-se embora às pressas.*
(4b) *Valéria **tomou partido** da [concordou com] a tia.*

Nesse caso, o resultado mostra que a construção de verbo-suporte + objeto se comporta globalmente como um verbo simples, tanto quanto a expressão fixa de verbo + objeto, compondo, ambos os tipos, conjuntos para os quais os dois elementos contribuem, sintática e semanticamente.

Este teste constitui o correlato do critério 2 de Gross & Vivès (1986), que evidencia a condição de comando da estrutura argumental, que é de todo o conjunto.

A diferença de resultado entre a aplicação do teste a um tipo de unidade (o elemento objeto) ou a outro tipo de unidade (o sintagma verbal: verbo + objeto) será avaliada ao final das reflexões que a aplicação dos demais testes sugerirá.

## Teste 2

O elemento admite movimento (isto é, ser anteposto ou posposto)? Se assim é, ele é um sintagma de algum tipo.

Assim, em relação a (9) a (12), temos:

(9g) *?E então o falante **um riso deu** e soltou a injúria suprema.*
(10g) *?Aí então resolvi **uma investida dar** de leve.*
(11g) *? Tenório **uma olhada dá** no jornal.*
(12g) *?O povo começou a **confiança ter** em que o voto era sua arma.*

Embora essas frases não sejam usuais e, por isso, causem estranheza, elas são gramaticalmente possíveis. O mesmo resultado não se obteria com a aplicação do teste 2 às frases (1) a (4):

(1c) *\*Acho que vou **um pulo dar** até a casa do tio Baltazar.*
(2c) *\*O Capitão Aparício **cabeça tem** para tudo.*
(3c) *\*Dona Caropita **as costas deu**, foi-se embora às pressas.*
(4c) *\*Valéria **partido tomou** da tia.*

Os resultados mostram, novamente, que o elemento objeto do verbo-suporte é constituinte (sintagma nominal), diferentemente do elemento nominal que compõe a expressão cristalizada.

A seguir, aplica-se o mesmo teste para o conjunto de verbo + objeto, nos dois conjuntos.

Com as frases de (9) a (12), verificam-se os seguintes arranjos, perfeitamente possíveis:

(9h) *E então **deu um riso** o falante e soltou a injúria suprema.*
(10h) *Aí então **dar uma investida** de leve resolvi.*
(11h) ***Dá uma olhada** no jornal Tenório.*
(12h) *Começou a **ter confiança** em que o voto era sua arma o povo.*

Para (1) a (4), as deslocações também são possíveis:

(1d) ***Dar um pulo** até a casa do tio Baltazar acho que vou.*
(2d) ***Tem cabeça** para tudo o Capitão Aparício.*
(3d) ***Deu as costas** Dona Caropita, foi-se embora às pressas.*
(4d) ***Tomou partido** da tia, Valéria.*

À parte a deselegância de algumas frases mais complexas, o teste se aplica, e o que se verifica é que tanto as construções de verbo-suporte como as expressões fixas se comportam globalmente.

## Teste 3

O elemento pode servir como fragmento de oração? Se assim é, ele é um constituinte sintagmático.

A aplicação desse teste ao elemento nominal que é objeto do verbo-suporte leva aos seguintes exercícios:

(9i)  A: *Deu um riso?*
      B: *Não, um sorriso.*
(10i) A: *Dar uma investida?*
      B: *Não, uma pesquisada.*
(11i) A: *Dá uma olhada?*
      B: *Não, uma escutada.*
(12i) A: *Ter confiança?*
      B: *Não, esperança.*

Na aplicação ao elemento em posição de objeto nas construções (1) a (4) não é possível completar os exercícios:

(1e) A: *Vai dar um pulo?*
     B: *Não, [......?......]*
(2e) A: *Tem cabeça?*
     B: *Não, [......?......]*
(3e) A: *Deu as costas?*
     B: *Não, [......?......]*
(4e) A: *Tomou partido?*
     B: *Não, [......?......]*

Mais uma vez, os dois grupos oferecem resultados diferentes, comportando-se os elementos que são objeto do verbo como fragmentos de sintagma nas frases de (9) a (12), mas não nas de (1) a (4).

A aplicação do teste ao conjunto de verbo + objeto tem resultado diferente, já que os dois conjuntos se comportam da mesma maneira, o que se observa na seguinte seqüência:

(9j)   A: **Deu um riso?**
      B: *Não,* **chorou**.

(10j)  A: *Resolvi* **dar uma investida?**
      B: *Não,* **recuar**.

(11j)  A: **Dá uma olhada?**
      B: *Não,* **escuta**.

(12j)  A: **Ter confiança?**
      B: *Não,* **descrer**.

(1f)   A: *Vai* **dar um pulo** *lá?*
      B: *Não, vai* **ficar**.

(2f) A: **Tem cabeça?**
      B: *Não,* **desvaira**.

(3f)   A: **Deu as costas?**
      B: *Não,* **parou**.

(4f)   A: **Tomou partido?**
      B: *Não,* **alheou-se**.

# Teste 4[13]

O elemento admite coordenação com outra cadeia? Se assim é, ele é um constituinte do mesmo tipo daquele com o qual se coordena.

Verifique-se, inicialmente, o comportamento das construções propostas como de verbo-suporte, que revela a condição de constituinte que tem o objeto do verbo:

(9l)  *E então o falante* **deu um riso** *e* **um olhar** *e soltou a injúria suprema.*
(10l) *Aí então resolvi* **dar uma investida** *e* **uma recuada** *de leve.*
(11l) *Tenório* **dá uma olhada** *no jornal e* **uma escutada**.
(12l) *O povo começou a* **ter confiança** *e* **esperança** *em que o voto era sua arma.*

O resultado para as construções de (1) a (4) é diferente, já que não é possível obter coordenação de dois elementos nominais na posição de objeto:

---

[13] Esse teste corresponde ao quinto teste proposto por Radford (1988), já que o quarto não serviu ao propósito deste trabalho, que pesquisa sintagmas verbais. Ele tem o seguinte enunciado: "É possível a intercalação de adverbiais? Se assim é, trata-se de uma oração ou um sintagma verbal, e não, por exemplo, um sintagma nominal ou preposicional".

(1g) *Acho que vou **dar um pulo** e [um ?.....] até a casa do tio Baltazar.*
(2g) *O Capitão Aparício **tem cabeça** e [.....?.....] para tudo.*
(3g) *Dona Caropita **deu as costas** e [as ?.....] , foi-se embora às pressas.*
(4g) *Valéria **tomou partido** e [.....?.....] da tia.*

Passando-se à avaliação do conjunto de verbo + objeto, verifica-se que, como nos testes anteriores, o resultado é semelhante para os dois grupos:

(9m) ***deu um riso** e falou.*
(10m) ***dar uma investida** e recuar.*
(11m) ***dá uma olhada** e ri.*
(12m) ***ter confiança** e confessar.*
(1h) *vou **dar um pulo** e visitar.*
(2h) ***tem cabeça** e decide.*
(3h) ***deu as costas** e saiu.*
(4h) ***tomou partido** e declarou.*

# Teste 5

O elemento pode servir como "constituinte compartilhado"? Se assim é, ele é um constituinte.

Para as frases (9) a (12), temos:

(9n) ***deu** – e não **recebeu** – um sorriso.*
(10n) ***dar** – e não **sofrer** – uma investida.*
(11n) ***dá** – e não **recebe** – uma olhada.*
(12n) ***ter** – e não **despertar** – confiança.*

Observe-se que o compartilhamento se faz com verbo de maior densidade semântica (*receber, sofrer, despertar*), mas, de qualquer modo, o teste serve para marcar o caráter de constituinte do verbo-suporte.

O mesmo não ocorre com as construções de (1) a (4), às quais o teste não se aplica:

(1i) *Acho que vou **dar** – e não [...?...] – **um pulo** até a casa do tio Baltazar.*
(2i) *O Capitão Aparício **tem** – e não [...?...] – **cabeça** para tudo.*
(3i) *Dona Caropita **deu** – e não [...?...] – **as costas**.*
(4i) *Valéria **tomou** – e não [...?...] – **partido** da tia.*

Com o conjunto de verbo + objeto, o teste de compartilhamento de constituintes não se aplica, já que se trata de sintagma verbal.

## Teste 6

O elemento pode, apropriadamente, ser substituído por, ou servir como, antecedente de uma proforma? Se assim é, ele é um sintagma do mesmo tipo da proforma.

Verificado o comportamento de (9) a (12) para esse teste, tem-se:

(9o) **deu um riso** ⇨ * *deu-o*
(10o) **dar uma investida** ⇨ * *dá-la*
(11o) **dá uma olhada** ⇨ * *dá-a*
(12o) **ter confiança** ⇨ * *tê-la*

A impossibilidade de pronominalização do complemento nada mais comprova do que a condição *sui generis* desse complemento, que é mais "predicado" (Du Bois, 1985, 1987) do que preenchedor de casa argumental, ou seja, "argumento", como apontei em Neves (1996b).[14]

Para as construções de (1) a (4), o teste revela o seguinte comportamento:

(1j) **dar um pulo** ⇨ **dá-lo*
(2j) **tem cabeça** ⇨ **tem-na*
(2j) **deu as costas** ⇨ **deu-as*
(4j) **tomou partido** ⇨ **tomou-o*

Fica evidenciado que o objeto não tem independência como constituinte, nessas expressões de comportamento e de sentido global.

Por outro lado, esse teste não se aplica ao conjunto de verbo + objeto obviamente, já que não seria possível investigar posição viável para uma proforma em posição de sintagma verbal, em português.

---

14 Du Bois & Thompson (1991) falam de um SN "predicante". Partem do princípio de que os sintagmas nominais não necessariamente servem a funções referenciais, podendo ter outros papéis no uso da língua, como funcionar junto de determinados verbos para formar predicados, para "orientar" um evento, ou para classificar ou identificar um referente.

## Teste 7

O elemento admite elipse, sob condições discursivas apropriadas? Se assim é, ele é um sintagma do tipo verbal.

É exatamente esse o caso do elemento objeto do verbo em (9) a (12), mas não em (1) a (4):

(9p) *O falante **deu um riso** e o ouvinte [**um sorriso**].*
(10p) *Resolvi **dar uma investida** e ele [**uma recuada**].*
(11p) *Tenório **dá uma olhada** e ela [**uma escutada**].*
(12p) *O povo começou a **ter confiança** em que o voto era sua arma, e o governo [**esperança**].*
(1l) *Acho que vou **dar um pulo** e Pedro [.....?.....] até a casa do tio Baltazar.*
(2l) *O Capitão Aparício **tem cabeça** para tudo e Pedro [.....?.....].*
(3l) *Dona Caropita **deu as costas** e Pedro [.....?......].*
(4l) *Valéria **tomou partido** e Pedro [.....?.....].*

Mais uma vez, não é possível a verificação da aplicação do teste aos conjuntos formados por verbo + objeto, porque se trata de sintagmas verbais.

Se a verificação que, segundo Radford (1988), efetuei para os elementos que compõem as construções propostas como de verbo-suporte ((9) a (12)) e como expressões cristalizadas ((1) a (4)) estiver correta, pode-se concluir que:

a) Aplicando-se os testes ao elemento-objeto do verbo, verifica-se que os dois tipos de construções examinadas têm comportamento oposto: nas construções aqui propostas como fixas, esse elemento não é um "constituinte", isto é, não tem individualidade, compondo um todo com o verbo da construção. Nas construções aqui propostas como de verbo-suporte, por outro lado, esse elemento comporta-se como sintagma nominal, com lugar na estrutura de constituintes da oração.

b) Aplicando-se os testes ao conjunto da construção (verbo + objeto), verifica-se, diferentemente, que os dois tipos de construção têm o mesmo comportamento: em ambos os casos o conjunto se comporta como um constituinte da oração (sintagma verbal).

Esses resultados são de muito simples interpretação, no caso das expressões fixas, mas levam a conclusões aparentemente conflitantes no caso das construções com verbo-suporte, pois, pelo primeiro modo de aplicação dos testes, o objeto do verbo é um constituinte da oração (um sintagma), e, pelo segundo, ele se comporta como subparte de constituinte da oração (parte de sintagma). Entretanto, o que se oferece como problema me parece exatamente o retrato da condição de meio de escala que essas construções ocupam. Com efeito, sob certos aspectos, elas têm uma interface com as combinações fixas, com as quais, por exemplo – e salta aos olhos de qualquer leigo –, compartilham a condição de equivalência semântica com um verbo simples, isto é, a condição de unicidade semântica, vista no fato de que o significado da unidade formada não é diretamente correspondente à soma das partes.[15]

Uma pergunta que surge necessariamente, nesse ponto das reflexões, diz respeito ao âmbito de interesse de decisões como essas que há pouco se discutiu. A grande amplitude desse interesse já se revela no fato de que a questão é teórica e é prática. Em primeiro lugar, a instituição de categorias é tarefa de qualquer ciência, e, como diz Langacker (1990), a teoria gramatical deve fornecer critérios para a análise das estruturas da língua. Na outra face, ressalta uma questão prática fundamental, que é a decisão sobre a nomenclatura dos dicionários, isto é, sobre a natureza das entradas, a qual deve ser tal que torne prática a consulta dos usuários da língua.

Entende-se que cada entrada de um dicionário é uma "unidade lexical" da língua, mas fica a questão de avaliar os critérios em que se assenta a delimitação dessas "unidades". Diz Guilbert (1977) que cada "unidade lexical" que constitui entrada de dicionário é instituída por definição arbitrária do lexicógrafo, que a extrai "da prática da língua, na comunicação lingüística", atribuindo a si próprio o papel de intérprete da consciência lingüística da comunidade, conforme um determinado patrimônio cultural. Tanto as combinações mais rígidas (como as expressões fixas) quanto as combinações mais frouxas (como as construções com verbo-suporte) são, em lexicografia, questões do domínio que tradicionalmente se tem denominado **fraseologia**, mas não têm entrada nos dicionários como unidades fraseológicas, compondo, sim, indicações internas à entrada do verbo que encabeça (e rege) a construção.[16] Em

---

15 Obviamente, não é necessário que o léxico da língua disponha de um verbo cognato equivalente ao conjunto de verbo-suporte+objeto, pois essa é uma questão de diferente ordem.

16 Registro, aqui, um exemplo do modo como o DUP registra as ocorrências de verbo-suporte (verbo *ter*): **[Suporte]** *[+ o nome medo]* **23** temer: *E tenho medo que vá ser pior* (IN) *[+o nome conversa]* **24** conversar: *Queremos ter uma conversinha com você* (IN) *[+ o nome desejo]* **24** desejar: *Tinha um vago desejo de visitar a prima* (PN) *[+ o nome confiança]* **25** confiar: *Ninguém pode mais ter confiança*

princípio, os dicionários gerais da língua – tanto monolíngües como bilíngües – registram como entradas palavras isoladas, nunca construções gramaticais, combinações ou frases feitas, o que não significa que as entidades "unidade lexical" e "palavra" estejam recobrindo o mesmo conceito. Vista em relação aos três grupos de construções sobre os quais se está refletindo neste trabalho, essa decisão assim se define: a) passa tranqüila, no caso das construções com verbo pleno transitivo; b) requer modos particulares de apresentação, no caso

---

*em ninguém* (A) *[+ o nome reação]* 26 *reagir: A vaca (...) não teve nenhuma reação estranha* (VD). São exemplos do tratamento dado às expressões fixas (verbo *ter*): **não ter cabeça para nada** não ser capaz de pensar; estar ou ficar confuso: *Entregue inteiramente à sua dor, (...) Joana não ia mesmo ter cabeça para nada* (CAS) **não ter mãos a medir** não fazer economia; esbanjar: *O preto velho não tinha mãos a medir* (CAS) **não ter por onde** não ser justificável ou compreensível: *Não teria por onde tanta afobação* (R) **ter (o) que fazer** estar ocupado: *Minha mãe tinha mais que fazer* (A) **ter (uma idéia)** supor; imaginar; fazer conjecturas: *Era preciso ver para se ter uma idéia da maldade humana* (TS); *Será que não há nenhum colega que tenha idéia de fazer o contrário* (CAS) **ter a alma nos bofes** estar ofegante; estar arquejante: *tinha chegado ali gatinhando e tinha a alma nos bofes, mas ainda segurei a pedra com as duas mãos* (SAR) **ter a língua solta** ser falador: *Rosália tem a língua solta* (M) **ter à mão** alcançar; dispor de: *Um rabo de tatu que é para ter à mão na horinha do desabafo da raiva* (JC) **ter a palavra** falar: *Terão a palavra o relator do projeto vetado e o Procurador da entidade que o produziu* (DB) **ter algo com/não ter nada com/ter algo a ver com/não ter nada a ver com** (não) estar relacionado com, (não) dizer respeito a: *Que tem ela com a minha vida?* (A); *Eu não tinha nada com meu padrinho não* (CAS); *Nós não temos nada com a loucura* (CT); *O Governo nada tem a ver com isso?* (CJ) **ter alta** ser dispensado de atendimento médico: *Como é, padre, já teve alta?* (DM) **ter as costas quentes** suportar qualquer injúria: *Gorila tem as costas quentes* (IN) **ter as suas letras** ser instruído: *Não pense que sou homem sem instrução, tenho as minhas letras, os meus estudos* (CJ) **ter bico** ser bom argumentador: *Se meter com quem tem bico?* (JC) **ter cabeça** ser inteligente: *Você tem uma cabeça formidável* (DM); *O coronel teve cabeça* (CL) **ter cara, topete, forças** ser corajoso ou capaz: *E não teve forças (...) para suportar tamanha humilhação* (CAS); *Não tenho cara para tamanha desforra daquele analfabeto e ladrão* (MA); *Donana Jansen tem topete para isso e muito mais* (TS) **ter carta branca** ficar autorizado a fazer alguma coisa: *O Nufo tinha carta branca* (S) **ter em conta, em vista, em mente** levar em consideração, relevar: *Tenha em conta que outros usos e costumes devem ser eliminados* (ESP); *Tendo em vista a grave crise econômica* (GP); *Devemos ter em mente a preparação do indivíduo para uma futura ocupação* (PL) **ter lugar** realizar-se; acontecer: *A aula inaugural teve lugar na sede da Sociedade Mineira* (EM) **ter modo(s)** ser educado: *Tenha modo, Nogueira* (CL) **ter notícia** saber: *Nunca mais tive notícias dela* (TS) **ter o corpo fechado** ser invulnerável: *Lacerda tem o corpo fechado* (OG) **ter o diabo no corpo** ser endiabrado: *Esse menino tem o diabo no corpo* (SE) **ter ocasião, oportunidade** poder; ser capaz: *Mauro teve ocasião de me ver, marchando em sua direção* (VB); *Tivemos oportunidade de advertir nossos meios empresariais* (PT) **ter olhos para, ter os olhos sobre** prestar atenção; interessar-se por: *Não tinha olhos para nenhuma outra mulher* (PN); *Toda a sala tinha os olhos sobre mim* (DE) **ter ouvidos para** prestar atenção: *Ninguém tinha ouvidos a não ser para os tiros* (CAS) **ter palavra** cumprir o que se promete: *Esse povo não tem palavra não?* (R) **ter por nome** chamar-se: *A caravela tinha por nome Santa Ephigenia* (UEC) **ter sangue de barata** ser covarde; incapaz de reagir a uma ofensa: *É preciso ter sangue de barata para não perder a cabeça* (TS) **ter sede** estar muito interessado em alguém ou algo por algum motivo: *Há muito que tenho sede nesse sujeito* (ED) **ter uma coisa** ser acometido de algum mal súbito: *O velho Manuel Martins teve uma coisa, de tanto aperreio* (ED)

das construções com verbo-suporte; c) tem problemas, no caso das expressões soldadas e cristalizadas.

Observa-se que, mesmo que se ressalve a necessidade, já apontada por Firth (1951), de postular certa independência entre o significado de uma palavra em estado de dicionário e o significado acionado quando essa palavra entra numa combinatória, isso não resolve de modo inteiramente satisfatório a questão daquelas "verdadeiras fórmulas" de Jespersen (1924), nem mesmo das construções com verbo-suporte, nas quais se revela tão grande a dependência mútua dos elementos constitutivos, para estabelecimento do significado de cada um, e, conseqüentemente, do arranjo. Para o caso dos verbos-suporte, pense-se no fato de que, se é diferente dizer *dar um riso* e *rir*, ou *dar uma olhada* e *olhar*, essa diferença, que é especialmente semântica e que reflete alterações na versatilidade sintática, passa, entretanto, pela pragmática, tudo isso com grande importância como guia de uso para o falante (Neves, 1996b). Lembre-se a proposta de Allerton (1984, p.32) que coloca no nível "locucional" o estudo dos "verbos transitivos gerais", aqueles cuja função é "entrar em combinação com outra palavra que não seja verbo (usualmente um nome), em uma construção, para formar uma forma expandida de verbo". Lembre-se, afinal, que uma gramática que tem como objeto a língua em uso só se estabelece com integração dos componentes sintático, semântico e pragmático (Neves, 1997b, p.23-6), e que o gramatical (a sistematicidade da estrutura lingüística) não se desvincula do funcional (a instrumentalidade do uso da língua).

# A prática lexicográfica: onde ciência e arte se encontram[1]

Existe uma tradição lexicográfica que preside aos dicionários das línguas e que pode resumir-se no seguinte fato geral: para cada uma das entradas de um dicionário fornecem-se definições que constituem codificações semânticas fechadas em si e particulares, às quais o consulente deve submeter o item cujo significado ele precisa conhecer, num determinado momento de uso – passivo ou ativo – de uma língua.

Pela própria natureza desses dicionários – em que, desvinculadamente do uso, se busca oferecer um rol de significados potenciais – o consulente acaba não conseguindo aproveitar muito bem as opções oferecidas: de um lado, o recorte do espectro significativo total deixa lacunas, e, de outro, ele comporta superposições, o que resulta em prejuízo para o cumprimento da finalidade maior da obra, que é a sua aplicabilidade ao uso lingüístico.

Sabemos, entretanto, que o dicionário é obra de respeito dentro de qualquer sociedade. Os dicionários da língua são verdadeiros monumentos dentro da cultura que se faz naquela língua, e, com certeza, ocupam posição de

---

[1] Este artigo foi originariamente publicado na revista *Alfa*, UNESP (ver Neves, 1997c).

destaque nas estantes das famílias que se querem letradas. Mas, no exercício real dos indivíduos como "animais que falam", que papel tem, realmente, o dicionário?

Antigamente se chamava "pai dos burros" ao dicionário, o que, no fundo, envolve um preconceito: consulta-se o dicionário porque se ignora algo. Se hoje a expressão saiu de moda, o preconceito parece que continua, e muitas pessoas –até escolarizadas – preferem perguntar a outra qualquer "o que significa" isto ou aquilo a abrir um dicionário e lá tentar obter a informação de que precisam. E fica a questão: é mais fácil perguntar do que percorrer o dicionário, ou o caso é que é mais fácil entender uma explicação do que as definições que o dicionário dá? Tenho uma experiência pessoal bastante interessante: certa vez dei um dicionário de português à menina Camila, de doze anos, e ela, para me mostrar que recebia com gosto o presente, abriu imediatamente o livro ganho para procurar uma palavra qualquer, não sem antes observar: "Vou procurar uma palavra que já conheço, porque dicionário é assim: se a gente procura uma palavra que não conhece, a gente não entende nada". Quer dizer: o dicionário perdeu todo o seu sentido. O pior foi que, depois de lida a definição lexicográfica da palavra procurada, a menina disse, desolada: "Não entendi nada! Eu não disse? Nem conhecendo a palavra adianta procurar no dicionário!".

O problema central que se pode detectar, no cômputo geral da utilização dos dicionários da língua, é, realmente, esse da pouca aplicabilidade das definições à utilização real da língua. E aqui volto à reflexão inicial, que diz respeito ao caráter hipotético, abstrato e artificial do seccionamento da massa de significação que em geral ocorre na delimitação do alcance de cada significado registrado para as entradas.

A reflexão sobre esse problema remete imediatamente ao papel da "colocação" da palavra nos enunciados, isto é, à sintagmatização, portanto, em última análise, à gramática. Em relação à conduta tradicional, de base essencialmente paradigmática, a preocupação com as "colocações" envolve o exercício das aplicações da contigüidade, e, mais especificamente, da determinação dos "arranjos" que entre si os itens da língua estabelecem, nos enunciados.

Tomemos, como exercício, o substantivo *invasão*, que no *Novo Dicionário Aurélio da Língua Portuguesa* (1986) aparece definido como "ato ou efeito de invadir". *Invadir*, por sua vez, traz as seguintes definições:

1 "entrar à força/de modo hostil em; ocupar à força; conquistar"; ex.: *No século XV os bárbaros invadiram o Império Romano.*
2 "difundir-se em"; ex.: *A água invadiu as ruas.*
3 "dominar, tomar"; ex.: *Foi aí que uma saudade absurda o invadiu: a saudade do que não acontecera.* (Macedo Miranda, *As três chaves*, p.97).
4 "apoderar-se violentamente de; usurpar"; ex.: *O poder executivo invadiu a competência do judiciário.*

Observa-se que a definição oferecida para *invasão* incorpora uma dependência total do corpo de definições oferecidas para *invadir*. E a pergunta inicial é a seguinte: Até que ponto o leitor que já não saiba o que significa *invasão* se beneficiará do que lhe vem oferecido no dicionário para essa entrada ("ato ou efeito de invadir")? Ou, dito de outra maneira: Até que ponto o consulente que não saiba o que significa *invasão* saberá transpor, por si, o percurso que vai das definições lexicográficas do verbo para as definições lexicográficas do nome? Vamos por partes.

Comecemos pelo verbo:

1 O corpo de definições dado para *invadir* abriga quatro grupos de acepções; as de número 1. ("entrar", "ocupar", "conquistar"), 3. ("dominar", "tomar") e 4. ("apoderar-se de", "usurpar") implicam uma natureza ativa/causativa do verbo, enquanto a de número 2. ("difundir-se em") implica uma natureza processiva do verbo (verbo de "processo", nos termos de Chafe, 1970).
2 No caso da definição de número 1, há, ainda, um hibridismo no conjunto dos três "sinônimos" oferecidos: enquanto "ocupar" e "conquistar" envolvem, além da ação, um processo, localizado no objeto (são verbos de "ação-processo", nos termos de Chafe), "entrar" não se constrói com objeto afetado (é verbo simplesmente de "ação", nos termos de Chafe). Dizendo de outra maneira, "entrar" não projeta as mesmas relações argumentais – e, portanto, não significa o mesmo – que "ocupar" ou "conquistar".
3 No caso da definição de número 2, por sua vez, a sugestão de uma natureza processiva do verbo, dada pela acepção "difundir-se", não se confirma no exemplo dado ("A água invadiu as ruas.") – e nem poderia confirmar-se, já que não parece ser possível uma ocorrência do verbo *invadir* que apresente o sujeito como afetado (verbo de "processo"), que é o que ocorre

com "difundir-se". Observe-se, aliás, que uma indicação de *invadir* como verbo de "processo" nem se coadunaria com a definição do substantivo correspondente – *invasão* – dada no dicionário ("ato" ou "efeito").

O que parece claro é que o estado de coisas que as predicações com verbo *invadir* necessariamente expressam implica um causativo/agente e um afetado, e isso fica envolvido na nominalização correspondente (que é, então, de "ação-processo"). O substantivo *invasão* carrega, pois, potencialmente, as duas "unidades semânticas" (Chafe, 1970) que estão presentes no verbo – "ação" e "processo" – e um estado de coisas que tenha *invasão* (nome valencial) como predicador envolve esses traços.

Isso fica muito claro quando se observam as diferentes construções desse nome:

1 Como em *invasão* está implicada sempre uma ação, é possível apresentar-se explícito o agente (na forma de *de* + substantivo, na forma de oração relativa, ou na forma de adjetivo). A atualização dessa possibilidade construcional com certeza faz prevalecer a "atividade": "*invasão* (dos bárbaros/que os bárbaros empreenderam/bárbara)".

São algumas ocorrências que encontrei no córpus que serve de base às investigações que aqui empreendo:[2]

- *invasão dos holandeses* – (Miranda, 1989)
- *invasão de força estrangeira* – (Numeriano, 1990)
- *invasão dos bárbaros* – (Veríssimo, 1983)
- *invasão da polícia* – (Dimenstein, 1992)
- *invasão dos gringos* – (Luis, 1965)
- *invasão de turistas e estrangeiros* – (Revista *Visão*)
- *invasão da imprensa* – (Revista *Manchete*)
- *invasão da classe média* – (Youssef, 1988)
- *invasão dos gafanhotos* – (Marins, 1971)
- *invasão das cobras* – (Revista *Pais e filhos*)
- *invasão dos escorpiões* – (Revista *Superinteressante*)
- *invasão de besouros* – (Faria, 1957)

---

2 O córpus analisado é o que serve aos Projetos DUP (Dicionário de Usos do Português Contemporâneo do Brasil) e GUP (Gramática de Usos do Português) no Departamento de Lingüística da Faculdade de Ciências e Letras da UNESP, Campus de Araraquara.

- *invasão desses insetos* – (Montenegro, 1960)
- *invasão do rami chinês* – (Jornal *Folha de S.Paulo*)
- *invasão dos computadores* – (Brandão, 1987)
- *invasão dos aparelhos laser* – (Revista *IstoÉ*)
- *invasão do sarampo* – (Pernetta, 1976)
- *invasão de lembranças tristes* – (Dantas, 1953)
- *invasão da mentalidade marxista* – (Mayer, 1963)
- *invasão holandesa* – (Micheli, 1986)
- *invasão carioca* – (Revista *Interview*)
- *invasão napoleônica* – (Lenharo, 1986)
- *invasão gripal* – (Nava, 1976)
- *invasão turística* – (Revista *Veja*)

2 Como em *invasão* também está implicado um processo, é possível, do mesmo modo, apresentarem-se explícitos, além do causativo/agente (que, então aparece na forma de *por* + substantivo), o afetado (na forma de *de/a* + substantivo ou na forma de oração relativa): "*invasão* (do Império Romano/romana) (pelos bárbaros)".

São algumas ocorrências do córpus:

- *invasão da igreja* – (Novela *Pedra sobre pedra*)
- *invasão de domicílio* – (Silveira, 1950)
- *invasão de propriedade* – (Costa, 1976)
- *invasão de um terreno* – (*Jornal do Brasil*)
- *invasão do espaço aéreo* – (Jornal *O Estado de São Paulo*)
- *invasão da Normandia* – (Revista *IstoÉ*)
- *invasão da delegacia* – (Jornal *A Gazeta*)
- *invasão de pizzarias* – (Revista *Interview*)
- *invasão do abdome* – (Pernetta, 1976)
- *invasão do campo de outro especialista* – (Santos, 1980)
- *invasão da intimidade* – (Dimenstein, 1992)
- *invasão dos direitos* – (Jornal *A Tarde*)
- *invasão da Tchecoslováquia pelos tanques russos* – (Revista *O Cruzeiro*)
- *invasão do mercado por retirantes* – (Angelo, 1978)
- *invasão dos montes pelo povo* – (Arraes, 1963)
- *invasão do Rio pelos índios* – (Callado, 1973)
- *invasão das ruas pelo comércio* – (Jornal *O Popular*)

- *invasão da quadra por parte dos atletas* – (Fernandes, 1973)
- *invasão dos redutos por parte do vereador* – (*Jornal do Comércio*)
- *invasão por bactérias* – (Dantas, 1989)
- *invasão à Itália* – (Maroni, 1985)
- *invasão européia* – (Maroni, 1985)

Vê-se, pois, que, quando o falante emite uma proposição, isto é, quando apresenta o estado de coisas como "fato possível" (Dik, 1989; Hengeveld, 1997) num enunciado, ele valoriza um traço, ou outro, e o faz pela seleção das possibilidades construcionais que a língua põe à sua disposição. Se o predicador verbal *invadir* implica duas unidades semânticas (a "ação" e o "processo"), o predicador nominal *invasão* também deve implicar essas relações; entretanto, pode prevalecer a natureza ativa/causativa do nome predicador – o que é muitíssimo freqüente – ou a sua natureza processiva – o que é raríssimo – já que dificilmente uma nominalização de verbo com "atividade" consegue minimizar esse traço a ponto de sugerir o seu apagamento. Em todo o córpus que examinei, com 231 ocorrências de *invasão*, encontrei apenas um exemplo que se poderia considerar como desse tipo, e ainda com reservas:

- *Descobriram que a invasão do laboratório pelos eletrodomésticos não representa uma intromissão.* (Revista *Realidade*)

Pouco freqüente ou não, entretanto, pode-se supor que exista a possibilidade de um determinado emprego de *invasão* captar apenas o processo pelo qual passa uma entidade. O que tem de ser observado é que isso não fica abrigado na definição desse substantivo se ela se fizer como "ato ou efeito de *invadir*".

Outro ponto a ser observado diz respeito ao fato de que o substantivo *invasão* pode ser empregado de modo absoluto, isto é, sem acionar o sistema de transitividade. Nesse caso, deixa de ser pertinente uma reflexão que invoque correspondência com a estrutura argumental do verbo *invadir*, e, assim, diferentemente do verbo, ele pode indicar apenas "ação" – significando algo como "entrada pela violência/pela força/com hostilidade" – e não implicar um complemento afetado:

- *O senhor acha que nós não devíamos ter tomado parte na invasão?* (Gomes, 1962)
- *A colocação da força policial no câmpus da UnB não foi uma invasão.* (Abreu, 1979)

Outras indicações que não a do agente e a do afetado podem vir indicadas por "satélites" (Dik, 1989; Hengeveld, 1997), especialmente locativos, como se vê em muitas ocorrências, das quais são exemplos:

- *Com a invasão das hordas bárbaras **nas províncias** ocidentais do Império Romano, rompeu-se não só a unidade política, mas também a unidade da civilização.* (Fontana, 1969)
- *A imprensa norte-americana que tachava o episódio como invasão da cultura africana **na civilização ianque**.* (Rolim, 1987)
- *Certos setores do governo acreditam que é o único meio de impedir essa invasão da miséria **num Estado** que, afinal de contas, não tem nada com isso.* (Angelo, 1978)
- *Foi a invasão vietnamita **no Camboja**, afirmou ele, que obrigou milhares e milhares de pessoas a fugir para a Tailândia.* (Jornal *Correio Brasileiro*)
- *A interferência da técnica seria a invasão do masculino **sobre o sacrossanto domínio**.* (Revista *Cláudia*)

Podem multiplicar-se ao infinito os exemplos de itens lexicais cujo tratamento envolve recursos às possibilidades construcionais para determinação do significado. Ocorre que, ponto nevrálgico na explicitação da gramática, a questão da estrutura da predicação tem de conduzir o modo de definição de todos os itens nela envolvidos. E aí chegamos a itens gramaticais, estes de resolução mais vinculada, ainda, à determinação das construções em que entram. Tomemos como exemplo privilegiado as preposições, e logo nos veremos no mesmo terreno em que logo acima nos movíamos.

Verifiquemos o tratamento que o *Novo Dicionário Brasileiro Melhoramentos Ilustrado* (1964) dá, por exemplo, à preposição *por*. A primeira coisa que se verifica é que o que vem como acepção geral da preposição é o sentido da construção inteira, fato que revela não terem sido levados em conta as relações de transitividade e os traços dos elementos em relação. Assim, o *Novo Dicionário Brasileiro Melhoramentos Ilustrado* informa que as "relações" que a preposição *por* designa são, por exemplo:

- "lugar onde se está de passagem", ex.: *breve estarei por lá;*
- "estado de inacabado"; ex.: *trabalho ainda por fazer;*
- "estado"; ex.: *estar por um fio, estar por morrer;*
- "modo", "maneira"; ex.: *escrever seu nome por extenso;*
- "permissão"; ex.: *por mim, pode ir;*

- "desforra, ou pena de Talião"; ex.: *olho por olho, dente por dente;*
- "reciprocidade"; ex.: *ódio que tinham um pelo outro;*
- "lado", "bando"; ex.: *virou-o pelo avesso, para ver o que havia por dentro;*
- "objeto de amor, simpatia, devoção, ódio, etc."; ex.: *paixão pela ciência;*
- "amizade, amor"; ex.: *louco por sua mulher e filhos;*
- "superposição", "qualidade"; ex.: *ser tido por bom homem;*
- "consideração"; ex.: *tenho-o por um grande homem;*
- "concessão"; ex.: *por pouco que seja; azul por azul, prefiro o marinho;*
- "divisão", "distribuição"; ex.: *o legado foi distribuído por várias instituições de beneficência;*
- "conclusão"; ex.: *pelo que ele diz; pelo seu aspecto, pelo que vejo;*
- "a altura a que uma coisa chega"; ex.: *a água dava-lhe pelo pescoço.*

Que pressupostos estão desconsiderados nessa apresentação? Primeiro, que cada preposição tem um significado lexical básico, ligado a seu papel de marcador, ou de atribuidor de caso. Segundo, que ela põe dois termos em relação, e que a natureza desses termos é um componente determinante na relação que se estabelece, tanto do ponto de vista sintático como do ponto de vista semântico. Assim, não é a preposição, em si, que indica "estado", "permissão", "desforra", "reciprocidade", "lado", "amizade", "consideração" etc., mas esses são resultados da contração de relações da preposição com os elementos lexicais que com ela se combinam.

Sabe-se que o assentamento sistemático nesses pressupostos – os pressupostos de uma gramática subjacente – não é usual, porém, nos dicionários tradicionais. É de se esperar, porém, que tal determinação que as relações contraídas entre os itens exercem sobre o significado das construções fique bem explicitada num "dicionário de usos". E aí chegamos ao *English Language Dictionary* (1987).

Que essa obra se pretende um dicionário do uso está escrito na abertura de sua "Introdução": "*This dictionary is for people who want to use modern English. It offers accurate and detailed information on the way modern English is used in all kinds of communication. It is a useful guide for writing and speaking English as well as an aid to reading and understanding*" (p.XV). ("Este dicionário destina-se às pessoas que queiram usar o inglês moderno. Ele oferece informação exata e pormenorizada sobre o modo como o inglês moderno é usado em todos os tipos de comunicação. É um guia útil para se escrever e falar o inglês, bem como um auxílio à leitura e à compreensão.")

Verifiquemos como, nesse dicionário, se apresentam as informações gramaticais. Nosso exemplo é novamente uma preposição, a preposição *for*, que tem subentradas numeradas de 1 a 30. O que se registra como informações gramaticais é:

a) a classificação:

- PREP;
- CONJ SUBORD.

b) a construção:

- PHR: USED AS an A³ (por exemplo, para dar conta da construção *for the first time* etc. – subentrada nº 19 –, como em *I met them for the second time last week*);
- PHR+NG: USED AS C⁴ (por exemplo, para dar conta da construção *not for* – subentrada nº 23 –, como em *Peace and prayer were not for him in his present mood*).

c) a ambiência/as restrições de seleção:

- PREP, OR ADV AFTER N/NUM/BE (por exemplo, para dar conta das construções: *There was a majority of 294 for war, with only 6 voting against... Are you for or against?* – subentrada nº 24).

Todos esses símbolos são exemplificados não como parte da introdução, mas constituindo entradas independentes (na ordem alfabética das entradas do dicionário), cada um deles destacado por um quadro gráfico que indica que a informação é de natureza *gramatical*.

Espera-se que a leitura desses quadros vá compondo o suporte gramatical adotado. De fato, da leitura do quadro explicativo do símbolo A (adjunto), percebe-se, por exemplo, que elementos como *no bolso*, em *Ele pôs o papel no bolso* (*He put the paper **in his pocket***), são considerados, na gramática adotada, "adjuntos". Diz-se – aliás, em formulação circular – que o termo *adjunto* "é usado em descrições de verbos intransitivos e transitivos que precisam ser seguidos por um adjunto". Não se deixe de apontar que, para os autores, "precisar ser seguido" não configura a requisição de um complemento. Assim, tanto se considera adjunto o sintagma *in his pocket* do exemplo

---

3 A é "adjunto".
4 C é "complemento".

citado aqui, quanto *full blast*, ou *at full blast* (*a todo volume*), em *A radio was going full blast*. Por outro lado, a leitura do quadro referente a C (complemento) nos diz que esse elemento "fornece informação adicional sobre o sujeito ou o objeto de um verbo"; os exemplos são, respectivamente: *It was terribly hot and airless* (*Estava terrivelmente quente e abafado*) e *I used call him babe when he was young* (*Eu costumava chamá-lo bebê quando ele era jovem*). Daí se depreende que o que vem denominado como *complemento* é o "atributo", o "predicativo" (seja do sujeito, seja do objeto).

Informações sobre as "construções", entretanto, são bastante ocasionais. Veja-se que, no verbete *for*, elas aparecem apenas nos três casos comentados. Perguntar-se-ia, então, se em casos como *These books are for use in the library only* – subentrada nº 26 – e em diversos outros casos, como, por exemplo, *left for the fields* – subentrada nº 20 –, não ocorre, também, um adjunto, como em *for the first time*, discutido anteriormente.

Se voltarmos às observações sobre o tratamento dado pelo *Novo Dicionário Aurélio de Língua Portuguesa* (1986) a *invasão* nas últimas ocorrências aqui trazidas como exemplo, podemos observar os mesmos reflexos de indecisão nos limites entre argumento afetado e argumento não afetado, ou entre argumento (participante obrigatório) e satélite (participante não-obrigatório). Há, de fato, uma evidente imprecisão, quanto a isso, no tratamento de preposições, nos dicionários em geral, e, no caso do nosso exame, no *Collins Cobuild English Language Dictionary* (1987), um dicionário declaradamente "do uso".

Num dicionário dessa finalidade, aliás, é até fácil entender o que ocorre. A intenção de oferecer um "dicionário do uso", afinal, naturalmente leva a uma preocupação de despojamento de informações gramaticais tão determinante que o suporte gramatical que necessariamente teria de sustentar a sistematização aparece frouxo. Fica bem evidente que o *Collins Cobuild English Language Dictionary* (1987) quer oferecer uma apresentação altamente despojada de aportes técnicos ou científicos. A primeira observação quanto ao "modo de apresentação" do dicionário é a de que "ele deve ser facilmente compreendido pelo aprendiz ao qual é destinado", já que, "se o estilo de um dicionário é difícil demais ou condensado demais para os usuários, ele não tem utilidade" (p.XVI). Tem-se em vista, especialmente, que a explanação apresente "uma ilustração da palavra no seu contexto gramatical típico" (p.XVI). Assim, para se indicar que um verbo (como, por exemplo, *to conceal*, "ocultar") tem, tipicamente, sujeito + humano e objeto -animado, simplesmente se inicia a definição dizendo: "If ***you conceal something***, you..." ("*Se **você oculta algo**, você...*") (grifos meus); por outro lado, para indicar que um verbo (como, por exemplo, *to sink*, "fazer descer", "afundar") tem um universo bem amplo de sujeitos típicos incluindo tanto + humanos como -animados, mas tem o universo de objetos diretos restrito a *navio*, inicia-se a definição dizendo-se: "***To sink a ship*** means to cause it to sink, usually by attacking it with bombs, torpedos, or other weapons" ("Afundar um navio significa causar que ele afunde, geralmente atacando-o com bombas, torpedos ou outras armas"). A indicação da existência de sentido metafórico se faz, por outro lado, com definições do tipo de "If you say (that)..." ("*Se **você diz** (que)...*"). Resumindo, o que o dicionário pretende é que o usuário encontre a informação desejada tão fácil e rapidamente quanto possível. Isso inclui apresentar as definições absolutamente despojadas de toda informação especializada e despidas de todo jargão técnico.

Até palavras propriamente gramaticais prescindem de informações gramaticais explícitas. Confira-se que *for* (preposição e conjunção subordinativa, como se viu há pouco) tem todas as suas 30 definições vazadas em linguagem absolutamente comprometida com o *uso* do item. A que se reduz, então, a informação mais pertinente ao tipo de item em questão – um instrumento gramatical?

Antes da definição numerada como 1, o *Collins Cobuild English Language Dictionary* (1987) traz as seguintes informações gramaticais:

1 que *for* é usado como preposição depois de alguns verbos, nomes e adjetivos com a finalidade de introduzir informação extra;

2 que *for* também é usado com alguns verbos que têm dois objetos com a finalidade de introduzir o segundo objeto.

Essas indicações se concluem com a afirmação de que os parágrafos seguintes (30 definições para *for*) "mostram as estruturas mais comuns nas quais *for* é usado".

Se cruzarmos a primeira das informações com a definição de complemento (dada na explicação do símbolo C, como apontei anteriormente), concluiremos que o que é atribuído a *for*, nessa primeira informação, é a função de introduzir o *complemento* (já que é "introduzir informação extra"/ "-introduzir informação adicional"). Fica o incômodo de não se poder distinguir a segunda informação da primeira, em termos da função exercida pelo sintagma introduzido por *for*: a primeira informação (que remete a "complemento") é apenas sintática. E pelas conceituações colhidas no aparato que se detecta na obra, não se consegue estabelecer claramente a diferença entre os dois casos, já que a primeira das funções, a de "complemento", a obra atribui tanto a argumentos (participantes obrigatórios) como a adjuntos (participantes não-obrigatórios, ou satélites de predicado).

O mapeamento da gramática subjacente à obra se complica mais, ainda, quando se encontra, na definição nº 9 de *for*, a seguinte indicação, que, na verdade, é uma simples repetição daquela primeira informação gramatical dada no *caput* (e vinda, portanto incidentemente, como bem geral, e não específica de um dos empregos apenas): "*For* é a preposição que tem de ser usada depois de alguns nomes, adjetivos e verbos com a finalidade de introduzir mais informação"; os exemplos são do que tradicionalmente se chama "adjunto adverbial de finalidade", como em *"The Social Security office will arrange for it to be paid to you"*, mas também são de complementos de verbos e de nomes, como em *"They were aiming for a double share"*, *"She'll be responsible for all the illustration"* e *"You had to be ready for any emergency"*.

Essa definição nº 9 é a única "gramatical" (embora a serviço do informacional), destoando completamente das demais. O mais comum são definições em termos bastante leigos e extremamente semântico-pragmáticos, a ponto de se desviar o foco do papel da preposição para estendê-lo à palavra lexical que está na ambiência em que a preposição atua. Seja exemplo a definição nº 4 de *for*: "If you work or do a job *for* someone you are employed by them" ("Se você trabalha ou faz um serviço para alguma pessoa, você está empregado por ela").[5] O que ocorre nesse caso é que a preposição *for* não é invocada para estabelecimento da acepção, ela é absolutamente ignorada, o que significa que a acepção diz respeito ao item lexical, não à preposição, o que torna estranha a definição.

---

5 Confira-se, entretanto, que, no verbete *work*, diz-se desse verbo, quando sinônimo de *be employed*, simplesmente que "as pessoas que *trabalham* têm um serviço que são pagas para fazer" ("*People who* work *have a job which they are paid to do*").

E, de um modo que não seria de esperar, aqui se encontram os dicionários tradicionais – dos quais exatamente se pode dizer que trazem as palavras "em estado de dicionário" – e os dicionários que buscam jogar com o transporte das peças do léxico para o arranjo que constrói o sentido. E fica a pergunta: a dificuldade é inevitável? Ou, perguntando na contramão: é possível manter uniformemente uma base fincada nas previsões do sistema, para dar conta, em definições lexicográficas das entradas, das interpretações possíveis? Ou, ainda: até que ponto a prática lexicográfica consegue puxar os cordões que retiram as "peças" do léxico, uma a uma, e, regular e sistematicamente, as distribuem e relacionam fazendo emergir os significados?

Seguramente não será o conjunto de indicações metalingüísticas que fará essa passagem, ou essa permeação. Isso que constituiria a *explicitação* da gramática no dicionário poderia orientar o estudioso ou analista da língua, mas pouco ou nada diria ao usuário comum, que é o destinatário mais legítimo dos dicionários. Por outro lado, porém, o usuário comum, embora não abra o dicionário para ter lições de gramática, só tirará as últimas conseqüências da apresentação lexicográfica que tem à sua disposição, se ela não fizer total abstração do sistema de regras que dá conta da relação entre som e sentido no uso da língua, isto é, se, num acoplamento de arte e ciência, o léxico for mapeado segundo as possibilidades construcionais da língua.

## Obras examinadas

### Livros

ABREU, H. *O outro lado do poder*. Rio de Janeiro: Nova Fronteira, 1979.
ÂNGELO, I. *A festa*. São Paulo: Summus, 1978.
ARRAES, M. *Palavra de Arraes*. Rio de Janeiro: Civilização Brasileira, 1963.
BRANDÃO, I. L. *O ganhador*. São Paulo: Global, 1987.
CALLADO, A. *Quarup*. 6.ed. Rio de Janeiro: Civilização Brasileira, 1973.
COSTA, O. R. *Sonho de uma noite de velório*. Rio de Janeiro: Funarte, 1976.
DANTAS, F. *O que é homeopatia*. São Paulo: Brasiliense, 1989.
DANTAS, P. *Chão de infância*. São Paulo: CEM, 1953.
DIMENSTEIN, G. *Meninas da noite*. São Paulo: Ática, 1992.
FARIA, O. *O senhor do mundo*. Rio de Janeiro: José Olympio, 1957.
FERNANDES, L. G. O. *Futebol de salão*. 11.ed. São Paulo: Cia. Brasil, 1973.

FONTANA, D. F. *História da filosofia, psicologia e lógica*. São Paulo: Saraiva, 1969.
GOMES, A. D. *A invasão*. Rio de Janeiro: Civilização Brasileira, 1962.
LENHARO, A. *Nazismo* – O triunfo da vontade. São Paulo: Ática, 1986.
LUIS, O. *Guerra do Cansa Cavalo*. São Paulo: Cons. Est. de Cultura, 1965.
MARINS, F. *Gafanhotos em Taquara-poca*. São Paulo: Melhoramentos, 1971.
MARONI, G. T., FRANCO, Jr., H. *História geral I e II*. São Paulo: Anglo, 1985.
MAYER, A. C. *Carta pastoral*. São Paulo: Vera Cruz, 1963.
MICHELI, G. et al. *Higiene bucal*. São Paulo: Ática, 1986.
MIRANDA, A. *Boca do Inferno*. São Paulo: Companhia das Letras, 1989.
MONTENEGRO, J. B. *As viagens*. Rio de Janeiro: Gavião, 1960.
NAVA, P. *Chão de ferro*. Rio de Janeiro: José Olympio, 1976.
NUMERIANO, R. *O que é guerra*. São Paulo: Brasiliense, 1990.
PERNETTA, C. *Semiologia infantil*. Rio de Janeiro: Gráfica Laemmert, 1976.
ROLIM, F. C. *O que é pentecostalismo*. São Paulo: Brasiliense, 1987.
SANTOS, M. *Por uma geografia nova*. São Paulo: Hucitec, 1980.
SILVEIRA, H. *No fundo do poço*. São Paulo: Livraria Martins, 1950.
VERÍSSIMO, J. F. *A velhinha de Taubaté*. Porto Alegre: L&PM, 1983.
YOUSSEF, A. N., FERNANDES, V. P. *Informática e sociedade*. 2.ed. São Paulo: Ática, 1988.

## Jornais

*A Gazeta*. Vitória. 10.1.1993.
*A Tarde*. 16.7.1992; 17.7.1992; 20.7.1992.
*Correio Braziliense*. Brasília. 28.2.1979; 13.5.1979; 22.7.1979.
*Folha de S.Paulo*. São Paulo. Diversas edições.
*Jornal do Brasil* – Correspondência. Rio de Janeiro. Diversas edições.
*Jornal do Comércio*. Manaus. Diversas edições.
*O Cruzeiro*. Rio de Janeiro. jan.1955; ago.1959; set.1959.
*O Estado de São Paulo*. São Paulo. Diversas edições.
*O Popular*. Goiânia. Diversas edições.

## Revistas

*Claudia*. São Paulo. maio-jul., 1992.
*Correio Braziliense*. Brasília. 28.2.1979; 13.5.1979; 22.7.1979.
*Interview*. 1993. n.157 e 161.
*IstoÉ*. São Paulo, n.296, ago.1982.
*Manchete*. Rio de Janeiro. dez.1971; dez.1975.

*Pais e Filhos*. n.9, maio 1972.
*Realidade*. Rio de Janeiro. Diversas edições.
*Superinteressante*. São Paulo. n.55, 56, 57.
*Veja*. São Paulo. n.533, 536, 565, 568.
*Visão*. São Paulo. 15.1.1973; 26.5.1975.

# Novela

*Pedra sobre pedra*. Rede Globo.

# Parte III
## Ensino

### O ensino da disciplina gramatical

# Questões ligadas ao ensino da gramática[1]

## O ensino da gramática no ensino fundamental e médio: a abordagem gramatical mais adequada para se enfrentarem as questões decorrentes do fato de que há uma interface texto–gramática

A questão do ensino da gramática – como ocorre em qualquer tipo de ação pedagógica – tem de passar por uma primeira pergunta básica: que é que se pretende com esse ensino? Ou ainda: que é que se deve pretender com esse ensino? Dentro de objetivos gerais do ensino de português no ensino fundamental e médio, que, necessariamente, tem de incluir melhor desempenho lingüístico do aluno – tanto ativo quanto passivo, tanto oral quanto escrito – que papel pode ter a gramática? A boa constituição dos textos passa pela gramática, e não apenas porque as frases que compõem o texto têm uma estrutura gramatical: na produção lingüística, com certeza, desemboca todo

---

[1] Este texto é uma adaptação da entrevista sobre ensino de gramática publicada na revista *Linha d'Água* (ver Neves, 1996c).

o domínio que o falante tenha dos processos de mapeamento conceptual e de amarramento textual, altamente dependentes de uma "gramática" organizatória.

A partir daí, já se entende que produção de texto e gramática não são atividades que se estranham; pelo contrário, as peças que se acomodam dentro de um texto cumprem funções – como referenciação e conjunção – que estão na natureza básica de cada uma, portanto na sua "gramática". Daí a necessidade de, no nível fundamental e médio, não se restringir o estudo sobre o funcionamento dos diversos itens ao seu funcionamento no nível oracional. Se um "sujeito" é "expresso" e outro é "oculto", e se o sujeito que está expresso é, em um caso, representado por nome e, em outro, por pronome pessoal, isso necessariamente não diz respeito apenas à oração em questão: a elipse do sujeito não se faz indiscriminadamente, como não é indiferente colocar-se *um menino*, *o menino*, ou *ele* como sujeito de uma oração, em um determinado ponto do texto. A "gramática" de um item como *ele* e a "gramática" de um item como *menino*, ou como *o*, estão na base das diferentes escolhas, e nenhum falante opera, no uso de um pronome pessoal, ou de um sintagma nominal composto de nome precedido de artigo definido, como se estivesse simplesmente diante de um teste de múltipla escolha. Há uma determinação sustentada no ofício de tecer o texto, e que provém das propriedades funcionais de cada item, ou de cada classe.

Ora, em tal ponto de vista, tem significado, especialmente para esse nível de ensino, o tratamento funcional da gramática, que trata a língua na situação de produção, no contexto comunicativo. Basta lembrar que saber expressar-se numa língua não é simplesmente dominar o modo de estruturação de suas frases, mas é saber combinar essas unidades sintáticas em peças comunicativas eficientes, o que envolve a capacidade de adequar os enunciados às situações, aos objetivos da comunicação e às condições de interlocução. E tudo isso se integra na gramática.

## A perspectiva do fato gramatical no ensino da gramática: gramática do português falado ou gramática do português escrito

Em princípio, poderia dizer-se que o fato gramatical se apresenta da perspectiva da língua, simplesmente: há uma competência lingüística que regula a formação de frases. Mas o que tem de estar sob mira é mais que isso, é a competência que envolve o uso real dos enunciados nas diversas situações. E aí, sim, se pode falar em diferenças. A questão, porém, vem sendo radicalizada. Em geral, toma-se, como orientação, a língua escrita pela sua modalidade mais tensa, e a língua falada pela sua modalidade mais frouxa, e traça-se um quadro de incompatibilidade total, estabelecendo-se uma polarização irremediável. Entretanto, só se pode falar em "registro oral" e "registro escrito" se se tiver em mente que esse eixo de estabelecimento de registros intersecciona com outros eixos que a sociolingüística bem nos ensina a considerar. Desse modo, todas as características em oposição que se possam invocar, em dependência da modalidade escrita ou falada da língua (diferenças quanto ao planejamento, ao processo de produção, à qualidade do texto, às necessidades comunicativas), têm de ser relativizadas ante os outros eixos que regulam a produção. Se se pensar que um texto falado "bem comportado" pode estar mais próximo de um texto escrito coloquial do que de um texto falado composto em situações em que o contexto supre a maior parte das significações (o contexto de uma brincadeira de crianças, por exemplo), quebra-se a previsão de que os produtos falados se opõem em bloco ao produto escrito. Isso relativiza a questão de se procurar uma "gramática" da escrita e uma "gramática" da fala. Por exemplo: é óbvio que, em certos tipos de interação, orações completas são dificilmente encontráveis, e é óbvio que certos textos escritos seriam praticamente ininteligíveis se veiculados oralmente. Poderíamos multiplicar ao infinito esses tipos de situação que mostram pólos opostos pinçados numa e noutra modalidade. Mas é claro, também, que, dentro do que caracteriza uma produção falada (copresença dos interlocutores, simultaneidade – ou quase-simultaneidade – entre planejamento e verbalização, maior dificuldade de recuperação de porções do texto já enunciadas etc.) há um espaço muito grande no interior do qual o texto tem de encontrar sua adequação, com zonas que podem, em muitos casos, ser recobertas por outras zonas do espaço próprio da escrita.

 A compreensão de que a relação entre fala e escrita não se resolve simplesmente por oposições pode auxiliar a adequação dos textos de uma e de outra modalidade. Na questão da referência textual, por exemplo, há uma grande diferença entre a capacidade de recuperação que os itens fóricos têm no texto falado (que se perde no tempo) e no texto escrito (que se imobiliza no espaço), mas há um mesmo mecanismo gramatical que sustenta o processo e que garante o uso. Não é por oposições, mas, sim, por propriedades comuns diferentemente aproveitadas que se resolve o uso dos diversos elementos que organizam os enunciados.

## A importância da vertente tradicional dos estudos gramaticais e a contribuição das teorias mais recentes

Duas atitudes principais – uma positiva e uma negativa – são facilmente encontráveis na apreciação do que tenham significado os estudos tradicionais na história dos estudos gramaticais.

Na primeira delas, que nada mais tem feito, em geral, do que condescender, considera-se, reticentemente, que os antigos tiveram "boas intuições"; na segunda – a mais adotada –, o tratamento tradicional da gramática é dado como responsável por todos os males que, na linha do tempo, vêm assolando o ensino da gramática, o ensino das línguas, o ensino em geral. Dessa última atitude são bons exemplos teses acadêmicas – que começam muito freqüentemente apontando as "falhas" do tratamento tradicional e assentam sua validade na "superação" dessas falhas –, bem como trabalhos destinados a orientar o ensino da língua, materna ou estrangeira, nas escolas. A primeira atitude adotam não apenas estudiosos que têm um bom conhecimento do que se fez na gramática incipiente, mas ainda aqueles que simplesmente já perceberam que pichar a gramática tradicional é um lugar-comum, e que esse esporte já não é tão bem-visto.

Que a gramática tradicional não quis nascer como ciência já o disseram seus preparadores inaugurais, que compuseram declaradamente, uma "arte da gramática" (*Téchne gramattiké* é o título do manual atribuído a Dionísio o Trácio). Que a finalidade da composição dessas lições era normativa se recupera facilmente, com a simples avaliação do contexto histórico-cultural em que os estudos surgiram. Que os fundamentos das conceituações e da organização alcançada tinham base lógica diz a própria história das idéias que sustentam a sistematização oferecida. Talvez o que menos se tenha percebido na base da organização da gramática no Ocidente é a motivação retórica, que deve ser alargada para fora dos simples domínios de uma estilística. Voltando à Grécia, temos de reconhecer uma vocação histórica para o "bem falar", registrada desde os heróis bem-falantes de Homero, levada a extremos na atividade sofística, sistematizada a serviço da lógica em Aristóteles, e, afinal, oferecida em lições na gramática alexandrina. A gramática alexandrina examinava textos escritos, porque já então – na época alexandrina – não mais se falava a língua que estava sob exame. As reflexões lingüísticas em Aristóteles também não contemplavam a língua em uso, não simplesmente pela época em que se faziam, mas porque naturalmente subordinavam o estudo da língua e de seu uso à investigação do pensamento lógico, apenas "vestido" pelos enunciados lingüísticos. Mais na raiz, porém, estava a atividade dos retores, o cuidado com a fala eficiente e o desempenho lingüístico adequado. A consideração dessa direção se perdeu na interpretação que se fez do edifício construído e posto à disposição da posteridade, e se perdeu exatamente nas adaptações que se foram fazendo nos estudos subseqüentes, latinos, portugueses e brasileiros.

Houve o momento histórico em que os estudos lingüísticos passaram a reclamar foro de ciência. Descrição, de um lado, e explicação, de outro, passaram a ser as atividades legítimas. Diacronia e regulamentação de uso passaram a ser heresias. Depois, no movimento pendular que caracteriza o evolver dos conhecimentos, chegou o momento em que a própria "ciência lingüística" fixou outros objetos, como "competência comunicativa" e admitiu elucidar relações com os demais sistemas cognitivos. O nocional agora se legitima, e volta à discussão, sem culpas e sem desculpas, com discussão de temas como iconicidade e representação metafórica. A eficiência comunicativa assume lugar de honra dentro da teoria. E, afinal, a diacronia se casa até com gerativismo, e a "gramaticalização" é uma vedete atraente.

Normatividade ninguém ainda ousa defender. Mas deve lembrar-se que, se gramática não tem que ver com norma, por outro lado o desempenho eficiente, em certos registros, depende da conformação do texto a determinados padrões vigentes e aceitos na sociedade. Será essa a próxima tônica?

## As relações entre pesquisa acadêmica e ensino fundamental e médio

Essa é uma questão crucial que não tem encontrado boa solução nem de um lado nem de outro.

Falemos, primeiramente, do lado da academia. A pesquisa acadêmica tem sido dividida em pura e aplicada. Uma e outra têm-se sustentado, em geral, independentemente de uma interação efetiva com o ensino fundamental e médio. Se há uma grande preocupação com o "diagnóstico" do que ocorre, não tem o mesmo volume a preocupação com uma intervenção efetiva e sistemática na situação encontrada e diagnosticada. Não culpo os pesquisadores, mas verifico que o caráter em geral episódico das avaliações faz que o esforço não se organize em parcelas que possam somar-se, criando um corpo significativo de contribuição.

Falemos, agora, do outro lado, do ensino fundamental e médio. Pensemos bem no que significam para os professores desses níveis as pesquisas que a universidade faz. Em primeiro lugar, elas são fonte de intimidação: imagine-se um professor universitário expondo a professores de ensino fundamental e médio suas pesquisas sobre "ruptura de adjacência" (gerativismo), ou sobre "iconicidade" (funcionalismo). Esses professores-alunos têm de voltar, após algumas horas ou dias, à sua sala de aula, e lá decidir como agir com crianças que não organizam idéias para compor textos e não dominam estruturas para compor frases. Trarão eles de seu contato com os professores universitários algum aporte que compense o ônus opressivo daquela diminuição a que foram submetidos no embate desigual em que entraram? Que fazemos nós, os professores universitários, em geral, para que nossos contatos com os professores de ensino fundamental e médio não sejam mais que uma oportunidade de aplicação de nossas pesquisas?

Essa mesma questão pode ser focalizada do ângulo da "opressão" sobre o professor universitário. Ainda não se resolveu muito bem no Brasil o que significa essa "dedicação exclusiva" ou "integral" à pesquisa e à docência e nem se resolveu bem o trinômio "pesquisa", "docência" e "prestação de serviços à comunidade" em que se movem – ou se atolam? – os professores nas universidades. Atuar junto ao ensino fundamental e médio é prestar serviços à comunidade? Então – pensam eles – vamos fazer as duas coisas: uma certa quantidade de pesquisa (e insistir nela porque é ela que é cobrada em todas as instâncias, tanto pela universidade como pelas agências de fomento) e um pouco de atuação no ensino básico, isso se der tempo, e sem maiores compromissos. Essa falta de compromisso implica, inclusive – insisto –, levar para os professores de ensino fundamental e médio os "interessantes" resultados da última pesquisa que tivermos feito, pois, com certeza, se ela foi interessante para nós, há de ser para eles. E quanto mais hermética ela for, mais respeito teremos, e mais estaremos gratificados com o respeito que tivermos obtido, ao final de nossa interação. Pensando bem, o que não terá havido – e não está havendo, no geral – é diálogo!

## A questão do registro a ser trabalhado na escola: a defesa da norma culta padrão e o respeito ao registro (popular) do aluno

Não existe, simplesmente, uma escolha entre norma culta padrão e registro (popular) do aluno. De um lado, não há dúvida de que é papel da escola prover para seus alunos a formação necessária para que eles sejam usuários da língua no padrão necessário à ocupação de posições minimamente situadas na escala social. De outro, não há dúvida de que uma enorme parte da clientela de ensino fundamental e médio entra na escola com uma apropriação apenas de padrões lingüísticos extremamente distantes dos que a sociedade aceita e respeita. À criança não pode ser dito que aquilo que ela usa não é linguagem eficiente ou adequada, bem como à sociedade não pode ser dito que não deva haver padrões para situações instituídas. Como pode ser exarado um despacho, como pode ser organizada uma peça de defesa criminal, como pode ser descrito um fenômeno físico, como pode ser exposta uma descoberta médica, num registro próximo ao que a maioria de nossas crianças traz à escola? O mínimo que se espera da escola é que ela se esforce para prover à criança toda a apropriação de vivências e de conhecimentos que lhe assegure um domínio lingüístico capaz de garantir a produção de textos adequados às situações, de modo que ela possa ocupar posições na sociedade. Por outro lado, também se espera da escola que ela não crie um cotejo entre registros que constitua estigmatização e banimento para o lado do aluno. Esse é um ponto em que já se obtiveram grandes avanços. Tanto teorias como práticas atuais têm comprovado e têm mostrado que nenhum registro lingüístico é melhor ou pior do que outro, embora haja registros pouco prestigiados, e que só são adequados e eficientes em tipos reduzidos de situações. Para que a criança cada vez mais "saiba" a sua língua, a escola tem de expô-la a diferentes registros, levando-a a compreender as funções que a própria existência de subcódigos tem na sociedade. Afinal, já em 1935 Firth desmanchava o mito da existência de uma língua monolítica e homogênea.

## A questão da atualização do professor de ensino fundamental e médio

Em primeiro lugar, na situação em que o ensino básico se encontra, eu defendo uma ação continuada, uma interação permanente com fontes de irradiação de conhecimento, seja a universidade, sejam órgãos especialmente instituídos para a função. Já se demonstrou à sociedade que ações episódicas não funcionam, e, pelo contrário, podem desestabilizar os processos, quer por desestímulo criado por uma consciência de impotência, quer pela própria confusão que conceitos mal digeridos podem provocar.

Em segundo lugar, acredito que as ações sobre professores de ensino fundamental e médio não podem resumir-se a uma transposição do conhecimento acumulado em pesquisas de nível universitário. Despejar esses conteúdos – mesmo facilitados – sem prover a sua integração na ação pedagógica é simplesmente sacudir a poeira e jogá-la sobre alguém. Mesmo pesquisas consideradas mais práticas, pesquisas rotuladas como de *Lingüística aplicada* não constituem "conteúdo" que deva ser levado para as salas de aula de cursos de atualização de professores de ensino básico. Na verdade, pelo que me é dado conhecer, salvo exceções, os professores universitários não estão preparados para atuar eficientemente nessa função: eles também têm de ser preparados para isso. E tem de haver um plano muito bem pensado, orgânico, continuado, maior do que cada um dos governos que se sucedem.

## O papel do livro didático no ensino da gramática

O livro didático tem sido, desde muito tempo, o vilão da história. Muito professor acreditou que nada dava certo no ensino da gramática porque não havia bons livros didáticos. De fato, em uma pesquisa de alguns anos atrás em que examinei três dezenas de livros didáticos encontrei, por exemplo, num livro – que fazia questão de dizer que "nosso ensino gramatical é gritantemente anacrônico", porque feito dentro da tradição normativa – exercícios propostos a partir de frases como estas: "Há alguns expertos tricordianos na empresa?"; "As ingênuas balizas nomearam toda a alcatéia juíza?"; "Os bazares hierosolimitanos houveram por bem o início da greve?"; "O prazeroso leilão tornou sua pinacoteca valiosíssima?". Esse é um caso extremo, mas, na verdade, não foram infreqüentes problemas como confusão de critérios, inadequação de nível, "invenção" de regras, sobrecarga de teorização, preocupação excessiva com definições (além da impropriedade das definições), artificialidade de exemplos, falsidade de noções, gratuidade ou obviedade de informações, gratuidade de ilustrações, mau aproveitamento do texto, para só citar uma parte deles. Ainda assim, não é verdade que se possa transferir com tanta facilidade para o livro didático a responsabilidade do fracasso do ensino da língua.

Na verdade, acredito que hoje as coisas já estão mais bem postas no seu lugar. Mesmo porque essa transferência de responsabilidades não se sustenta. Sem querer dizer que "o professor faz o livro", eu lembraria que, por mais bem-feito que seja o livro didático usado, os alunos de ensino fundamental e médio, em geral, não aprenderão suas lições – especialmente a gramática – sozinhos. O máximo que eles poderão fazer sozinhos é um treinamento – por exemplo, de estruturas – ou uma verificação de conhecimentos. Entretanto, muitos professores criticam o livro didático que têm exatamente porque ele não serve como "professor", isto é, não pode simplesmente ser entregue aos seus alunos para que, durante uma parte da aula, eles interajam com ele, e disso obtenham um bom aprendizado, uma boa compreensão dos fatos. Indo mais fundo, vemos que faz parte do despreparo do professor esperar do livro didático que em parte ele o substitua. Em primeiro lugar, o professor assume que o autor do livro há de "saber" mais que ele, e que, portanto, deve ser melhor mestre do que ele; em segundo, ele não tem tempo para preparar suas lições de tal modo que, antes de entregar o livro ao aluno, tome distância de tudo o que ali está, e faça o seu plano de ação.

## O trabalho com o aluno como leitor, e o apelo fácil da televisão, do videocassete e dos *videogames*

Há uma tendência muito grande entre todos os responsáveis por ações educativas de buscarem vilões aos quais transfiram as culpas dos problemas.

Enquanto o livro didático tem sido o maior vilão dentro da sala de aula, fora dela o maior vilão é a televisão. Nem é preciso mais nada para explicar por que os alunos não lêem, não estudam, não aprendem. Ultimamente, o efeito "pernicioso" da televisão se agravou, com o apelo do videocassete e a mania dos *videogames*. Essa alegação é um lugar-comum. Entretanto, não se pode encarar a televisão como fenômeno isolado, nesta época de mudanças profundas no modo de vida e nos interesses, especialmente dos jovens. Pode-se dizer que ela é exatamente o móvel das mudanças; e, de fato, ela está no centro da revolução dos meios de comunicação, e os meios de comunicação é que orquestram o amoldamento dos costumes. Ela é parte integrante da vida da quase totalidade da população, e quase todos os alunos ficam uma (boa) parte de seu tempo diante dela. Para que ler *Vidas secas*, se se pode assistir ao filme na televisão, com menor esforço do que o que exige a compreensão da língua escrita, com maior prazer visual, no sofá, com companhia, com bate-papo, com pipoca, guaraná e chocolate? E *Primo Basílio*, então, se a minissérie está tão bonita? Essa idéia de substituição de um modo de apresentação da "história" por outro revela, em primeiro lugar, uma falta de compreensão total do que a leitura representa, já que o que pesa é o fato de que assistir à apresentação de um filme, uma minissérie, uma novela baseada num livro traz conhecimentos: fica-se sabendo – descontadas as adaptações – quais as personagens, o que ocorre com elas, quais os costumes da época etc. Como o aluno encara a necessidade da leitura de livros pela ótica do que lhe vai ser cobrado nas provas da escola ou do vestibular, a substituição tem seu efeito: ele assiste ao filme e é capaz de responder à maior parte das questões que são pedidas nas provas "sobre" os livros de literatura. Está tudo errado. Só que não se poderia dizer que o problema de base é a "existência" da televisão na casa dos alunos. Eu pergunto: os professores de hoje, que foram alunos antes da situação atual de apelo da televisão, leram muito? Acredito que a explicação não é tão fácil como se quer indicar, alocando-se simplesmente as causas dos problemas nos fenômenos mais visíveis e à mão. E, por outro lado, existe um papel cultural e formador da televisão que não pode ser negado, por mais que pensemos no efeito "deformador" de certos programas: sem televisão nossas crianças estariam tão perto do mundo como hoje estão? E muitos de nossos pequeninos teriam oportunidade de letramento sem televisão?

A leitura é outra história. Não é de hoje que brasileiro não lê. Até por isso a televisão tem mais espaço na vida das pessoas no Brasil do que no resto do mundo.

## O uso do computador e de CD-ROM com fins pedagógicos e a disputa de espaço com o professor

Ninguém pode desconhecer o que representa o computador na vida das pessoas nos dias de hoje. Todos têm de se instrumentar para usá-lo, é obvio. Há crianças que apenas aprendem a servir-se desse instrumento poderoso e há crianças que se envolvem muito mais, dando ao computador um papel determinante em sua vida. Distorções podem surgir, é claro, e já há crianças fanatizadas que não dimensionam seu tempo e substituem o estudo pelo culto dos *softwares*. Também aí, há dois lados da questão. Tenho verificado nas crianças e adolescentes que convivem intensamente com o computador uma extraordinária capacidade de compreensão de textos. Lembrando a campanha da Tostines, ou eles lêem bem porque a decifração do uso da máquina envolveu investigações em textos – dos próprios programas ou de manuais –, ou eles se agradam com os desafios dos textos que a máquina lhes traz exatamente porque são bons leitores. O fato é que temos uma geração com (poucos?) leitores agudíssimos, que lêem nas entrelinhas, que fazem ilações, que projetam inferências, que equacionam problemas. O outro lado da questão – a desvalorização da ação da escola e o abandono do hábito de estudo – precisa ser analisado no complexo de que faz parte. Quanto ao uso dos recursos de multimídia com fins pedagógicos, não vejo que isso possa ser visto como uma disputa de espaço com o professor. A não ser que o professor se ponha à margem e assuma que tudo isso nada tem que ver com ele.

## A mudança ocorrida no perfil do professor: desvalorização e pessimismo

A maior diferença entre o professor de ontem e o de hoje é que o professor de ontem tinha a alegria de ser professor. E é preciso algo mais, para dizer que tudo é diferente? Como ter prazer num ofício que ninguém valoriza?

Como categoria, "professor" hoje é nada, perante a sociedade. O máximo que todos têm dele é pena. Há poucos dias um motorista de táxi em São Paulo, querendo solidarizar-se comigo, quando me soube professora, me disse que não sabia como um professor de escola pública vive com o que ganha. E acrescentava: "já consegui tirar meu menino da escola pública e no próximo ano tiro a menina, porque, com o que ganha, o professor não pode trabalhar". O que significa essa generalização? Que o professor que daria aulas para essa menina no próximo ano já teve seu desempenho julgado *a priori*, sem que nada tenha servido de base para esse julgamento, a não ser a suposição de que quem não se sente pago não pode trabalhar. Pense-se em como essa avaliação dos pais – e da sociedade – passa para a criança: imagine-se uma criança indo para a escola pública e sabendo que ela só está lá enquanto o pai não puder pagar algo "melhor". E nas escolas particulares, na verdade, a coisa não é muito diferente: o professor é nada mais que um "empregado", pago pelos pais. Afinal: que foi feito daquela imagem carinhosa e respeitosa que as crianças tinham de seus mestres? Lembram-se de quando os mestres eram heróis? Mas... é verdade: que foi feito, também, de todos os velhos heróis da nossa História?

# O ensino da gramática[1]

## Introdução

Este trabalho tem ponto de partida nos resultados obtidos em pesquisa sobre o ensino da gramática que realizei com 170 professores de Língua Portuguesa de 1º grau (5ª a 8ª série). Essa pesquisa, que vem resumida no livro *Gramática na escola* (Neves, 1990), tem-me servido de base para uma revisão do modo de tratamento das entidades gramaticais, mais especificamente das classes de palavras. Na verdade, como se verá dos apontamentos que seguem, a catalogação das classes foi a atividade apontada na pesquisa como a mais freqüentemente explorada nas aulas de gramática.

## A natureza da gramática ensinada

O primeiro ponto que deve ser indicado é que 100% dos professores entrevistados afirmam *ensinar* gramática. Uma conclusão muito grave que

---

[1] Este artigo foi originariamente publicado na *Revista Internacional de Língua Portuguesa* (ver Neves, 1991).

se tira dos resultados da pesquisa, porém, é que os professores confessam acreditar que seu trabalho com o ensino da gramática "não serve para nada".

A pesquisa procurou inicialmente verificar o lugar que a gramática ocupa no estudo da língua portuguesa que as escolas oferecem. Naturalmente essa posição se liga à natureza da gramática contemplada, e é exatamente nessa consideração da *natureza* da gramática tratada nas escolas que tenho detido minhas reflexões, das quais este trabalho dá uma amostra.

É preocupante verificar que os professores contemplam a gramática, especialmente, como *atividade de exercitação da metalinguagem*. Em segundo lugar, consideram que ela seja uma disciplina normativa. Despreza-se quase totalmente a atividade de reflexão e operação sobre a linguagem, do que resulta uma organização dos trabalhos em compartimentos totalmente apartados: de um lado, *redação* e *leitura com interpretação* (estruturação/representação/comunicação de experiências, mais interpretação de experiências comunicadas), e, de outro, gramática (conhecimento do quadro de entidades da língua, e, também, algum conhecimento do que se considera bom uso da língua).

O ensino da gramática assim vista nada mais é do que a simples transmissão de conteúdos expostos no livro didático em uso.[2] E o que os livros oferecem é, em geral, uma taxonomia de formas, numa apresentação que vai da definição das entidades aos quadros de flexão, passando por subclassificações, tanto de base nocional como de base morfológica.

Na verdade, ao indicar os exercícios que mais freqüentemente propõem a seus alunos, os professores revelaram uma preferência maciça por dois tipos, ambos representativos de uma simples atividade de catalogação de entidades: classificação de palavras e discriminação de funções sintáticas. Para fugir à acusação de trabalhar artificialmente a gramática – já que trabalham com palavras soltas –, os professores, na sua maioria, afirmaram que, no ensino gramatical, partem de textos, ou, no mínimo, de frases. Isso, porém, nada mais representa do que retirar palavras de frases ou de textos e trabalhar com elas como entidades de estatuto autônomo.

A verificação das finalidades do ensino da gramática nas escolas mostra que os professores acreditam que, com tal estudo, o aluno chegue a "escre-

---

[2] A limitação das atividades ao que o livro adotado em sala de aula oferece foi outra das conclusões da pesquisa.

ver melhor". Mas eles não sabem bem o que é "escrever melhor". O que transparece mais evidentemente é que tal significa, para eles, escrever segundo os padrões cultos mais valorizados. O padrão culto, sabemos, não está ainda estabelecido no Brasil, mas os professores consideram que ele deve representar uma conformidade com as regras da gramática tradicional.

Tudo isso, porém, conflita com a natureza das aulas de gramática oferecidas. Abandonou-se, em geral – a pesquisa concluiu –, o ensino da gramática normativa, mesmo porque os livros didáticos – *vademecum* dos professores – fizeram questão de "modernizar-se", nesse sentido. A gramática oferecida ao estudo não mais normatiza, apenas exibe os quadros das entidades, os paradigmas, as estruturas. A aprendizagem cobrada é, por isso, a catalogação de unidades e o reconhecimento de funções na estrutura frásica. O texto – se é usado – é apenas o estoque escolhido para fornecer palavras que o exercício manipulará, palavras que, do texto retiradas, deixam de ser as peças que o constituíram e passam a ter vida própria e a justificar, cada uma, a sua "gramática".

É a partir de tudo isso que os professores concluem que o ensino de gramática que empreendem "não serve para nada". Se a finalidade do ensino da gramática é levar a "escrever melhor", se a gramática contemplada é um simples jogo de rotulação de classes e de funções sintáticas, realmente se tem de pôr em questão a validade da existência de uma atividade de ensino da gramática nas escolas.

## Uma discussão da questão

Não pretendo, aqui, apontar caminhos, propriamente. Apenas tento refletir sobre as razões do desconsolo geral que a pesquisa permitiu observar entre os professores, os quais vêm, durante todo o seu tempo de magistério, "ensinando gramática", mas não conseguem apontar nenhum real proveito de seus alunos com esse ensino.

### As unidades em exame nas escolas

O primeiro ponto a considerar-se é o fato de as atividades gramaticais nas escolas se centrarem numa exercitação metalingüística que tem, basicamente, *palavras* como alcance. Realmente, a primeira evidência empírica na observação de um texto (pense-se, especialmente, em um texto escrito) é que ele se recorta em palavras, essa entidade cujo nome foi, com certeza, o primeiro termo metalingüístico que cada indivíduo aprendeu e usou, na história de sua vida, e que, no entanto, é, com certeza, o primeiro termo que todo indivíduo que se dedica a estudos lingüísticos é convidado a descartar ao entrar nesse universo de pesquisa. Refiro-me às lições de Lingüística sobre o estatuto das unidades dos diferentes estratos lingüísticos. Na verdade, as palavras não são nem unidades mínimas morfológicas, nem garantidamente unidades de funcionamento sintático, nem unidades mínimas semânticas, nem garantidamente unidades discursivas. Transitam elas por todos os estratos; há aquelas, por exemplo, que coincidem com unidades mínimas morfológicas, ou que por si preenchem funções sintáticas, mas nada disso pode ser considerado definitório.

Entretanto, afora a perturbação dos casos de dúvida gráfica (*por isso* x *porisso*; *por que* x *porque*; *em baixo* x *embaixo*), o usuário comum tem a consciência de se servir de palavras, como unidades inequívocas, no seu uso da língua. Essas são as entidades que ele maneja, e, nos momentos em que é necessário que fale de sua língua, ou de sua linguagem (de seus enunciados, dos elementos do enunciado, do sentido do que diz), o objeto específico de seu discurso metalingüístico é, privilegiadamente, a palavra; o que um usuário comum comenta, em geral, se fala de linguagem, é a escolha de palavras, o significado de palavras, o contraste ou a relação de palavras, a repetição ou a falta de palavras, o bom ou o mau uso de palavras. É dessas unidades que ele lança mão para fazer todo o discurso de sua avaliação de enunciados, sejam os seus próprios, sejam os dos outros, porque é dessas unidades que ele "entende", foi delas que ele intuitivamente se apropriou, na posse que tomou de sua língua.

No momento em que chega à escola – lugar, basicamente, de sistematização dos conhecimentos – começa ele a receber instruções para a colocação dessas entidades em compartimentos que a "gramática" tem muito bem preparados (e há muito tempo!) para abrigá-los. E o exercício de pega-rótulos em palavras passa a constituir, por toda a vida escolar, a atividade por excelência do "mundo da gramática", que é o compartimento das aulas do vernáculo onde se instilam os conteúdos selecionados como básicos do estudo gramatical da língua. São vários os elencos de rótulos: segundo a classe e a subclasse, segundo a função sintática, segundo o número de sílabas, segundo a acentuação tônica, segundo a semântica vocabular etc. De textos (usados como pretexto, como se apontou), se retiram palavras, dá-se-lhes autonomia irrestrita e elas saem da linha de sucessividade que têm no enunciado para compor listas rotuladas para cujo exame o enunciado (e a enunciação, mais ainda) não conta. E o que seria investigação é especulação; sem valor, sem verdade, sem conseqüências. Empreende-se uma enfiada de catalogações com as quais nada se tem que fazer depois que a exercitação foi empreendida.

Conclui-se dessas observações que, se, de fato, é com as "palavras" que qualquer usuário da língua logra exercitar com maior facilidade a metalíngua, não se justifica, por outro lado, que se centre na unidade *palavra* o ensino da gramática da língua. E a simples extensão do exame para a frase, numa investigação da função sintática das *palavras,* também não responde às necessidades de uma análise que contemple a língua em função, que é a língua que – parece-me – tem de estar sob estudo numa escola de ensino fundamental ou médio, na qual a formalização pura é inatingível.

## O texto como nível pertinente de investigação

Na verdade, parece-me óbvio dizer que a investigação do comportamento das partes do *discurso* só tem sentido se esse comportamento é observado no próprio discurso. Assim o texto – que codifica o discurso – é a unidade maior de investigação da língua em função, exatamente a unidade na qual se manifesta o complexo das funções que a língua exerce por meio da combinação das unidades menores.

Admitir que as unidades da língua têm de ser avaliadas com relação ao texto em que ocorrem não significa, é óbvio, desconsiderar as diversas unidades hierarquicamente organizadas dentro de um enunciado, já que, evidentemente, as entidades da língua têm uma definição estrutural, tanto no nível da oração como no dos sintagmas menores que ela.

Assim, é na oração que se investiga a questão da transitividade, isto é, a ideação das relações existentes entre um predicador e os portadores de papéis semânticos, resolvida no arranjo sintático dos argumentos com o núcleo predicativo. E é também na oração que se investiga, agora do ponto de vista da função interpessoal, a questão da escolha do sujeito (relacionada com os participantes do ato de fala) e a questão das modalidades (ligada à polaridade) e das modalizações (operada, por exemplo, por elementos interrogativos e por atitudinais). Por seu lado, é no sintagma nominal que se investiga – voltando-se à função ideacional – a transitividade centrada em predicadores não-verbais, isto é, a relação entre predicadores nominais e seus argumentos.

Tudo isso aponta para o fato de que classes como nomes e verbos se prendem basicamente a uma investigação intra-oracional, isto é, a uma investigação que se liga ou à unidade O ou à unidade SN. O mesmo ocorre, conseqüentemente, com a classe das preposições. Diferentemente, porém, certas palavras têm seu estatuto ligado antes a seu funcionamento no texto do que à organização intra-oracional, e a sua "gramática", portanto, só se equaciona completamente numa visão que contemple a organização discursivo-textual. Tais são, por exemplo, os demonstrativos, os possessivos e os artigos definidos, que, embora componham a estrutura do SN, dentro do qual respondem pelo agrupamento do nome nuclear em subconjuntos especiais, têm, na sua condição de fóricos, um comprometimento não apenas com as relações intra-enunciado, mas também com as relações entre enunciado e enunciação. Tais são, ainda, os coordenadores, exemplo privilegiado de classe de estatuto desvinculado da estruturação sintática, seja sintagmática, seja oracional.

## Amostra do estabelecimento da "gramática" de uma classe

Este trabalho faz considerações exatamente sobre a classe das chamadas *conjunções coordenativas*, como exemplo da necessidade de uma gramática que trate as tradicionalmente chamadas *partes do discurso*, realmente, como tais, isto é, como elementos que atuam na codificação do discurso, codificação que se realiza no texto. Por isso mesmo, estas considerações (que se apóiam em Neves, 1984a) ensaiam uma incursão pelo papel dos coordenadores na própria tessitura do texto.

A primeira observação diz respeito ao fato de que a ocorrência interfrasal é privilegiada se se quer chegar à *definição* do valor dos coordenadores, isso pela própria existência de pausa de final de frase após o primeiro segmento coordenado (entoação descendente, nas enunciativas), como se verá no decorrer da exposição. Na verdade, julgo que a ênfase conferida, na quase totalidade dos estudos gramaticais, a uma função conjuntiva ou "ligadora" das (por isso mesmo) chamadas *conjunções* decorre da perspectiva em que os estudos se situam: parte-se dos elementos componentes, numa perspectiva que vai dos elementos menores para os maiores, parando-se nos limites da frase. Numa consideração que parta do enunciado maior que a frase (do conjunto coordenado para os membros coordenados), porém, a definição que se dará aos coordenadores será diferente, como se verá a seguir.

Observem-se as ocorrências (1) a (3):

(1) *(O cão) Tornaria a ouvir a voz do velho Naé. **E** tudo voltaria a ser exatamente como tinha sido até então.* (Condé, 1978)

(2) *Eu não valho nada, patrão. **Mas** o senhor pode contar comigo pra o que der e vier.* (Sales, 1974)

(3) *Os índios não sei se têm alma imortal. **Ou** se ainda têm.* (Callado, 1968)

Há duas características básicas nesses tipos de ocorrência, que julgo necessário examinar:

- a opção pelo corte em duas frases (quando se poderia ter usado apenas uma);
- o emprego do coordenador (apesar do corte).

O exame da primeira característica leva a supor ocorrências como (1a) a (3a), em que a coordenação é intrafrasal (supressão da pausa de final de frase após o primeiro segmento coordenado):

(1a) *(O cão) Tornaria a ouvir a voz do velho Naé e tudo voltaria a ser exatamente como tinha sido até então.*

(2a) *Eu não valho nada, patrão, mas o senhor pode contar comigo pra o que der e vier.*

(3a) *Os índios não sei se têm alma imortal, ou se ainda têm.*

O confronto do bloco (1a) a (3a) com o bloco (1) a (3) permite verificar que em ambos os esquemas se mantém o estatuto sintático relativo dos dois segmentos coordenados.

O exame da segunda característica, por sua vez, leva a supor ocorrências como (1b) a (3b), em que a coordenação seria assindética (supressão dos coordenadores):

(1b) *(O cão) Tornaria a ouvir a voz do velho Naé. Tudo voltaria a ser exatamente como tinha sido até então.*
(2b) *Eu não valho nada, patrão. O senhor pode contar comigo para o que der e vier.*
(3b) *Os índios não sei se têm alma imortal. Se ainda têm.*

O confronto do bloco (1b) a (3b) com o bloco (1) a (3) permite verificar-se que a supressão do coordenador corresponde a uma perda de garantia da coordenação: o segundo segmento (S") é sentido como ainda preso ao primeiro (S'), o qual ele reitera (1b), ilustra (2b) ou reformula (3b). Assim, em (1b) a (3b), S", de algum modo, retoma S'.

A correspondência dos esquemas (1a) a (3a) com (1) a (3) permite as seguintes conclusões:

- o coordenador interfrásico ((1) a (3)) e o coordenador intrafrásico ((1a) a (3a)) têm o mesmo valor básico no texto;
- a ocorrência do coordenador interfrásico ((1) a (3)) descaracteriza o efeito da pausa final de frase que o antecede, considerando-se: 1.) que esse efeito era encerrar S' dentro do limite pela pausa indicado; 2.) que, no entanto, em (1a) a (3a), a frase S" representa um termo da estrutura sintática de S' (é o último de uma série de termos).

A não-correspondência dos esquemas (1b) a (3b) com (1) a (3), por seu lado, permite as seguintes conclusões:

- a pausa de final de frase após um segmento deixa sem definir a natureza do segmento que vem em seqüência;
- o coordenador interfrásico descaracteriza o efeito da pausa de final de frase que o precede, isto é, anula a condição de membro último que a entoação conferia ao segmento precedente; deste modo, o coordenador define como *co-ordenados*[3] o segmento que ele inicia e o precedente (encerrado por pausa de final de frase).

A correspondência com relação ao bloco (1a) a (3a) e a não-correspondência com relação ao bloco (1b) a (3b) permitem as seguintes conclusões:

---
3 A grafia com hífen pretende acentuar o "desligamento" dos dois segmentos.

- o valor básico das chamadas *conjunções coordenativas* (interfrásicas ou intrafrásicas) é a *co-ordenação* de segmentos, isto é, a apresentação de S" como acréscimo a S', sendo S' e S" elementos de igual estatuto em uma seqüência;
- as chamadas *conjunções coordenativas* são elementos capazes de garantir essa *co-ordenação*, já que corrigem o efeito da pausa de final de frase que ocorre após S e que, por si, marcaria S' como segmento último (o último elemento de uma série).

Isso, na verdade, evidencia um caráter de *seqüenciadores* – mais que de *juntivos* – para os *co-ordenadores*, que assim, ficam a requerer dos estudiosos uma explicitação de seu funcionamento sobre bases não limitadas às unidades sintaticamente estruturadas.

Observe-se, de início, que um *co-ordenador* como *mas*, do tipo adversativo, não se reduz sinonimicamente a juntivos anafóricos, também do tipo adversativo, como *entretanto*, *contudo*, *todavia*, já que estes, em oposição àquele, efetuam, privilegiadamente, uma amarração do segmento por eles introduzido ao segmento anterior. Pode-se dizer, mesmo, que *mas* e esses outros elementos, que, do ponto de vista da semântica vocabular, entram na mesma classe (a dos "adversativos"), são, na verdade, complementares, o que se evidencia na organização semântica textual, assentada, por sua vez, numa distinta definição sintática, como se explicitou no exame da ocorrência (2) Efetivamente, no exame das ocorrências (1) a (3), chegou-se a uma definição sintática dos *co-ordenadores* que é complementar à que se obteria para os juntivos anafóricos a que agora se faz referência. Desse modo, a opção, num determinado ponto do enunciado, por um *mas* e não por um *contudo*, revela uma opção por avanço, e não por retomada no tecer da teia do texto, o que, seguramente, serve à organização argumentativa do discurso e confere condições particulares à arquitetura do texto.

Falar da força argumentativa do *mas* é tarefa fácil, já que "os enunciados com *mas*, operando pesagem de diferenças, jogando com discriminações, constroem-se basicamente sobre relações argumentativas, buscando estabelecer o prevalecimento de uma direção sobre outra ou sobre outras" (Neves, 1984a, p.179).

Todo *co-ordenador* inicial de frase, porém, é peça de argumentação, até o mais neutro deles, o *e*, como se explicitará a seguir.

A noção tradicional, com muita simplicidade aceita, de que o *e* efetua uma adição neutra dos segmentos entre os quais ocorre leva a enganos, como condenar (é o que alguns professores pesquisados revelaram que fazem) o *e* inicial de frase como "erro" ou "mau uso", sem consideração do aporte que esse elemento traz à modalização dos enunciados, com conseqüências na organização argumentativa do texto.

Parto de ocorrências como:

(4) *Só que ele não descortinou nada. E se, no seu entorpecimento grosseiro, reconheceu aquele instante na montanha, foi apenas porque uma pessoa reconhece o que deseja.* (Lispector, 1970)

(5) *Cada rua, cada esquina tem sua cara. E cada uma é uma, não se repete mais. Aprendi.* (António, 1965)

(6) *Pareciam assombrações os vultos: duas almas penadas no meio do mar. E não pense que Tatá não era bom na jangada.* (Nascimento, 1960)

(7) *Também a morte lhe pareceu uma coisa clara. Simples. Era a vontade de Deus. "E essa é uma vontade forte", pensou.* (Teles, 1955)

(8) *Pois já disse, meu bem, eu tenho que ficar até o fim, sou o comandante. E comandante não pode fugir!* (Teles, 1955)

(9) *Parecia estar fugindo de alguém. E estava.* (Machado, 1969)

Em (4), até que se encerre, a primeira frase é recebida pelo enunciatário como uma neutra transmissão do saber (fazer-saber implícito); o acréscimo da segunda frase como argumento mais forte, e portanto de mesma direção, apresentando-se como um novo fazer-saber (que o *e* explicita), confere força de argumento ao que se enunciou na primeira frase. E observe-se que a frase que se acresce, se não se iniciasse pelo *e*, viria como uma volta à anterior, para explicitação da informação ali contida, o que confirma a tese ora exposta quanto ao valor geral dos co-ordenadores.

Em (5) o uso do *co-ordenador e* tem como efeito uma progressão argumentativa: o argumento que está na segunda frase é sentido como um *ainda mais*, portanto como um segundo argumento, o que significa tomar-se o primeiro como um argumento da mesma direção do segundo, efeito que o *e* inicial da segunda frase permite obter.

Os exemplos (6) a (9) mostram privilegiadamente o uso do elemento *e* como introdutor de enunciado que explicita a modalidade do fazer-saber: são casos em que o *e* introduz advertência, como (6), ou julgamento (alético, deôntico, veredictório), como os demais.

No que respeita à importante propriedade de configuração da arquitetura do texto que os *co-ordenadores* em início de frase possuem, propriedade não considerada, em geral, nos estudos tradicionais dessa classe de palavras, aponte-se, inicialmente, seu grande valor no desligamento de frases. Esse valor (que confirma as conclusões iniciais aqui apresentadas sobre o estatuto dos *co-ordenadores*) representa um avanço textual, que carreia efeitos bastante caracterizadores para os textos em que esses elementos ocorrem.

Especialmente o *co-ordenador e*, que aponta para a frente, tem um papel importante na caracterização da arquitetura do texto. Ao valor básico do *e* inicial de frase como marca de avanço na progressão textual se prendem os efeitos textuais de abertura de novo desenvolvimento (introdução de temas, inauguração de cenas), de transição, de encerramento.

Ocorrendo em início de parágrafo, esse elemento se reveste de importância especial na marcação de um avanço diferenciado, como se observa em (10):

(10) *O que Ângela me dizia nesse momento não se me afigurava importante, quase eu achava natural, sem saber como.* ***E*** *falava.*
*Era como se não soubesse exatamente o que estava dizendo, falando por falar, ou articulando aqueles pensamentos por cego automatismo.*
(Leite, 1960)

Caracteristicamente de transição são as frases iniciadas por *e* que retomam o curso da narrativa após discurso direto ou indireto livre, como em (11):

(11) *As mulheres se benziam quando passavam para a lenha:*
*– Tesconjuro!*
***E*** *nas noites de sexta-feira não faltava quem visse a tal luzinha apagando e acendendo perto do alpendre.* (Sales, 1974)

O avanço de um texto, feito em blocos de informação, pode obter-se pela organização em níveis de *co-ordenação*, pela hierarquia que o *co-ordenador* organiza entre esses blocos. É o que ocorre, por exemplo, em (12):

(12) *Vira uma ou outra vez o grande braço branco na janela, chamando ao pecado. Pedia perdão a Deus por ter visto, orava caminhando na rua todas as noites dava para que a dona do braço-reclame se convertesse dos seus pecados e se refugiasse arrependida no seio amantíssimo do Senhor Jesus.*
*E quando ouvia dos homens nas esquinas ou dos jovens diante das janelas, palavras imundas ou gargalhadas obscenas, refugiava-se nas palavras do Salmista: "Bem-aventurado o varão..."* (Lessa, 1965)

Observe-se que a frase iniciada por *e* se acresce a todo um bloco *co-ordenado*, não simplesmente à frase anterior. A paragrafação serve à organização dessa hierarquia: o *co-ordenador e*, iniciando um novo parágrafo, constitui marca de que se deixa para trás o bloco anterior, enveredando-se por um novo desenvolvimento.

O *e* inicial de frase pode, por outro lado, estar abrindo, ele também, um bloco *co-ordenado*, como ocorre em (13):

(13) *Eulália desceu da cama, deslizou pelo tapete, de pés nus, correu o ferrolho da porta. Uma alva assombração de camisola muito longa, a cambraia engomada aflando, a seus movimentos. Já deitada de novo, os olhos mortos, disse-me apenas:*
*– Vem!*
*E eu naufraguei no leito e em seus braços morri e ressuscitei e tornei a morrer.* (Silveira, 1965)

Aí a frase iniciada pelo *co-ordenador e*, enquanto deixa para trás um bloco de frases *co-ordenadas*, inicia um novo bloco também com orações *co-ordenadas*, que, neste caso particular, apresentam seguidas ocorrências do *e*, o que confere ao parágrafo um movimento marcado de avanço, enquanto o caracteriza como parágrafo de arremate.

Um parágrafo que se abre com um *e* pode criar um bloco temático maior, dentro do qual níveis inferiores se instalam. É o que ocorre, por exemplo, em (14):

(14) *Assim, ausente da realidade, amando as férias como libertação, Juvêncio foi crescendo no meigo aconchego materno sem conselhos e sob as vistas sem olhos do pai, numa intimidade conversada com os*

*tios rústicos que, por serem mais simples, estavam mais próximos da mentalidade daquela criança sonhadora.*

*E os anos foram passando sem atinar com as aptidões ou ofícios que lhe coubessem na partilha humana dos predicados. Ao contrário do que era de se esperar porém, não surgia dentro dele um triste ou um ressentido. Talvez porque no inconsciente estivesse há muito determinada a sua vocação. Neste termo da vida entre criança e rapaz permanecia entretanto um sem-profissão englobado naquela definição genérica e constrangedora de "bom moço"...* (Travassos, 1962)

Encerrando parágrafos, ocorrem, por outro lado, exemplos típicos de *e* "de arremate", como em (15):

(15) *Como se tivesse provocado o mais fundo de uma realidade imaginada. Às vezes a pessoa estava tão ávida por uma coisa, que esta acontecia, e assim se formava o destino dos instantes, e a realidade do que esperamos: seu coração ansioso por bater amplo, batia amplo. E como um pioneiro pisando pela primeira vez em terra estranha, o vento cantava alto e magnífico.* (Lispector, 1970)

A organização não apenas em parágrafos, mas, principalmente, em capítulos, permite a verificação do grande efeito do elemento *e* na progressão do texto, especialmente na abertura e no fechamento de grandes blocos informativos, temáticos, argumentativos. Como em (16) e (17), abrem-se alguns capítulos nos textos examinados, e como em (18) e (19), fecham-se alguns capítulos:

(16) *E desde quando um caráter de homem deixou de ser o espelho de sua adolescência? O retrato de Mauro está no recesso da casa paterna. A grande tela da sua vida comprimira-se no horizonte familiar, projetara-se dele para os seus olhos de criança.* (Leite, 1960)

(17) *E aquela criança?*
*Aproximava-se de Mauro, reconhecendo-o, e o abraçava sacudindo a cabecinha com tristeza, como se tivesse encanecido de repente na compreensão daqueles dramas.* (Leite, 1960)

(18) *Até que tudo se esverdeou. Uma transparência pacificara-se no descampado sem deixar uma mancha mais clara. Então a cabeça oca pela*

*sede subitamente se acalmou.*
*– Que luz é essa, pai? Que luz é essa? perguntou com voz rouca.*
*– É a do fim do dia, meu filho.*
**E** *assim era. A luz se transcendera em mistério.* (Lispector, 1970)

(19) *O outro homem pilheriou:*
*– Olhe Joana Magra, rapaz...*
*– Que nada! – rebateu Zé de Peixoto. – Joana é bananeira que já deu cacho.*
**E** *os dois desceram a ladeira com destino ao cabaré de Felícia. Do outro lado do rio – a cidade era um coradouro imenso, com a lua estendendo lençóis nos oitões caiados.* (Sales, 1974)

Finalmente observe-se que o *e* tem seu efeito no próprio arremate de obras, como ocorre no "Conto *à la mode*", que ilustra o mandamento "Guardar domingos e festas", em Marques Rebelo (1965, p.73-102), e no conto "Rufina", de Ferreira (1968, p.79-81).

O elemento *mas*, por seu lado, também tem um papel bastante significativo na organização textual. Diferentemente, porém, do *e*, a sua força não está na simples mobilidade para a direita, que faz do *e*, talvez, o elemento mais eficaz na dinamização do texto. Exatamente porque estabelece desvio, o *mas* exige uma certa fixação no contexto precedente, para apoio da discriminação. Por isso mesmo, ele é elemento de eleição privilegiada na abertura de caminhos novos, que ele marca como, de algum modo, diferentes, divergentes ou discrepantes. Com ele se sugerem novos e diferentes temas, diferentes focos, diferentes lugares, diferentes tempos, enfim, com ele se abrem novas cenas que, deixando outras para trás – com a marca explícita da alteração –, conduzem o texto para rumos marcadamente desviantes.

Em início de parágrafo pode-se ver esse efeito do *mas*, que abre um bloco maior, desviante – de uma maneira ou de outra – do curso anterior da narrativa. É o que ocorre em (20). E particularmente notável, por outro lado, é o efeito de um bloco iniciado pelo *mas* quando esse bloco é o de encerramento de capítulo, como ocorre em (21):

(20) *– O negro é raçado mesmo.*
*– Se o coronel não tem o santo forte, estava torado na bala.*
*– Mas também ele só atirou porque estava de porre – convinham alguns.*

– *De porre ou não, só sei dizer é que ele tem cabelo na venta* – contestavam outros.
Enquanto outros consideravam:
– *Chega a parecer mentira que ele tenha emendado os bigodes com o chefe!*
*E assim foi o negro feito herói pela cidade que o temia, pela cidade que conhecia a história dos seus crimes, e acabava de ficar sabendo até quanto podia ir a sua audácia de cabra destemido que nascera para o cangaço.*
*Mas um velho garimpeiro, conversando no Córrego do Padre, mostrou-se pessimista. Disse:*
– *Desta vez, ele pode encomendar a mortalha.* (Sales, 1974)

(21) *Meu pai, que era um homem esperto, queria que eu fosse general ou papa, mas fugi de casa muito cedo e aprendi a ser eu mesmo, sem nenhum título permanente – o que, de resto, não considero nenhuma virtude de minha parte, mas simples obrigação. No dia em que não puder ser eu mesmo eu me matarei de vergonha; aliás, nem será preciso que me mate: morrerei simplesmente. Já tentei o suicídio três vezes por esse motivo – mas, no instante mesmo em que me suicidava, compreendia que afinal voltara a ser eu mesmo, e desistia do intento. ...*
*Mas a chuva está insidiosa, como dizia um meu tio, e, já que não tenho o que fazer, e o melhor nesses casos, é exatamente não fazer nada, ponho-me de cócoras junto a um cinema que está exibindo um filme de Charlie Chaplin e cujo porteiro (de libré) me olha com um ar assustado e desconfiado, como se nunca antes houvesse visto um vagabundo maltrapilho e faminto, com a barba de uma semana na face esquálida e sem esperança.* (Carvalho, 1977)

## Conclusão

Com esse pequeno estudo das chamadas *conjunções coordenativas*, buscou-se oferecer um exemplo da necessidade de determinação do valor das palavras a partir de um estudo que considere o nível do texto. Pretende-se afirmar que o próprio estatuto sintático de algumas classes pode depreender-se desse estudo. Para os que chamo *co-ordenadores*, concluiu-se por um valor invariante de distaxia, que confere a esses elementos o papel de seqüenciadores, marcas evidentes de progresso textual, e, portanto, elementos com papel determinante na construção da teia do discurso.

Procurou-se mostrar, principalmente, que as qualidades organizadoras do texto obtidas com o emprego dos *co-ordenadores*, como *e* e *mas*, estão, seguramente, configuradas na *gramática* desses elementos, constituindo, mesmo, conseqüência natural do estatuto sintático que eles possuem.

Do mesmo modo, o exame de outras classes ligado a seu papel do nível do texto vai permitir configurar-se a real gramática dos diversos elementos, uma gramática da qual, seguramente, não se dirá que, tendo sido posta como objeto de estudo nas escolas, "não serve para nada". No mínimo, com seu tratamento se obterá a evidência do papel das palavras no tecer do texto, o que tem muito que ver com o "escrever melhor" que os professores almejam ao dar aulas de gramática.

## Obras examinadas

ANTÓNIO, J. Paulinho perna torta. In: *Os dez mandamentos*. Rio de Janeiro: Civilização Brasileira, 1965.

CALLADO, A. *Quarup*. 3.ed. Rio de Janeiro: Civilização Brasileira, 1968.

CARVALHO, C. *A lua vem da Ásia*. 3.ed. Rio de Janeiro: Codecri, 1977.

CONDÉ, J. *Obras escolhidas*. Rio de Janeiro: Civilização Brasileira, Brasília: INL, 1978. v.5.

DINES, S. Schmil e a política internacional. In: *Vinte histórias curtas*. Rio de Janeiro: Antunes, 1960.

ÉLIS, B. A enxada. In: *O conto brasileiro contemporâneo*. 2.ed. São Paulo: Cultrix, 1977.

FERREIRA, J. Rufina. In: *Os dezoito melhores contos do Brasil*. Rio de Janeiro: Bloch, 1968.

LEITE, A. *A viúva branca e salto mortal*. Rio de Janeiro: Edições O Cruzeiro, 1960.

LESSA, O. Jeová de Souza. In: *Os dez mandamentos*. Rio de Janeiro: Civilização Brasileira, 1965.

LISPECTOR, C. *A maçã no escuro*. 3.ed. Rio de Janeiro: José Álvaro Editor/INL, 1970.

MACHADO, A. M. *A morte da porta-estandarte e outras histórias*. 2.ed. Rio de Janeiro: José Olympio, 1969.

REBELO, M. Conto à la mode. In: *Os dez mandamentos*. Rio de Janeiro: Civilização Brasileira, 1965.

NASCIMENTO, E. A grande canção do mar. In: _____.*Vinte histórias curtas*. Rio de Janeiro: Antunes, 1960.

PEREIRA, L. M. *Cabra cega*. Rio de Janeiro: José Olympio, 1954.

SALES, H. *Cascalho*. Rio de Janeiro: Edições O Cruzeiro, 1974.

SILVEIRA, H. A terra cobre nada. In: *Os dez mandamentos*. Rio de Janeiro: Civilização Brasileira, 1965.

TELES, L. F. *Ciranda de pedra*. São Paulo: Martins Fontes, 1955.

TRAVASSOS, N. P. *O boi e sua senhora*. São Paulo: Edart, 1962.

# Reflexões sobre o estudo da gramática nas escolas de primeiro e de segundo graus[1]

O que se passa nas nossas escolas de primeiro e de segundo grau, em termos de ensino da gramática, é um contínuo convite à reflexão de todos os que, nas universidades, vêm preparando os professores desses níveis. Sabemos que uma das missões dos cursos de Letras – a mais específica – é dar a seus alunos a qualificação exigida para atuarem como professores III. Que é que temos feito nas nossas aulas, então, que tem levado nossos alunos a decidir, assim que assumem suas aulas, que aquilo que estudaram na universidade nada tem a ver com o que devem oferecer a estudo nas escolas de primeiro e de segundo grau?

De que estou falando? De uma mera simplificação dos conteúdos tratados nas salas de aula da universidade para adaptação a um grau mais elementar? De barateamento de nível para transmissão a um grau inferior? Na verdade, esse seria um mal ainda maior. Já houve um tempo em que deslumbradamente se acreditou que as teorias desenvolvidas na ciência lingüística substituiriam a malfadada e malfalada *gramática tradicional*, nas escolas de ensino médio.[2]

---

[1] Este artigo foi originariamente publicado na revista *Alfa*, UNESP (ver Neves, 1993d).
[2] Com esse nome mais antigo ("ensino médio"), mas sugestivo, passarei a denominar o conjunto que abrange as escolas de primeiro grau de quinta a oitava série, e as de segundo grau.

Muitos autores transplantaram para livros didáticos as árvores da gramática gerativo-transformacional, mas elas aí vicejavam (ou mirravam?) cercadas dos mais gloriosos paradigmas que a tradição nos vem legando: o quadro completo da formação do grau dos adjetivos, as listas (quanto mais completas, melhor) de coletivos, de adjetivos pátrios, de formas do feminino ou do plural irregular etc.; em convivência pacífica (até fácil, porque tudo era, na verdade, letra morta) com definições de classes e de funções insustentáveis naquele mesmo ar que o bosque plantado respirava. Era tudo, afinal, apenas uma representação arbórea de componentes imediatos, que parava por ali. Como se bastasse só existir a mágica daqueles diagramas para estar presente a teoria. Que eu saiba, nunca se apontou o caminho que, a partir daí, desembocasse no cumprimento das finalidades daquele ensino específico: naquele grau, naquele nível, com aqueles objetivos. Eu também vi (e ouvi), há uns vinte anos, um aluno da última série do curso de Letras, na sua primeira aula no ensino médio, despejar sobre suas crianças uma aula de Lingüística, que tivera, na véspera, na universidade, sobre as diferenças entre a linguagem humana e a linguagem animal. Todos os pressupostos da ciência lingüística nesse cotejo envolvidos eram atravancados, e o novo professor, além de tudo inseguro com a estréia, apenas lia o "ponto" em que a aula tida na universidade se transformara.

Não é desses decalques que falo, evidentemente, e deles, felizmente, parece que já se desistiu. Mas o que eu vejo, hoje, em geral, é uma situação extrema oposta, em que os egressos (ou alunos) dos cursos de Letras têm como certo que, ao "pegar" aulas no ensino médio, devem proceder como se nunca tivessem freqüentado a universidade:

(i) copiar os planejamentos que as escolas de ensino médio já têm registrados;
(ii) receber indicações de professores mais experimentados sobre o livro didático a ser adotado e fielmente seguido (e evidentemente – e imediatamente – obter um exemplar do "Livro do Professor" para garantia contra vexames).

Se forem bem esforçados e bem-intencionados, devem, ainda:

(iii) conversar com esses professores mais antigos sobre "como" dar as aulas, de preferência, ainda, garantindo que esses colegas venham a dar ajuda nas dúvidas que surjam;

(iv) comprar (porque, geralmente, nunca se comprou) ou, melhor ainda, tomar emprestado (porque se ganha muito pouco) um manual de gramática tradicional para eventuais consultas, ou, mesmo, para um bom estudo de cada "ponto" da gramática; porque a compartimentação das aulas, garantindo um bom lugar para o ensino da gramática, sempre existe. Em pesquisa que realizei com 170 professores do ensino médio (Neves, 1990), verifiquei que 100% deles "ensinam" gramática. Ora, para a avaliação desse "ensino", há três questões decisivas:

(i) de que gramática se trata;
(ii) a que se destina o ensino;
(iii) como se desenvolve a atividade.

A pesquisa cobriu principalmente essas três questões e concluiu pela afirmação dos seguintes pontos (p.45-8):

1 Os professores, em geral, acreditam que a função do ensino da gramática é levar a escrever melhor.
2 Os professores foram despertados para uma crítica dos valores da gramática tradicional.
3 Os professores têm procurado dar aulas de gramática não-normativa.
4 Os professores verificam que essa gramática "não está servindo para nada".
5 Apesar disso, os professores mantêm as aulas sistemáticas de gramática como um ritual imprescindível à legitimação de seu papel.

Quero refletir, aqui, especialmente sobre o quarto ponto indicado (afinal, ligado aos três primeiros). O que ocorreu, como observo na obra, foi que os professores "substituíram o ensino da gramática normativa pelo da gramática descritiva, mas conservam a idéia de que a gramática poderia (ou deveria) servir para subsidiar um melhor desempenho lingüístico dos alunos" (p.47).

Há duas questões básicas aí envolvidas:

(i) o que significa "melhor desempenho lingüístico";
(ii) como o estudo da gramática pode cumprir (ou ajudar a cumprir) essa finalidade.

Os professores do ensino médio (com os quais continuo mantendo contato, principalmente em cursos e palestras) em geral respondem sem hesitação à questão sobre a finalidade do ensino da gramática, com a indicação de busca de um melhor desempenho: o ensino da gramática tem por finalidade levar o aluno a falar e a escrever melhor. Fica fora de dúvida que se pensa em uma gramática da atuação. Mas, que significa, realmente, falar e escrever melhor? Há dois caminhos (complementares) para a resposta, relacionados, respectivamente, com:

(i) a adequação aos propósitos comunicativos: eficiência no nível macrotextual;

(ii) a adequação a padrões socioculturais determinados: atingimento de níveis de desempenho lingüístico valorizados na sociedade.

Parece que ambos interessam como resultado final do ensino de Língua Portuguesa no grau médio. Ao segundo propósito servia, até certo ponto, a chamada *gramática tradicional*, com seus paradigmas morfológicos e com suas regras de sintaxe de concordância, de regência e de colocação. Ao primeiro não se chega, realmente, sem o desenvolvimento de atividades de reflexão sobre a língua e seu funcionamento.

Não se trata de dar receitas, que não as há, no caso. Mas existe um começo de caminho que, se simplistamente avaliado, vai dar mais insegurança que garantias, mas que tem base na única escolha possível, em se tratando de produção do conhecimento: a opção pelo questionamento, pela discussão, pela recusa de receitas prontas e consideradas definitivas.

Restrinjo-me a reflexões sobre o tratamento que as escolas de ensino médio dão à gramática, o que não significa que esse estudo esteja sendo privilegiado. Pelo contrário, ele não se desvincula do próprio trabalho com a língua em função. Com efeito, as reflexões que aqui se fazem partem de pressupostos como:

(i) a divisão das aulas de Língua Portuguesa em compartimentos como redação, leitura, gramática, como se esses fossem mundos à parte, não se sustenta: de um lado, a gramática da língua está implicada na redação e na leitura; de outro, leitura e redação são apenas duas direções de um mesmo fato, exatamente a atuação lingüística, a qual se rege pela gramática;

(ii) a atividade metalingüística é indispensável à construção do saber sobre a língua (pelo menos tão legítimo quanto todos os outros saberes sobre os demais objetos que a escola oferece), mas ela não representa um caminho autônomo para o fim último pretendido pela escola no nível médio (com alunos de dez a dezoito anos).

Resumindo, parte-se do princípio de que a gramática de que trata o ensino médio seguramente não se resolve independentemente da reflexão sobre o funcionamento da língua, sobre a atuação lingüística, vista em qualquer de suas pontas.

Vou partir de um fato concreto ocorrido nas minhas relações com professores do ensino médio. Em uma palestra sobre os estudos gramaticais na escola, comentava eu uma ocorrência citada no trabalho "Considerações sobre a posição dos advérbios", de cuja elaboração participei (Ilari et al., 1990, p.63-141). Trata-se da frase:

- *Não foi uma escolha assim ... sem base.* (Nurc, D2-SP-360)

O assunto era o comportamento do elemento *assim*, e uma professora me fez a seguinte pergunta: "Mas isso não é de língua falada?". Que reflete essa pergunta, que, na verdade, em última análise, indica que seu autor considera que, por ser "de língua falada" o fato em questão não merece exame? Em primeiro lugar, revela a prisão a fórmulas que responderiam pelo que é de língua escrita e o que é de língua falada; em outras palavras, revela o reconhecimento tácito de que a gramática se resolve no seguimento de padrões estabelecidos. Essa consideração bloqueia a incursão pelos fatos que vão levar, exatamente, à gramática da língua. Se não, vejamos. Em primeiro lugar, considere-se esse elemento *assim*, de natureza fórica, em sua função textual de instrutor para busca de informação; no caso específico do exemplo dado, uma busca na porção seguinte do texto. Esse papel não é exclusivo da língua falada, mas serve muito mais diretamente às suas características, ligadas não apenas à necessidade de tempo para decidir da seqüência do enunciado (já que o planejamento na língua falada é praticamente simultâneo ao desempenho), como também à necessidade de manutenção contínua da ligação com o interlocutor (já que a eficiência da língua falada se baseia nessa ligação). São, na verdade, determinações da função interpessoal da linguagem, função intimamente ligada à modalidade de língua. São determinações apenas de escolha de realização, que não tocam o fato gramatical em si, não distinguindo diferentes explicações gramaticais para uma ou outra modalidade de língua.

Essa ocorrência do Nurc aqui citada ilustra, ainda, outras questões ligadas à explicitação da gramática da língua. O sintagma *escolha assim sem base* apresenta um elemento tradicionalmente catalogado na classe dos advérbios funcionando como periférico de um nome, não de um verbo, ou de um adjetivo, ou de outro advérbio, conforme preconiza a definição tradicional da classe. Ao apontar para a frente, no desempenho de seu papel fórico, o elemento *assim* vem a seguir explicitado pelo sintagma *sem base*, que, na verdade, constitui um adjunto adnominal (nos termos da NGB) do substantivo *escolha*. Ora, um avanço no exame dos nomes vistos na ativação da função ideacional nos mostra facilmente dois fatos básicos que respondem pela ocorrência: em primeiro lugar, *escolha* nada mais representa do que o elemento nominal correspondente (e complementar, no sistema) ao verbo *escolher*, e nele estão presentes as mesmas unidades semânticas presentes no verbo, e, no nível lógico-semântico, a mesma estrutura predicativa; ora, do ponto de vista lógico-semântico, assim como se pode *escolher sem base* (*sem base*, aí, pela NGB, "adjunto adverbial de modo"), pode haver uma *escolha sem base* (*sem base*, aí, pela NGB, "adjunto adnominal"). Em segundo lugar, o que se verifica, na ocorrência do Nurc, é que, dado o papel catafórico do elemento *assim*, ele se apresenta como comutável, no mesmo ponto do enunciado, com o sintagma *sem base*, ambos, desse modo, da mesma função, embora *assim* seja sempre catalogado, nos manuais, como "advérbio de modo" (função sintática: adjunto adverbial de modo), enquanto ao sintagma *sem base*, nessa posição, se atribui a função da classe adjetiva (adjunto adnominal).

Essa consideração da estrutura predicativa de elementos nominais, como o substantivo *escolha* antes examinado, permite que se equacione o funcionamento de outros itens, como os tradicionalmente chamados *pronomes adjetivos possessivos*. Veja-se, em primeiro lugar, que uma ocorrência como

- "*Detectar novos focos da doença e evitar sua propagação.*" (JC),

em que o elemento fórico *sua* deve ter a mesma análise que teria o sintagma *da doença* recuperado na porção anterior do texto (anáfora):

| sua propagação | = | propagação da doença |

O sintagma nominal *a doença* é, pois, aí, argumento de *propagação* (como a doença seria argumento de *propagar*, em *propagar a doença*), relação que a preposição *de* (sem nenhuma indicação de posse) marca. Toda a ampla gama de empregos desses elementos periféricos nominais tradicionalmente denominados *possessivos* requer exame que não atomize a análise e mantenha em vista o sistema. Seja um caso como

- *Ali, à **minha** esquerda fica o guarda-roupa.* (Lins, 1961)

em que a relação expressa é de localização espacial relativa; ou um caso como

- *Tirei-o de uma de **minhas** crônicas para o Jornal do Brasil.* (Carvalho, 1974)

em que a relação é de execução; ou um caso como

- ***Meu** louvor a cada um dos compatriotas.* (Collor de Mello, 1990)

em que *meu* recupera o Agente; ou um caso como

- ***Minha** eleição retrata e confirma as liberdades cívicas.* (Collor de Mello, 1990),

em que *minha* se refere ao Objetivo afetado; ou, ainda (como último exemplo entre muitos que se poderia aqui trazer), seja um caso como

- *E o **meu** medo diante delas.* (Brandão, 1985),

em que *meu* se refere ao Experimentador.

Em qualquer desses casos, afirmar, simplesmente, que o elemento à esquerda do nome é um "pronome adjetivo possessivo" nada diz nem sugere sobre o funcionamento desse elemento, além de marcar sua posição de periférico nominal. Representa, na verdade, um procedimento muito comum nas atividades de ensino de Língua Portuguesa que tem sido responsável pela pouca eficiência desse ensino: a simples rotulação de entidades (classes e funções superficiais). À pouca eficiência se liga o descrédito tanto dos que "ensinam" como dos que "aprendem"; realmente, como apontei há pouco, muitos dos professores entrevistados disseram que tanto eles como os alunos consideram que o ensino da gramática "não serve para nada". Para esse descrédito colabora, e muito, o fato de que, se o que se faz nas escolas é simplesmente rotular entidades, essa atividade praticamente se esgota em muito pouco tempo (já na quinta ou sexta série), restando para todas as séries seguintes uma repetição longa e enfadonha, e sem nenhuma aplicação, dos mesmos exercícios de atribuição de rótulos a entidades.

Outra questão que a ocorrência do Nurc *escolha assim sem base* desperta para discussão é a necessidade da consideração dos diferentes níveis de análise implicados no exame dos diferentes itens em função. Ocorre, aí, um elemento periférico ("modificador") que incide sobre um núcleo. Volte-se, pois, à conceituação corrente de *advérbio*. Ao afirmar-se que ele modifica o verbo, o adjetivo ou outro advérbio, dele se tem dito, então, que seu âmbito de incidência é, afinal, sempre um constituinte da oração. Também isso não é verdadeiro. Elementos com evidência morfológica de pertença à classe dos advérbios (sufixo *-mente*) podem incidir sobre uma frase toda (ficando à margem dela), como os que aparecem nestas ocorrências do Nurc:

- **Felizmente**, *as crianças ainda não começaram aquela fase difícil* (D2-SP-360);
- **Realmente** *deve ser uma delícia ter uma família bem grande* (D2-SP-360).

Ao lado da questão dos níveis, outra discriminação fundamental no equacionamento da gramática da língua em uso é a que se refere às diferentes esferas semânticas implicadas. Os comentários feitos anteriormente sobre ocorrências de possessivos apresentaram alguns casos de nomes valenciais, ou argumentais (*louvor*, *eleição*), que ativam, no interior do sintagma nominal, o sistema de transitividade: *louvor* constrói-se com um Agente, aí representado pelo fórico possessivo; *eleição* constrói-se com um Objetivo afetado, também representado por um possessivo. São nomes que indicam ação e processo, respectivamente, noções que uma análise desavisada vincula simplisticamente aos verbos. Ocorre que ações, processos, estados são noções ligadas a unidades semânticas (semântica lexical) que podem estar presentes não apenas em verbos, como também em nomes; em decorrência disso, não apenas verbos, mas também nomes podem selecionar argumentos (semântica de relações) e compor estruturas predicativas que configurem estados de coisas (Dik,1989; Hengeveld, 1997). Ocorre que os verbos atuam na esfera das relações e processos e os nomes atuam na esfera semântica dos participantes (Halliday, 1985), e aí reside a diferença que tem de ser dada ao tratamento dos dois casos.

São considerações que permitem questionar definições que vêm sendo repetidas em livros didáticos e em salas de aula, mas que são abandonadas apenas referidas, porque com elas é impossível operar. Permitem, ainda, entender a fragilidade de operações automáticas de classificação de funções, como o treinamento que se faz nas escolas para que os alunos cheguem a distinguir um complemento nominal simplesmente por meio de uma pergunta "de quê?" após um substantivo.

Na verdade, o que procurei discutir nestas reflexões sobre o tratamento dado ao estudo da gramática nas escolas de primeiro e de segundo grau resume-se, afinal, nestes pontos:

- O professor de ensino médio tem necessidade de conhecimentos de lingüística para bem equacionar o tratamento que dará ao ensino da gramática; esse conhecimento abrange a compreensão de que não se transferirão, meramente, aos alunos lições de lingüística aprendidas nas universidades.
- Nenhum tratamento dado à gramática pode perder de vista o sistema. Não se trata, porém, de se oferecer aos alunos o sistema, arrumado em esquemas e paradigmas; um contato desse tipo alcança, no máximo, que os alunos atuem como repetidores. Só pela reflexão sobre a língua se chega clarividentemente ao sistema que a regula.
- A reflexão sobre a língua, no nível médio, só pode partir do uso diretamente observável, da observação da língua em função, com compreensão de que existe um amálgama de componentes, desde o pragmático até o fonológico. Afinal, se, como dizem os professores, a finalidade do ensino é o bom uso da língua, parece evidente que se deva refletir sobre a língua em uso. E, como observei em outro trabalho (Neves, 1991), embora as palavras sejam unidades intuitivamente evidentes a qualquer observador da língua, seu valor só se determina com a configuração do fazer do texto.

## Obras examinadas

BRANDÃO, I. L. *O beijo não vem da boca*. Rio de Janeiro: Global, 1985.
CARVALHO, J. C. *Discurso na academia*. Rio de Janeiro: José Olympio, 1974.
COLLOR DE MELLO, F. *Discurso de posse*. Publicado no jornal O *Estado de São Paulo*, São Paulo, em 16.3.1990.
LINS, O. *O fiel e a pedra*. Rio de Janeiro: Civilização Brasileira, 1961.
*Jornal do Comércio*. Manaus, março de 1981 e julho de 1990.
NURC, D2-SP-360: In: CASTILHO, A.T., PRETI, D. *A linguagem falada culta na cidade de São Paulo*. Diálogos entre dois informantes. São Paulo: T. A. Queiroz, 1987. v.II.

# Examinando os caminhos da disciplina lingüística nos cursos de Letras: por onde se perdem suas lições na formação dos professores de português[1]

A questão da formação do professor de ensino fundamental e médio nos cursos de Letras está longe de ter encontrado uma fixação de caminhos minimamente satisfatória. Eu lançaria, já de início, uma série de questões dicotômicas que ilustram o grande número de encruzilhadas "do diabo" no percurso da questão. De fato, pelo que se tem dito e escrito sobre o problema, e pela veemência de tantas propostas, com certeza a questão já roubou horas de sono de muita gente.

Quais seriam essas encruzilhadas fundantes, ameaçadoras e mal resolvidas?

Vamos apontar duas delas, uma na "casa" de partida – a Faculdade – e outra na "casa" de chegada – a escola de ensino fundamental e médio:

1 Ensina-se, é óbvio, lingüística, no curso de Letras. A pergunta é: os alunos sabem, minimamente, o que fazer com a lingüística no ensino da língua? Por exemplo, eles sabem de que lhes serve – ou deve servir – uma teoria formalista, ou uma teoria funcionalista sobre a linguagem?

---

[1] Este trabalho foi apresentado na *XVIII Jornada de Estudos Lingüísticos do Nordeste* (ver Neves, 2000b, no prelo).

2 Ensina-se, é óbvio, português na escola de ensino fundamental e médio: e os professores sabem exatamente o que lhes cabe fazer aí com o que trouxeram de seu curso de Letras? Ou eles simplesmente assumem que uma coisa não tem nada a ver com a outra, e partem para o continuísmo de atividades e processos, que vem fazendo das aulas de português, nas escolas, o martírio e a frustração dos alunos?

A primeira questão é, pois: onde está aquela necessária ponte entre o ensino dos diversos níveis de que já falava Eunice Pontes na década de 1970? Muitos colegas nossos das universidades têm centrado suas reflexões nesse tipo de questão. Lembro Schmitz (1990, 1997). Lembro Gebara, Romualdo e Alkmin, que, falando, em um artigo, sobre a situação da época (1980), diziam que, nas faculdades de Letras, "acena-se para o fato de que a compreensão de uma teoria lingüística (ou mais de uma) fornece instrumento necessário para que o professor dê boas aulas de língua", mas que essa passagem "não é clara para ninguém" (p.9).

Eu mesma tenho tratado desse problema, e já procurei mostrar que "o professor de ensino médio tem necessidade de conhecimentos de lingüística para bem equacionar o tratamento que dará ao ensino da gramática", mas que "esse conhecimento abrange a compreensão de que não se transferirão, meramente, aos alunos lições de lingüística aprendidas na universidade" (Neves, 1993f, p.97). Aliás, nos últimos anos, está praticamente afastado aquele problema, notável nos anos 70, quando houve enorme entusiasmo com teorias novas e revolucionárias, como a gerativo-transformacional, que então repercutiam no Brasil. Hoje os professores de ensino fundamental e médio decidiram, num extremo oposto – e esse é o outro grande problema – esquecer que um dia aprenderam (aprenderam, mesmo?) lingüística, embora guardem "ranços" da atividade.

Ora, aonde quero chegar, se afirmo que as lições de lingüística não podem transferir-se para o ensino fundamental e médio, mas afirmo que seus professores não podem deixar de usar o que a lingüística ensina? Coloco, justamente, essa reflexão naquele que é o tema deste trabalho: a formação (lingüística) do professor de português do ensino fundamental e médio. Em outras palavras: como tratar o ensino de lingüística na universidade, para que os alunos tenham as mínimas condições de dele tirar orientação e conteúdo para o trabalho com a linguagem de seus alunos (e, veja-se bem, neste ponto, falo em *linguagem*, não em *língua*).

O móvel das ações – é óbvio – tem de ser as necessidades e os objetivos do ensino de língua materna nas escolas de ensino fundamental e médio. Se está assentado que a ciência lingüística tem de constituir um componente curricular dos cursos de Letras da universidade – isto é, se é inquestionável que os alunos de Letras devem estudar lingüística –, por outro lado, parece que não está nada assentado quanto ao que fazer com essa lingüística quando os egressos da universidade assumem a outra ponta, no processo de ensino. O conhecimento das diferentes teorias lingüísticas é inquestionavelmente necessário para que o futuro professor de português entenda o fenômeno da linguagem e o funcionamento das línguas. Por exemplo: estudar a gramática gerativa, que ensinamentos traz a um professor de português de ensino fundamental e médio? Ora, eu respondo. Entendida a teoria gerativista, o aluno de Letras com certeza terá entendido um conjunto de pressupostos que poderão orientá-lo na sua atividade em sala de aula (e, por isso mesmo, não "migrará" simplistamente essa teoria para a sala de aula de ensino fundamental e médio). Por exemplo:

a) Ele terá entendido que uma língua – e seu conhecimento – envolve esquemas cognitivos: o conhecimento de uma língua é, afinal, o conhecimento de uma das manifestações do funcionamento da mente (o que o velho Humboldt já nos dizia). Assim, portanto, terá entendido que não é realmente a manifestação exterior – os enunciados lingüísticos concretos – que estão na mira dessa teoria (o que o ainda mais velho Platão já nos dizia), e que, por isso mesmo, não tinham sentido, em salas de aula de crianças e adolescentes, aquelas árvores – os indicadores sintagmáticos – que os livros didáticos de 20 ou 30 anos atrás plantavam em suas páginas. E terá entendido que essa teoria se oferece como uma teoria explicativa da língua internalizada (a língua I).

b) Ele terá compreendido também as propriedades básicas da faculdade da linguagem, o que lhe há de permitir – feita devidamente a transferência – uma útil e saudável compreensão mínima do processo de aquisição da linguagem, sem dúvida um componente fundamental da compreensão do papel do professor de língua de crianças.

c) Do uso lingüístico, propriamente, o que fundamentalmente se terá explicado é o mecanismo de construção das representações pelo cérebro, o que significa que a forma física dos enunciados não é o ponto central da atenção, dentro da teoria, e que, portanto, não tem sentido tentar usá-la numa tarefa descritiva da estrutura manifestada.

De uma teoria funcionalista, pelo contrário – e complementarmente – o estudante de Letras levará para sua atividade de professor de língua conhecimentos que têm seu centro no uso lingüístico. O que está em vista é a competência comunicativa dos falantes, não a competência lingüística dos seres humanos, como ocorre no gerativismo. Estão, portanto, no foco, os enunciados efetivamente produzidos, e – note-se bem – vistos nas suas funções, e vistos, portanto, como um simples componente daquele modelo mais amplo de interação verbal dentro do qual se produziram.

Esse modelo não é aquele velho "circuito de comunicação" estanque e formal que a histórica "Teoria da Comunicação" nos apresentava. Trata-se de um modelo que inclui a expressão lingüística apenas como mediação, e que considera que a produção do enunciado é dependente:

a) daquilo que o falante supõe que seja a expectativa de seu ouvinte sobre o que ele vai dizer;
b) daquilo que ele supõe que seja o potencial de seu ouvinte para interpretar o que ele diz;
c) da dependência que a interpretação de seu enunciado tem da avaliação que o interlocutor, ao receber o enunciado, faça da intenção e do potencial informativo de quem o produziu.

Para se fazer uma avaliação do que constitui esse modo de ver o funcionamento da linguagem, basta lembrar os princípios de uma gramática funcional (Neves, 1997b). Em primeiro lugar, a linguagem não é um fenômeno isolado, mas, pelo contrário, serve a uma variedade de propósitos (Prideaux, 1987). Além disso:

- a língua (e a gramática) não pode ser descrita nem explicitada como um sistema autônomo (Givón, 1995);
- as formas da língua são meios para um fim, não um fim em si mesmas (Halliday, 1985);
- na gramática estão integrados os componentes sintático, semântico e pragmático (Dik, 1978, 1980, 1989; Givón, 1984);
- existe uma relação não-arbitrária entre a instrumentalidade do uso da língua (o funcional) e a sistematicidade da estrutura da língua (o gramatical) (Mackenzie, 1992);

- o falante procede a escolhas, e a gramática organiza as opções em alguns conjuntos dentro dos quais o falante faz seleções simultâneas (Halliday, 1973);
- a gramática é suscetível às pressões do uso (Du Bois, 1993a), ou seja, às determinações do discurso (Givón, 1979), visto o discurso como a rede total de eventos comunicativos relevantes (Beaugrande, 1993);
- a gramática resolve-se no equilíbrio entre forças internas e forças externas ao sistema (Du Bois, 1985).

Afinal, o objeto da gramática funcional é a competência comunicativa (Martinet, 1994).

O que eu gostaria de discutir é se, sobre tais bases e pressupostos, não se teria uma orientação eficiente para a condução de um trabalho escolar com a linguagem, desde que o que se pretende, nas escolas de ensino fundamental e médio, é exatamente um bom uso da língua.

A questão não é, ao colocar como objeto a competência comunicativa, simplesmente incluir a "pragmática" no âmbito da investigação, que isso se fez postiçamente durante algum tempo, insistindo-se na necessidade de relacionar signo e usuário, e, assim, passando recibo de um divórcio teórico entre o esquema da língua e o seu uso. A questão é integrar todos os componentes desde a base da produção lingüística: o usuário da língua – não nos esqueçamos – tem uma determinada intenção, um determinado controle de toda a situação de interação (falo da pragmática), e, com vistas a obter o efeito de sentido que pretende (falo da semântica), decide a estrutura de seu enunciado (falo da sintaxe). É um todo orgânico que prende as propriedades físicas e semânticas da produção lingüística à inscrição dos interlocutores numa atividade cooperativa.

Outros temas eu poderia trazer à discussão para mostrar em que sentido o conteúdo da disciplina *Lingüística* constitui uma base e uma orientação imprescindível para a formação do professor de Letras. Com certeza o professor de português do ensino fundamental e médio não pode repetir o conteúdo da disciplina *Lingüística* do seu curso de Letras, mas, evidentemente, ele saberá melhor o que fazer em suas aulas nessas escolas se não perder de vista, por exemplo – como corolário das lições da gramática funcional –, que:

a) as características da produção lingüística são determinadas pelo relevo comunicativo;

b) o falante tem liberdade organizacional, dentro das restrições construcionais;
c) o falante produz seus enunciados equilibrando pressões de diferente natureza e vindas de diferentes direções;
d) a língua, afinal, é essencialmente dinâmica, e varia no espaço e no tempo.

Penso que é isso o que mais se esquece quando, nas escolas de primeiro e segundo graus se despejam, num horário, temas para redação, em outro, exercícios de gramática normativa, ou descritiva e, em outro, ainda, atividades de leitura. Tudo como se houvesse um mundo da língua e seu sistema e outro mundo da linguagem, ou seja, do uso lingüístico (fato que tratei em Neves, 1990); como se houvesse gramática fora do texto e do discurso, ou como se a gramática não fosse exatamente o cálculo do sentido obtido quando se unem som e conteúdo na produção de enunciados, em determinada instância de interação. E, afinal, como se pudesse haver um ensino prescritivo ou descritivo que tivesse alguma validade, desvinculado de um ensino produtivo (para usar a divisão de Halliday, Mc Intosh & Strevens, 1964). Em outras palavras: como se houvesse realmente – e não apenas como procedimento metodológico de análise – mais de uma gramática a governar o uso da língua e a produção lingüística.

Há um ponto crucial com que todos se perturbam (os professores de português do ensino fundamental e médio, e, especialmente, os alunos): é o verdadeiro "monstro" em que se constitui o ensino da gramática. E por isso eu encerro minha mensagem com uma reflexão sobre isso.

Afinal, a pergunta a que eu chego é esta, aparentemente jocosa, irônica e absurda: o professor de português recebe na universidade uma formação que lhe permita compreender – com todas as suas conseqüências – o que é língua em funcionamento, e, a partir daí, que lhe permita saber o que é ensinar a língua materna para os alunos que lhe são entregues? E ensiná-la para que eles falem e escrevam melhor, como os professores dizem que querem? Por exemplo, para que ele saiba tratar, em sala de aula, uma ocorrência como *não foi uma escolha **assim**... sem base* (Nurc: D2-SP-360)?

Certa vez, ao tratar esse elemento *assim* em um curso para professores de português, perguntou-me uma aluna do curso: "Mas isso não é de língua falada?!".[2] Como se língua falada não pudesse ser tratada em sala de aula, e

---

[2] Há referência a esse episódio também no primeiro artigo desta Parte III.

como se língua falada não tivesse gramática! Como se não fosse imprescindível o conhecimento das diferentes estratégias, operantes nas diferentes modalidades (escrita e oral), conhecimento que os cursos de Letras têm de patrocinar. E, num parêntese, perguntaríamos: nas aulas de *Lingüística*, ou nas de *Língua Portuguesa* (já que elas são divorciadas!)? Como se o conhecimento dessas estratégias não fosse o caminho primeiro para "falar e escrever melhor", que é o que todos os professores de português declaram que buscam! Obviamente se compreenderá que esse papel textual catafórico do *assim* não é exclusivo da língua falada (os limites são bastante fluidos – sabemos – e muitas vezes as duas modalidades se tangenciam), mas ele serve muito diretamente às características da conversação face a face (que é oral): liga-se à necessidade de tempo para decidir a seqüência do enunciado (já que planejamento e desempenho são simultâneos na linguagem falada) e liga-se à primordial necessidade que a conversação tem de monitorar a ligação contínua com o interlocutor (princípio básico da eficiência da comunicação *on-line*). Obviamente o enunciado obtido com o acionamento de estratégias eficientes para uma ou para outra modalidade de expressão (falada ou escrita, nas suas submodalidades) representará sempre e apenas uma escolha (mais, ou menos, eficiente) de realização, determinada pelo cumprimento de uma determinada função da linguagem (no caso desse enunciado, prioritariamente a função interpessoal). A escolha, também obviamente, não toca o fato gramatical em si, e o acionamento da gramática – a ser explicado em sala de aula – se dá tanto numa como noutra modalidade.

    É o que nos diz a base teórica lingüística, para compreensão do fato de linguagem (a lingüística explicando o funcionamento da linguagem)! Por isso, com certeza os alunos devem sentir alguma coisa pelo menos incômoda na separação que os cursos de Letras fazem entre as disciplinas *Lingüística* e *Língua Portuguesa*. Ambas se ignoram, como se cada uma falasse de uma coisa diferente, como se a lingüística não fosse a teoria da linguagem, e como se qualquer língua natural não fosse exatamente a manifestação da linguagem que a ciência lingüística teoriza; do lado da disciplina *Língua Portuguesa*, como se alguém pudesse falar de uma língua sem metalinguagem, e do lado da disciplina *Lingüística* como se pudesse haver uma fala metalingüística sem a faculdade e a atividade da linguagem, que se manifesta nas diversas línguas.

E voltando à nossa encruzilhada inicial: sem que haja dentro do próprio curso de Letras nem uma "passarela" entre a teoria lingüística – que fala das categorias e das restrições do sistema – e as reflexões sobre a língua de cada dia – que orientam escolhas comunicativamente adequadas no uso lingüístico – a pergunta é: como querer aquela grande ponte que há de fazer que os professores de português do ensino fundamental e médio agradeçam aos céus, a cada aula que dêem, o curso de Letras que fizeram? Fica a pergunta.

# Referências bibliográficas

ADRADOS, F. *Lingüística Estructural*. Madrid: Gredos, 1969.
ALLAN, K. Nouns and Countability. *Language,* v.56, n.1, p.541-7, 1980.
ALLERTON, D. J. Levels of Word Cooccurrence Restriction. *Lingua,* v.63, p.17-40, 1984.
ARISTOTE. *Politique*. Texte établi et traduit par J. Aubonnet. 2.ed. Paris: Les Belles Lettres, 1968. tome I.
_____. *Poétique*. Texte établi et traduit par H. Haddy. 5.ed. Paris: Les Belles Lettres, 1969.
_____. *Rhétorique*. Texte établi et traduit par M. Dufour et A. Wartelle. Paris: Les Belles Lettres, 1973.
ARISTÓTELES. *Poética*. Tradução, prefácio e introdução de E. Sousa. Porto Alegre: Globo, 1966.
ASHBY, W. J., BENTIVOGLIO, P. Information Flow in Spoken French and Spanish: A Comparative Study. Paper read at *NWAV* 20. Georgetown Univ., Washington, DC, 1993.
BEAUGRANDE, R. de. *Introduction to the Study of Text and Discourse*, Cap.I. *Introduction to Text Linguistics*, Cap.II. *Functionality and Textuality*, Cap.III. Wien: Universitäts Verlag (pré-impressão), 1993.
BEKKER, I. *Anecdota graeca*. Graz: Akademische Drucku. Verlagssanstalt, 1965.
BENTIVOGLIO, P. Spanish Preferred Argument Structure across Time and Space. *D.E.L.T.A.,* v.10, n. esp., p.277-93, 1994.

BONDZIO, W. Valenz, Bedeutung und Satzmodelle. In: HELBIG, G. (Org.) *Beiträge zur Valenztheorie*. Halle (Saale): Max Niemeyer Verlag, 1971.

BORBA, F. S. (Org.) *Dicionário de usos do português*. São Paulo: Ática. (no prelo)

BOTAS, V. B. Apolônio Díscolo. *Sintaxis*. Introdución, traducción y notas. Madrid: Editorial Gredos, 1987.

BÜHLER, K. *Sprachtheorie*. Die Darstellung Function der Sprache. Iena: Fischer, 1934.

CALLOU, D. (Org.) *A linguagem falada culta na cidade do Rio de Janeiro*. Materiais para seu estudo. V.I: Elocuções formais. Rio de Janeiro: UFRJ/Faculdade de Letras/FUJB, 1991.

CALLOU, D., LOPES, C. R. (Org.) *A linguagem falada culta na cidade do Rio de Janeiro*. Materiais para seu estudo. Vol. II: Diálogo entre informante e documentador. Rio de Janeiro: UFRJ, Pós-Graduação da Faculdade de Letras/CAPES, 1993.

CASTILHO, A. T., PRETI, D. (Org.) *A linguagem falada culta na cidade de São Paulo*. São Paulo: T. A. Queiroz/Fapesp, 1986. v.I: Elocuções formais.

_____. *A linguagem falada culta na cidade de São Paulo*. Vol. II: Diálogos entre dois informantes. São Paulo: T. A. Queiroz/Fapesp, 1987.

CHAFE, W. L. *Meaning and the Structure of Language*. Chicago, London: The Univ. of Chicago Press, 1970.

COLLINS. *Collins Cobuild English Language Dictionary*. London, Glasgow: Collins Publishers/The Univ. of Birmingham, 1987.

CROFT, W. *Typology and Universals*. Cambridge: Cambridge University Press, 1990.

CULIOLI, A., FUCHS., C., PÊCHEUX, M. Considérations théoriques à propos du traîtement formel du langage. In: *Documents de linguistique quantitative;* Paris: Centre de Linguistique Quantitative de la Faculté des Sciences de l'Université de Paris, 1970. v.7.

CUNHA, C. *Gramática do português contemporâneo*. 5.ed. rev. Belo Horizonte: Bernardo Álvares, 1975.

DIK, S. C. *Functional Grammar*. Dorderecht: Foris Publications, 1978.

_____. *Studies in Functional Grammar*. London: Academic Press, 1980.

_____. Formal and Semantic Adjustment of Derived Constructions. In: BOLKESTEIN, A. M.; GROOT, C., MACKENZIE, J. L. (Ed.) *Predicates and Terms in Functional Grammar*. Dordrecht: Foris Publications, 1985.

_____. *The Theory of Functional Grammar*. Dorderecht: Foris Publications, 1989.

_____. *The Theory of Functional Grammar*. HENGEVELD, K. (Ed.) Berlin, New York: Mouton de Gruyter, 1997.

DIOGENES LAERTII. *De Clarorum Philosophorum Vitis Dogmatibus et Apoththegmatibus*. Paris: Firmin Didot, 1929.

DU BOIS, J. W. Competing Motivations. In: HAIMAN, J. (Ed.) *Iconicity in Syntax*. Amsterdam: John Benjamins Publishing Company, 1985.

DU BOIS, J. W. The Discourse Basis of Ergativity. *Language,* v.63, p.805-55, 1987.

_____. W. *Discourse and The Ecology of Grammar*: Strategy, Grammaticization, and The Locus. Rice Symposium, MS, University of California: Santa Barbara, 1993a.

_____. *La estructura argumental preferida y el cero absolutivo.* Ms, ALFAL Veracruz, 1993b.

DU BOIS, J. W., THOMPSON, S. Dimensions of a Theory of Information Flow. Ms, UC Santa Barbara, 1991.

DUTRA, R. *The Hybrid S Category in Brazilian Portuguese*: Some Implications for Word Order. Ms, UCLA, 1987.

EGGER, E. *Apollonius Dyscole.* Éssai sur l'histoire des théories grammaticales dans l'antiquité. Paris: Auguste Durant, 1854.

ENGEL. U. Zur Beschreibung der Struktur deutscher Satze. In: *Neue Beiträge zur deutschen Grammatik.* Mannheim: Duden Beiträge, 1969. p.35-52.

_____. *Syntax der deutschen Gegenwartssprache.* Berlin: Erich Scmidt Verlag, 1977.

_____. *Deutsche Grammatik.* Heidelberg: Julius Groos Verlag, 1988.

ENGEL, U., SAVIN, E. *Valenzlexikon deutsch-rumänisch.* Heidelberg: Julius Groos Verlag, 1983.

ENGEL, U., SCHUMACHER, H. *Kleines Valenzlexikon Deutscher Verben.* Tübingen: Verlag Gunter Narr, 1978.

ERDMANN, P. Factive, Implicative Verbs and the Order of Operators. *Studia-Linguistica* v.28, p.51-63, 1974.

FERREIRA, A. B. de H. *Novo Dicionário da Língua Portuguesa.* 2.ed. Rio de Janeiro: Nova Fronteira, 1986.

FILLMORE, C. J. The Case for Case. In: BACH, E., HARMS, R. T. (Org.) *Universals in Linguistic Theory.* New York: Holt, Rinehart and Winston, 1968. p.1-88.

_____. Les règles d'inférence dans une théorie sémantique. *Cahiers de Lexicologie* v.19, n.2, p.3-24, 1971.

FIRTH, J. R. The Semantics of Linguistic Science. *Língua,* v.1, n.4, p.394, 1948.

_____. Modes of Meaning. In: *Paper in Linguistics 1934-1951.* London: Oxford University Press, 1951.

FLÄMIG, W. Valenztheorie und Schulgrammatik. In: HELBIG, G. (Org.) *Beiträge zur Valenztheorie.* Halle: Max Niemeyer Verlag, 1971. p.105-21.

GARCÍA, Á. L. *Gramática del español.* I La oración compuesta. Madrid: Arco Libros, 1994.

GEBARA, E., ROMUALDO, J. A., ALKMIN, T. M. A lingüística e o ensino de língua materna. *Linha d'água,* v.1, p.7-12, 1980.

GIVÓN, T. From Discourse to Syntax: Grammar as a Processing Strategy. In: GIVÓN, T. *Syntax and Semantics*: Discourse and Syntax, New York: Academic Press, 1979, v.12, p.81-112.

GIVÓN, T. *Syntax I.* New York: Academic Press, 1984.

_____. Serial Verbs and the Mental Reality of "Event": Grammatical vs. Cognitive Packaging. In: TRAUGOTT, E., HEINE, B. (Ed.) *Approaches to Grammaticalization.* Amsterdam: John Benjamins, 1991. v.1, p.81-127.

_____. *Functionalism and Grammar.* Amsterdam: John Benjamins, 1995.

GRICE, H. P. Logic and Conversation. In: COLE, P., MORGAN, J. L. (Ed.) *Syntax and Semantics.* New York: Academic Press, 1975. v.3, p.41-58.

GROSS, G., VIVÈS, R. Les constructions nominales et l'élaboration d'un lexique-grammaire. *Langue Française,* v.69, p.5-27, 1986.

GUILBERT, L. Le lexique. In: _____. *Grand Larousse de la langue française.* Paris: Larousse, 1977. t.4, p.3012-25.

HAIMAN, J. From V/2 to Subjects Clitics: Evidence from Northern Italian. In: TRAUGOTT, E., HEINE, B. *Approaches to grammaticalization.* Amsterdam: John Benjamins, 1991. v.1, p.135-57.

HALLIDAY, M. A. K. Lexis as a Linguistic Level. In: D. E. BAZELL et al. (Ed.) *Memory of J. K Firth.* London, 1966. p.148-62.

_____. The Functional Basis of Language. In: BERNSTEIN, B. (Ed.) *Class, Codes and Control.* London: Routledge and Kegan Paul, 1973.

_____. *An Introduction to Functional Grammar.* London: Edward Arnold, 1985.

HALLIDAY, M. A. K., HASAN, R. *Cohesion in English.* London: Longman, 1976.

HALLIDAY, M. A. K., MC INTOSH, A., STREVENS, P. *Linguistics Sciences and Language Teaching.* London: Longman, 1964.

HANISCH, A. *As preposições regidas por verbos em alemão e em português.* Araraquara, 1992. Tese (Doutorado), Universidade Estadual Paulista.

HAUSMANN, F. J. Grundprobleme des zweisprachigen Wörterbuchs. In: HYLDGAARD-JENSEN, K., ZETTERSTEN, A. (Ed.) Symposium on Lexicography III, 1988. *Proceedings...* Tübingen: Niemeyer, 1988. p.137-54.

HEINE, B., REH, M. *Grammatical Categories in African Languages.* Hamburg: Helmut Buske, 1984.

HEINE, B. et al. From Cognition to Grammar – Evidence from African Languages. In: TRAUGOTT, E., HEINE, B. *Approaches to grammaticalization.* Amsterdam: John Benjamins, 1991a. v.1, p.149-87.

_____. *Grammaticalization:* A Conceptual Framework. Chicago: University of Chicago Press, 1991b.

HELBIG, G. Theoretische und pratische Aspekte eines Valenzmodells. In: _____. (Org.) *Beitrage zur Valenztheorie.* Halle: Max Niemeyer Verlag, 1971a.

_____. (Org.) *Beitrage zur Valenztheorie.* Halle: Max Niemeyer Verlag, 1971b.

_____. Rektion, Transitivitat/Intransitivitat, Valenz Syn-/Autosemantik. In: _____. *Deutsch als Fremdsprache* 1978. p.65-78.

HELBIG, G. *Valenz-Satzglieder-semantische kasus-Satzmodelle.* Leipzig: Verlag Enzyklopädie, 1982.

_____. Zur Semantischen Subklassifizierung der Verben. In: *Studien zur deutschen Syntax. Linguistische Studien.* Leipzig: VEB Verlag Enzyklopädie, 1983. v.1, p.67-105.

_____. Zur Gegenwartigen Diskussion uber Valenz und Kasus. In: *Zielsprache Deutsch,* 1, p.13-23, 1990.

HELBIG, G., W. SCHENKEL. *Wörterbuch zur Valenz und Distribution deutscher Verben.* 7.ed. Tübingen: Max Niemeyer Verlag, 1983.

HENGEVELD, K. (Ed) *Dik: The Theory of Functional Grammar.* Berlin, New York: Monton de Gruyter, 1997. v.2.

_____. Layers and Operators in Functional Grammar. *Journal of Linguistics,* v.25, p.127-57, 1989.

HERMODSSON, L. Der Begriff "Konzessive". Terminologie und Analysen. *Studia Neophilologica,* v.66, p.59-75, 1994.

HOPPER, P. Emergent Grammar. *Berkeley Linguistic Society,* v.13, p.139-57, 1987.

_____.On Some Principles of Grammaticalization. In: TRAUGOTT, E., HEINE, B. (Ed.) *Approaches to Grammaticalization.* Amsterdam: John Benjamins, 1991. v.1, p.17-35.

HOPPER, P., TRAUGOTT, E. *Grammaticalization.* Cambridge: Cambridge University Press, 1993.

ILARI, R., FRANCHI, C., NEVES, M. H. M. Os pronomes pessoais do português falado: roteiro para a análise. In: CASTILHO, A. T., KATO, M. (Org.) *Gramática do português falado.* Estudos descritivos. Campinas: Ed. Unicamp/Fapesp, 1996. v.IV, p.79-166.

ILARI, R. et al. Considerações sobre a posição dos advérbios. In: CASTILHO, A. T. *Gramática do português falado.* A ordem. Campinas: Ed. Unicamp/Fapesp, 1990. v.I.

JESPERSEN, J. O. Formulas and Free Expressions. In: *The Philosophy of Grammar.* Norton Library Edition, 1924. p.18-24.

JOLY, H. *Le renversement platonicien.* Paris: J. Vrin, 1974.

KEIL, H. (Ed.) *Grammatici Latini.* Leipzig: B. C. Teubner, 1857-1870.

KIPARSKY, P., KIPARSKY, C. Fact. In: BIERWISH, M., HEIDOLPH, K. E. (Ed.) *Recent Advances in Linguistics.* The Hague: Mouton, 1970. p.143-73.

KLEIBER, G. Sur les emplois anaphoriques et situationnels de l'article défini et de l'adjectif demonstratif. Université de Metz, s. d. (Mimeogr.).

KUMPF, L. E. Preferred Argument in Second Language Discourse: a Preliminary Study. *Studies in Language,* v.16, n.2, p.369-403, 1992.

LANGACKER, R. W. Nouns and Verbs. *Language,* v.63, n.1, p.53-94, 1987.

_____. *Concept, Image and Symbol.* The Cognitive Basis of Grammar. Berlin, New York: Mouton de Gruyter, 1990.

LEHMANN, C. Towards a Tipology of Clause Linkage. In: HAIMAN, J., THOMPSON, S. *Clause Combining in Grammar and Discourse*. Amsterdam: John Benjamins, 1988.

_____. Grammaticalization and Related Changes in Contemporary German. In: TRAUGOTT, E., HEINE, B. (Ed.) *Approaches to Grammaticalization*. Amsterdam: John Benjamins, 1991. v.2, p.493-535.

LERSCH, L. *Die Sprachphilosophie der Alten*. Bonn: H. P. König, 1938. (1838)

LI, C. N., THOMPSON, S. A. Subject and Topic: a New Tipology of Language. In: LI, C. (Ed.) *Subject and Topic*. New York: Academic Press, 1976.

LICHTENBERK, F. On the Gradualness of Grammaticalization. In: TRAUGOTT, E., HEINE, B. (Ed.) *Approaches to Grammaticalization*. Amsterdam: John Benjamins, 1991. v.1, p.37-80.

LOCKE, J. *Essay on Human Understanding*, Book IV, 17, 4 – Apud Robins, 1951, p.3.

LONGACRE, R. E. *The grammar of discourse*. New York: Plenum, 1976.

LORIAN, A. *L'ordre de la proposition dans la phrase française contemporaine*: la cause. Paris: Klincksieck, 1966.

LYONS, J. *Semantics*. Cambridge: Cambridge University Press, 1977.

MACKENZIE, J. L. What is Functional Grammar? Zürich, 1992. (Mimeogr.) (Comunicação apresentada no *XX$^e$ Congrès International de Linguistique et Philologie Romanes*.)

MARCANTONIO, A., PRETTO, A. M. Il nome. In: RENZI, L. (Dir.) *Grande grammatica italiana di consultazione*. Bologna: Il Mulino, 1991.

MARROU, H-I. História da educação na Antigüidade. 2.ed. Trad. M. L. Casanova. São Paulo: Herder/Edusp, 1971.

MARTINET, A. Qu'est-ce que la linguistique fonctionelle? *Alfa,* v.38, p.11-8, 1994.

MATHIESSEN, C., THOMPSON, S. The Structure of Discourse and "Subordination". In: HAIMAN, J., THOMPSON, S. *Clause Combining in Grammar and Discourse*. Amsterdam: John Benjamins, 1988. p.275-329.

MITHUN, M. The Grammaticization of Coordination. In: HAIMAN, J., THOMPSON, S. *Clause Combining in Grammar and Discourse*. Amsterdam: John Benjamins, 1988. p.331-59.

NEVES, M. H. de. M. Os pronomes pessoais. Notas para um estudo comparativo português-romeno. In: *Estudos de filologia e lingüística*. Em homenagem a Isaac Nicolau Salum. São Paulo: T. A. Queiroz/Edusp, 1981. p.63-78.

_____. *A coordenação interfrasal em português*. Araraquara, 1984a. Tese (Livre-docência). ILCSE-Unesp.

_____. O coordenador interfrasal *mas*. Invariância e variantes. *Alfa,* v.28, p.21-42, 1984b.

_____. O estudo da estrutura argumental dos nomes. In: KATO, M. (Org.) *Gramática do português falado*: Convergências. Campinas: Ed. Unicamp, Fapesp, 1986. v.V, p.119-54.

NEVES, M. H. de M. *A vertente grega da gramática tradicional.* São Paulo: Hucitec, Fapesp, 1987a.

_____. Fundamentos gregos da organização gramatical tradicional: da universalidade à particularidade. In: *Anais do I Congresso Nacional de Estudos Clássicos.* Belo Horizonte: UFMG/CNPq/SBEC, 1987b, p.233-45.

_____. A gramática dos gregos – Dionísio o Trácio. In: IGNÁCIO, S. E (Org.) *Estudos Gramaticais* (Araraquara). Publicação do Curso de Pós-Graduação em Lingüística e Língua Portuguesa. Ano III, n.1. UNESP (Araraquara).

_____. *Gramática na escola.* São Paulo: Contexto, 1990.

_____. O ensino da gramática. *Revista Internacional de Língua Portuguesa,* v.4, p.43-52, 1991.

_____. A contribuição de Apolônio Díscolo à história da gramática ocidental. *Boletim da Associação Brasileira de Lingüística,* v.14. p.119-127, 1993a.

_____. Apolônio Díscolo e o estudo da sintaxe. *Clássica.* (*Araraquara*), supl. 2, p.69-74, 1993b.

_____. Os possessivos. In: CASTILHO, A. T. (Org.) *Gramática do português falado*: As abordagens. Campinas: Ed. Unicamp, Fapesp, 1993c. v.III, p.149-211.

_____. Reflexões sobre o estudo da gramática nas escolas de 1º e 2º graus. *Alfa,* v.37, p.91-7, 1993d.

_____. Valência: bases teóricas. In: *Relatório final de bolsa de pesquisa entregue ao CNPq*, 1993e. (Inédito).

_____. *Valência nominal.* Relatório de Pesquisa apresentado à Fapesp. São Paulo, 1993f. (Mimeogr.)

_____. *A estrutura argumental preferida em inquéritos do Nurc.* Araraquara, 1994a. (Mimeogr.)

_____. A gramática e o usuário. In: *Estudos Lingüísticos* – Anais de seminários do GEL XXIII. São Paulo, 1994b, p.7-17.

_____. Um estudo sobre a língua na sua história: a língua como fim ou como meio? *Delta,* v.10, n. esp., p.213-22, 1994c.

_____. A tarefa de investigação das ocorrências de nomes comuns. In: *Actas do Congresso Internacional sobre o Português.* Portugal, 1996a. v.3, p.259-74.

_____. As construções com verbo suporte. In: KOCH, I. G. V. (Org.) *Gramática do português falado*: Desenvolvimentos. Campinas: Ed. Unicamp, Fapesp, 1996b. v.VI.

_____. Questões ligadas ao ensino da gramática. *Linha d'água (São Paulo),* v.10, p.9-17, 1996c.

_____. Reflexões sobre a investigação gramatical. In: *Atas do I Congresso Internacional da Associação Brasileira de Lingüística.* Salvador, Abralin/ Finep/UFBA, 1996d. p.421-7.

_____. Teorias sintáticas e análises gramaticais. In: *Estudos Lingüísticos. Anais de Seminários do GEL XXV.* Taubaté, 1996e, p.53-62.

NEVES, M. H. de M. A articulação de orações: reflexões de base funcionalista. In: *Boletim da Associação Brasileira de Lingüística. Actas do I Congresso*... UFAL, p.271-81, 1997a.

_____. *A gramática funcional*. São Paulo: Martins Fontes, 1997b.

_____. A prática lexicográfica: onde ciência e arte se encontram. *Alfa*, v.40, p.129-39, 1997c.

_____. A gramaticalização e a articulação de orações. In: *Estudos Lingüísticos. Anais de Seminários do GEL XXVII*. São José do Rio Preto, 1998a, p.667-73.

_____. Palavras lexicais e palavras gramaticais. In: *Atas do IX Congresso Internacional da Associação de Lingüística e Filologia da América Latina*, v. III, Campinas, 1998b, p.79-86.

_____. Um tratamento funcionalista da articulação de orações. In: *Atas do Colóquio Internacional A Investigação do Português em África, Ásia, América e Europa:* balanço e perspectivas. Berlim, 1998c. (no prelo)

_____. A delimitação das unidades lexicais: o caso das construções com verbo-suporte. *Palavra (Rio de Janeiro)*, v.1, p.98-114, 1999a.

_____. Aspectos da gramaticalização em português. In: _____. *Para sempre em mim:* Homenagem à Professora Ângela Vaz Leão. Belo Horizonte: CESPUC, 1999b. p.221-33.

_____. Discurso e gramática no funcionalismo. In: *Estudos Lingüísticos XXVIII – Anais de Seminários do GEL*, 1999c, p.30-40.

_____. Construções encaixadas: considerações básicas. In: *II Congresso Nacional da Abralin [CD-ROM]* (Simpósios/Processo de junção, p.1857-82), 2000a.

_____. Examinando os caminhos da disciplina lingüística nos cursos de Letras: por onde se perdem suas lições na formação dos professores de português. In: ANAIS DA XVIII JORNADA DE ESTUDOS LINGÜÍSTICOS DO NORDESTE, 2000b. (no prelo)

_____. A modalidade: um estudo de base funcionalista na língua portuguesa. *Revista Portuguesa de Filologia (Coimbra)*, s. d. (no prelo)

NEVES, M. H. de M., BRAGA, M. L. Hipotaxe e gramaticalização: uma análise das construções de tempo e de condição. *D.E.L.T.A.*, v.14., n. esp., p.191-208, 1998.

NICHOLS, J., TIMBERLAKE, A. Grammaticalization as retextualization. In: TRAUGOTT, E., HEINE, B. (Ed.) *Approaches to gramaticalizations*. Amsterdam: John Benjamins, 1991. p.129-46.

PAIVA, M. C. *Ordenação das cláusulas causais:* forma e função. Rio de Janeiro, 1991. Tese (Doutorado) em Lingüística e Língua Portuguesa). Univ. Federal do Rio de Janeiro.

PAULYS-WISSOWA. *Real Encyclopädie der classischen Altertumwissenschaft*. Sttutgart: J. B. Metzlersche Buchhandlung, 1905.

PAWLEY, A., H. SYDER, F. H. Two Puzzles for Linguistic Theory: Nativelike Selection and Nativelike Fluency. In: RICHARDS, J. C., SCHIMIDT, R. W. (Ed.) *Language and Communication*. London: Longman, 1983. p.191-225.

PEIRCE, C. S. *Obra lógico-semântica*. Tradução espanhola. Madrid: Taurus, 1987.

PLATON. *Lettres*. Texte établi et traduit par J. Suilhé. 3.ed. Paris: Les Belles Lettres, 1960.

_____. *Philèbe*. Texte établi et traduit par A. Diès. 4.ed. Paris: Les Belles Lettres, 1966.

_____. *Protagoras*. Texte établi et traduit par A. Croiset avec la collaboration de L. Bodin. 2.ed. Paris: Les Belles Lettres, 1948.

_____. *Le Cratyle*. Texte établi et traduit par L. Meridier. 4.ed. Paris: Les Belles Lettres, 1969a.

_____. *Le sophiste*. Texte établi et traduit par A. Diès. 5.ed. Paris: Les Belles Lettres, 1969b.

_____. *Théetète*. Texte établi et traduit par A. Diès. Paris: Les Belles Lettres, 1969c.

PRADO E SILVA, A. (Org.) *Novo dicionário brasileiro Melhoramentos*. 2.ed. São Paulo: Edições Melhoramentos, 1964.

PRETI, D., URBANO, H. (Org.) *A linguagem falada na cidade de São Paulo:* Diálogos entre informante e documentador. São Paulo: T. A. Queiroz/Fapesp, 1988. v.III.

PRIDEAUX, G. D. Processing Strategies: A Psycholinguistic Neofunctionalism? In: DIRVEN, R., FRIED, V. (Ed.) *Functionalism in Linguistics*. Amsterdam: John Benjamins, 1987. p.297-308.

RADFORD, A. *Transformational Grammar*. A First Course. Cambridge: Cambridge University Press, 1988.

RIBEIRO, J. *Gramática portuguesa*. 7.ed. São Paulo: N. Falcone, s. d.

RISSO, M. S. "Agora... o que eu acho é o seguinte": um aspecto da articulação do discurso no português culto falado. In: CASTILHO, A. T. (Org.) *Gramática do português falado*: As abordagens. Campinas: Ed. Unicamp, Fapesp, 1993. p.31-60.

ROCHA LIMA. *Gramática normativa da língua portuguesa*. 17.ed. Rio de Janeiro: José Olympio, 1974.

ROSCH, E. Natural Categories. *Cognitive Psychology,* v.4, 1973.

RUZICKA, R. Three Aspects os Valence. In: ABRAHAM, W. (Ed.) *Valence Semantic Case and Grammatical Relations*. Amsterdam: John Benjamins, 1978. p.47-54.

SANDYS, J. E. *A Short History of Classical Scholarship*. (From the sixth century BC to the present day). Cambridge: Cambridge University Press, 1915.

SCHMITZ, J. R. Gramática escolar, lingüística e a renovação do ensino de português. *Alfa,* v.34, p.195-214, 1990.

_____. Descrição do português e o ensino. In: ALMEIDA, G. M. B. et al. (Org.) *SériEncontros,* v.15, n.1, p.23-49, 1997.

SCHNEIDER, R., UHLIG, G. *Grammatici graeci*. Leipzig: Teubner, 1867-1910.

SEXTO EMPIRICO. *Pròs logikoús* I-II (with an English translation by R. G. Bury). Cambridge: Harvard University Press, London: William Heinemann, 1957.

SPERBER, D., WILSON, D. *Relevance*: Communication and Cognition. Cambridge: Harvard University Press, 1986.

STEINTHAL, H. *Geschichte der Sprachwissenschaft bei den Griechen und Römern.* Erster Theil. Berlin: Ferd. Dümmler's Verlagsbuchhandlung, 1863.

_____. *Geschichte der Sprachwissenschaft bei den Griechen und Römern.* Zweiter Theil. Berlin: Ferd. Dümmler's Verlagsbuchhandlung, 1891.

TARALLO, F. *A pesquisa sociolingüística.* São Paulo: Ática, 1986.

TAYLOR, J. R. *Linguistic Categorization.* Prototypes in Linguistic Theory. New York: Oxford University Press, 1989.

TEIXEIRA, R. F. A. Fillmore: A relativização dos casos em cena. In: NEVES, M. H. de. M. (Org.) Gramática de casos. *SériEncontros*, Ano II, n.1, p.1-9, 1987.

TRAUGOTT, E., HEINE, B. (Ed.) *Approaches to Grammaticalization.* Amsterdam: John Benjamins, 1991. v.1-2.

TRAUGOTT, E., KÖNIG, E. The Semantics-pragmatics of Grammaticalization Revisited. In: TRAUGOTT, E., HEINE, B. (Ed.) *Approaches to Grammaticalization.* Amsterdam: John Benjamins, 1991. v.1, p.189-217.

UHLIG, G. *Dyonisii Thracis Ars Grammatica.* Leipzig: Teubner, 1883.

VILELA, M. *Gramática de valências.* Teoria e aplicação. Coimbra: Liv. Almedina, 1992.

WERNER, H., KAPLAN, B. *Symbol-Formation.* An Organismic-Developmental Approach to Language and the Expression of Thought. New York/London/Sydney: Wiley and Sons, 1963.

SOBRE O LIVRO

*Formato*: 16 x 23 cm
*Mancha*: 27,5 x 44 paicas
*Tipologia*: Times New Roman 11/15
*Papel*: Offset 75 g/m² (miolo)
Cartão Supremo 250 g/m² (capa)
*1ª edição*: 2002

EQUIPE DE REALIZAÇÃO

*Coordenação Geral*
Sidnei Simonelli

*Produção Gráfica*
Anderson Nobara

*Edição de Texto*
Nelson Luís Barbosa (Assistente Editorial)
Carlos Villarruel (Preparação de Original)
Ana Luiza Couto e
Ada Santos Seles (Revisão)

*Editoração Eletrônica*
Lourdes Guacira da Silva Simonelli (Supervisão)
Luís Carlos Gomes (Diagramação)

Impressão e acabamento